JN303953

ENORMOUS MARKET & NATIONALISM

巨大市場と民族主義

中国中産階層のマーケティング戦略
THE MARKETING STRATEGY FOR CHINESE MIDDLE CLASS

蔡 林海
Cai Linhai

日本経済評論社

序

　多くの中国に関する書籍の中にあって、蔡林海博士の前書『中国の知識型経済』（日本経済評論社、2002年）が、2002年度、日本経済新聞社と日本経済研究センター共催の第45回「日経・経済図書文化賞」13冊の最終選考の対象に、名を連ねていたことはご存知の方も多いと思われる。今回同博士による『巨大市場と民族主義』出版にあたって、前書と同様、その「序」を書く栄誉を与えられたのも、私が偶然ではあるが中国山東省青島にある国立青島大学の名誉教授をしており、同博士が同大学の客員教授をされておられるというご縁からである。

　著者蔡林海博士について改めてご紹介するのはむしろ失礼にあたるだろう。瀋陽（中国東北部）に生まれ、上海の華東師範大学を卒業後、日本の筑波大学で社会学の博士号を取得され、またグローバル企業経営の実務にも精通しておられ、中国経済と日中貿易関係に関していえばこの人の右に出る人はいない、世界に通用する碩学である。本書の「はじめに」を読まれるとお分かりの通り、大まかに言ってこの二百数十ページに及ぶ本書の内容は次の３点に纏め上げることが出来るであろう。WTO加盟後の「世界の工場」から「巨大市場型経済」に転換しつつある中国。新しい生活様式と消費文化だけではなく、中国の民族意識を鮮明に身につけ、中国市場経済化に順応していくいろいろな意味で強い中産階層の台頭、そしてそれらと内外のメディアとの相乗効果に乗って伸びていく巨大消費市場。これらの中でいま何が起こっているか。どのようなリスクが発生しているか。中国に進出している世界企業にいま求められているものはなにか。「はじめに」を読了すると、自然に本文を読み進まずにはいられない衝動にかられる。様々な意味で、本書は、このタイミングに中国市場に関心のある世界中の経済人と企業人の必読の資料であり、それだけに読了後の刺激も大きいものがあろう。

ここで今回の本書出版に当たり格段のご協力をいただいたその青島大学ならびに青島という都市、そして少しばかり私自身のことについて書かなければなるまい。すでに5年も以前のことになるが、私は日本政府金融庁の仕事を国から命じられて社会生活の晩年にあたる数年間を政府の役人として過ごし、その仕事を終えた途端に青島大学から名誉教授にとのご招聘をいただいた。大変光栄なことでありお受けしたのであるが、かねてより中国と私自身の関わりは決して薄いものではなかった。生を受けてまもなく新聞記者の父に同行して満州（現在の中国東北部）に渡り、次いで北京で小学校に入学するまでの約6年間私は中国人として育った。国籍はあくまで日本にあったが、幼い私には自分は中国人の一員である以外はないと思えていた。子供ながら、子供であったからこそ、現地の人々としっかりしたコミュニケーションがとれていたのであろう。後刻、私はこの頃の自分の思いを勝手に原籍認識と呼ぶようになった。コミュニケーションというと簡単なことのように思えてしまうが、本書の随所で著者蔡博士も力説されている通り、個人レベル、企業レベル、政府レベルでの国籍をこえたコミュニケーションの重要性は、特に今日、強調されても強調され過ぎることはないだろう。日本という単一言語、単一民族の国に生まれたわれわれ個人や企業には、他国社会とのコミュニケーションを最初から難しいと考えてしまう特性のようなものがある。今後、乗り越えなければならない最も難しいハードルの一つかも知れない。

　昨年、米国ニューヨーク州のシラキュース大学で極東の経済情勢について講演を依頼された時のことである。その前日まで私はカナダのオタワに数日間滞在していた。シラキュースに移動する日の朝、ホテルの部屋に届けられた英字新聞の朝刊を見て愕然とした。朝刊1ページ目に各々10センチ角もある漢字が6文字、「中、国、経、済、発、展」の6文字だけが印刷されており、それだけでそのページが埋められていたではないか。翌日、私はその新聞を講演の最初に開いて見せて話を進めたのであるが、講演の後、私の意に反し聴衆からの質問が中国関連のものばかりになってしまったのは当然と言えば当然であった。

　このようなことは現在どこでもありうることの一例に過ぎないようだ。今日、

中国に関する報道も過大だが、世界中の人々の関心が実態の理解を超えている。しかも、その度は若干常識を超えていると表現しても良いだろう。最初に漢字6文字で一面を埋めたその新聞を聴衆の方々に見せた私にも責任があったのは勿論である。

　今日中国問題を論議するに当たり、最も求められているものは冷静な判断、中長期にわたる歴史認識、そして私の言う原籍認識であろう。ここでいう歴史認識が現在各方面で議論の対象になっているものそのものであるかどうか。私には同じことであると思われるが、真偽のほどはもっと研究してみないとわからない。ただ、歴史とは、決して書物に書かれたものだけではないということだけは確かだろう。

　それでは原籍認識とはなにか。中国を例にして簡単に言うならば自分を中国人として物事を考えてみることである。

　原籍認識についてもう少し述べたい。現在、日本、米国、ヨーロッパをはじめ、世界の各方面からの中国内への企業進出は最盛期をむかえている。しかし、そのうちどのくらいの企業にこの私の言う原籍認識を持つ企業があるであろうか。かつて、前々世紀末期から約1世紀にわたり中国に進出した企業には、およそこの原籍認識を有するものは少なかったのではないか。歴史家はこの時期を世界的帝国主義時代の最終段階と重ね合わせて考える。現在ではどうか。著者蔡博士と私の共通した認識では、現在中国に進出している米国企業には、中には失敗例もあるようだが、概して、中国に対してこの原籍認識を持っているものが比較的多いということである。一方、残念ながら日本の企業にはそれが殆どない。つまり旧態依然たる前世紀的な認識の範囲を出ていないとしか考えられない企業行動が目に付く。日本の企業と現地社会とのコミュニケーションは、他の外国企業の現地社会とのそれと比べ、まだまだ格段の差を感じてしまう。

　さて、本書『巨大市場と民族主義』で著者蔡林海博士が最も力説されたいと考えておられるのは実はこの「コミュニケーション」に基づいた原籍認識の有無という問題ではないであろうか。

この本は、著者の綿密な企業および市場の意識調査に基づいた歴史に残る大著である。表題の「民族主義」という言葉について著者と私はいろいろと意見を出し合った。ある段階では「主義」という文字のもつ固定的な感触が問題となった。「民族意識」ではどうかとも議論した。結果的には「民族主義」となったが、この間、私はついに「原籍認識」という言葉は提案しなかった。この言葉は私の勝手に考えた言葉、しかも、中国語であるようで日本語そのものであり、かつ、いまだ人々の口に慣れた言葉とはなっていないと思っているからである。しかし、もしこの言葉を使って今日の中国側からみた各国企業の行動原理、簡単に言えば進出ぶりを表現するとすれば、一例として、米国企業には中国の現地子会社の長には中国人を当て、かつその人に大きな経営に関する権限と責任を与えるものが多いのに反して、特に日本の企業にはそういう考え方が乏しいということになるだろう。私に言わせればこれはなにも中国に限らず、外国に進出しようとする日本企業には殆ど共通してそのような考え方が乏しい。コミュニケーションの不得手な日本並びに日本人の社会的特性とでもいうべきか。ただ、このような日本の企業ならびにその製品を受け入れる国の人々からすると、そういう企業の製品よりももっと原籍認識の豊富な自国ないしは日本以外の外国企業の製品を買いたくなるのは当然であろう。本書の著者はしっかりした市場調査に基づいて、このことが間違いでないことを証明している。

　現在、青島大学には私の名前を冠した奨学金制度がある。この奨学金は決して大それたものではない。私はその奨学金制度の発足にあたって、これは自分の生活費から捻出した僅かながらの資金を渤海湾に投ずる一滴の酒でしかない、といわせていただいた。そのようなことを考えつく以前に教壇に立った私にそそがれた青島大学関係者諸氏、学生諸君のまぶしくも輝く目の色に私は事実降参していた。そのとき、私の脳裏には今はなき父が生前述べていた言葉、「今後の中国の成長に注目せよ、日本人よ、中国に対してもっと謙虚であれ、」そして、「歴史上中国から受けた恩は大きく、いつの日かそれを返さなくてはならない」という言葉があった。それらを含めて私には今日の中国をそして中国という巨大な市場の心理を理解するには「原籍認識」が大切な要素だと思うの

である。私は奨学金の寄付を何故中国の大学に対して行ったかという自問にたいして、そう自答している。

　青島というところは改革開放後、中国政府が最初に指定した開放都市の一つである。2008年の北京オリンピックではヨットレースなど海上競技の舞台として青島が選ばれているのは、首都北京に遠からず近からず、めったに台風災害のない静かな紺色の海が青島湾にあるからという理由からだけではない。世界地図を開いてみても分かる通り、この都市は、青島湾の先、茫々とした太平洋を越え、遥か米州大陸に対面している。青島は中国と世界とを結ぶ重要拠点である。この青島も、一見のどかな山すその背後に様々なおぞましい過去の歴史を秘めている。歴史は書物ではない。その地の大学の研究室で私は改めて自分の作った原籍認識という言葉も悪くはない、改めて蔡博士のご意見を聞いてみても良いと考えている。

　最後になったが、この本が世にでるにあたり、最大の貢献をしたのは著者・蔡博士の日本人の奥さん、松原香理さんであったことを記しておく。彼女の支えがなければ、蔡博士の「中国と日本の橋となる」志は途中で挫折していたかもしれない。

　　2005年秋

青島大学名誉教授
元日本政府金融再生委員会委員

磯部朝彦

目　　次

序　i

はじめに　巨大市場と民族主義
　　　　　――中国マーケティング・コミュニケーションの
　　　　　　展開へ……………………………………………………1

1　周恩来総理の「高遠な理想」　1
2　中国の位置づけの変化：巨大市場の現実化へ　2
3　巨大市場と中産階層の消費者　4
4　外国ブランドの危機とグローバル企業批判の傾向　6
5　新しい民族主義の台頭と中国の消費者民族中心主義　10
6　中国マーケティング・コミュニケーションの展開　12
7　本書の課題と構成　14

第1部　中国の中産階層とその消費文化

第1章　中国の中産階層2億人の実像
　　　　　――巨大消費市場の主役たち……………………………23

1　中国の中産階層とその「中等意識」　23
2　中産階層の日常生活　32
3　中産階層の生活充実の手段　35
4　中産階層の仕事の満足度、仕事の意義　37
5　中産階層のレジャー・娯楽　39
6　中産階層のコミュニケーション　41
7　中産階層の外国の好感度　43

第2章　明日のお金を使って今日の楽しみを享受する
　　　　──中国の中産階層とその消費文化 …………………… 47

1. 中国市場における「階層消費」　47
2. 中産階層の貯蓄と消費の態度　48
3. 中産階層の消費観：「流行」と「実用」　52
4. データから見た中産階層の消費生活　55
5. 住居とマイホーム計画　58
6. マイカーと新車購入計画　62
7. 海外旅行ブームの先行者たち　65

第2部　消費者民族中心主義と外国ブランド消費

第3章　ブランド消費と消費者民族中心主義
　　　　──中産階層の選択：国産ブランド vs. 外国ブランド ……… 73

1. 中国：「世界第二のブランド消費大国」？　73
2. 消費者民族中心主義の傾向　77
3. 中産階層のグローバル企業のイメージ　82
4. 中産階層の外国ブランド認知と外国ブランド評価　86
5. 消費行動における外国ブランドの選択　89

第4章　歴史の幽霊と現実の選択
　　　　──中国の中産階層とその日本ブランド評価 ………………… 99

1. 日中関係：「冷戦」時代を越える日は　99
2. 中産階層から見た日本と日中関係　101
3. 日中関係と「憤青（怒れる青年）」の世代　104
4. 日中のビジネス関係と消費者の「民族感情」　107
5. 中産階層の日本企業評価　111

6　中産階層の日本ブランド認識　114
　　　7　中産階層から見た日本ブランドの魅力　118
　　　8　日本ブランドの魅力が低下している原因について　119

第5章　メディア報道と日本ブランド評価
　　　　──中産階層に好まれるメディアはこう教えている………125

　　　1　中国の中産階層メディアとは　126
　　　2　広告掲載量から見た中産階層メディア　130
　　　3　中産階層メディアにおける外国ブランド　133
　　　4　日本企業と中産階層メディア　136
　　　5　中産階層メディアの日本企業報道　138

第3部　中国マーケティング・コミュニケーション

第6章　中国マーケティング・コミュニケーションの史的展開
　　　　──政府とのコミュニケーションは第一………………143

　　　1　グローバル企業の中国消費市場の開拓　143
　　　2　中国マーケティング・コミュニケーションの史的展開　145
　　　3　中国市場：グローバル企業・外国ブランドに対する三つの評価　151
　　　4　社会的責任と公益マーケティング　156
　　　5　政府とのコミュニケーションは第一　164
　　　6　中国マーケティング・コミュニケーション：戦略と体制　167

第7章　企業イメージ向上への挑戦
　　　　──グローバル企業の中国メディアコミュニケーション戦略…171

　　　1　中国のメディアコミュニケーション戦略の展開　171
　　　2　中国メディアの「百花斉放」と外国メディアの上陸　172

3　中国メディアのグローバル企業報道　180
　　　4　中国メディアの日本企業報道　185
　　　5　メディアコミュニケーションと中国市場におけるパフォーマンス　187
　　　6　「軟広告」：グローバル企業の中国メディアコミュニケーション戦術　190

第8章　ブランド価値強化へのチャレンジ
　　　――グローバル企業の中国広告メディア戦略 ……………193

　　　1　「中国で最も価値のある消費品ブランド」ランキング　193
　　　2　中国：世界2位の広告市場へ　196
　　　3　競争が激化している中国メディア広告市場　198
　　　4　グローバル企業の中国メディア広告宣伝戦略　203
　　　5　中国市場の地域によるセグメンテーションと北京重視の広告宣伝戦略　207
　　　6　マーケティング・コミュニケーションの失敗：「問題広告」　210
　　　7　ブランド危機のコミュニケーション　215

終　章　北京2008五輪大会とスポーツ・マーケティング
　　　――消費者民族中心主義の限界を越えて ……………219

　　　1　グローバル企業の中国スポーツ・マーケティング　219
　　　2　北京五輪マーケティング：事業分野と市場規模　222
　　　3　北京五輪大会とグローバル企業のビジネスチャンス　226
　　　4　北京五輪マーケティング：GE vs. サムスン　228
　　　5　民族の相互理解：消費者民族中心主義の限界を越えて　232

参考文献　233

はじめに　巨大市場と民族主義
　　　——中国マーケティング・コミュニケーションの展開へ

1　周恩来総理の「高遠な理想」

　「中日両国の経済関係は確固とした基盤があり、間違いなく発展していく。このためには、中国側の努力だけでなく、日本の皆さんの努力も重要である。日中間の経済貿易の発展に伴い、関係は一層強固になり、さらに政治関係の改善をも推し進めることができるだろう」。これは42年前の1964年に、周恩来総理が関西経済訪中団と会見した時の談話内容である。それから8年後、すなわち日中の貿易総額が1964年の31万ドルから11億ドルまで拡大した1972年、両国の先見の明がある政治家が、万難を排して日中国交を正常化し、さらに1978年には日中平和友好条約を締結した。これにより、周恩来総理が期待した「強固な経済関係が政治関係の改善を推し進める」ことが実現した。

　しかし、周恩来総理のこの談話から40年を経た2005年現在、日中の貿易総額は1964年の31万ドルから2005年の約2000億ドルまで拡大し、日本が中国最大の輸入相手国となり、対中貿易が輸出、輸入ともに過去最高額を記録した時点で、日中の政治・外交関係は「冷戦」の状況に陥った。中国は日本の政府首脳の靖国神社参拝が中国人民の感情を刺激したと強く批判し、日本は「中国脅威論」を展開している。両国の民族主義が全面的に対抗することになった。

　一方、今日、日中の経済貿易活動がすでに両国の国民の日常生活にまで浸透している。日本企業が対中投資により中国の経済成長に貢献し、中国市場への参入を通じて中国消費者に優れた製品とサービスを提供している。同時に、中

国の経済成長が日本に新たな発展のチャンスをもたらし、中国消費者の購買力向上が日本企業に巨大な市場を提供している。しかも、2005年に、日本はGDP世界2位、中国は世界5位となった。このことは日中両国が世界経済に占める地位の上昇だけではなく、世界経済の安定のため、日中両国の協力が重要性を増したことを示している。

また周恩来総理は関西経済訪中団に対し、「中日両国は友好共存、友好協力の関係を真に実現することができれば、中日両国の人民に有利だけでなく、アジアと世界の平和にも有利である。これはわれわれの二つの民族と二つの国家にとって高遠な理想である」と述べた。周恩来総理のいう「高遠な理想」を実現するため、現在の日中両国の政治・外交の「冷戦」を終結させ、日中両国は新しい政治原則に基づいて新しい信頼関係を再構築しなければならない。「強固な経済関係が政治関係の改善を推し進める」ことはさらに期待される。そのため、日中両国の経済・産業界の相互理解は何よりも重要である。

この『巨大市場と民族主義』は日本の経済・産業界の皆さんに向けて、変貌しつつある中国の経済・社会の実態、巨大市場の現実、および個人消費をリードする中産階層とその民族主義の傾向を紹介、解説し、日中両国の相互理解を推し進めることを目的として執筆した次第である。

2　中国の位置づけの変化：巨大市場の現実化へ

近年、中国市場では二つのホットな用語がよく使われている。一つは「中産階層」であり、もう一つは「民族感情」である。中国市場を開拓しようとするグローバル企業にとっては、この二つの用語とその意味をよく理解しておかなければならない。

WTOに加盟してから数年の間に、グローバル企業にとって、中国の位置づけは「生産拠点」から「世界の一大市場」に大きく変わっている。この変化の背景には経済の持続的高成長に伴う社会発展の方向性の変化、経済成長パターンの転換、中産階層とその消費文化の形成、消費者パワーの増大と消費者にお

図1　WTO加盟後、グローバル企業をめぐる中国市場環境の変化

新時期の政策と方針	人本主義、和諧（調和がとれる）社会の重視
経済と社会発展の方向	科学的発展観、循環型経済の実現へ
経済成長の牽引役	投資と輸出から消費需要拡大へ
中産階層消費文化の形成	ブランド志向・誇示的消費・権利意識
メディアと輿論の「自由化」	民族感情・グローバル企業「崇拝」から「批判」へ
中国企業の台頭	競争力の向上、欧米企業の買収、海外進出
中国経済：投資による成長から市場需要と消費の拡大による成長へ	

資料：筆者作成。

ける民族主義の台頭、メディアの「自由化」傾向、および中国企業の競争力アップなどいくつかの要因がある（図1）。

　これらの要因について、特に指摘したいのは次の3点である。まずは中国経済の成長パターンが変わってきていることである。中国の経済成長は従来、固定資産投資と外国の直接投資に牽引されていたが、現在、中産階層を中心とするマイホームブームとマイカーブームといった消費需要の拡大に牽引されている。

　次に、中国のメディアと世論の変化は中国市場環境に対し強いインパクトを与えていることである。日本のメディアから見れば、中国のメディアはすべて中国共産党の宣伝機関である。この認識が20年前なら正しいかもしれないが、2005年現在、状況が根本的に変わっていることを指摘したい。過去、中国メディアの主な特徴は「官製」と「管制」という二つの用語で表現することができた。「官製」とはメディアが原則として共産党と政府の行政費による給付方式で設立、運営されることを指し、「管制」とはメディアの運営方針、宣伝の内容と形式に関する共産党による集中的な管理と指導を指している。近年、中国メディアは大きな変容を経験し、その特徴も変わっている。例えば、メディアの資本構造は証券市場上場、国内民間資本と外国資本導入による資金調達を通

じて多元化してきている。2005年10月現在、香港を含めた証券市場で上場している中国の大手メディア企業は30数社、民間資本と外国資本による出資参加の中国メディアは約20社にも達している。メディアの「民営化」と「市場化」はメディアに対するコントロール体制、権力とメディアとの関係に大きな影響をもたらすことになる。「民営化」のメディアは「批判的報道」の手法で「不正と腐敗」など社会と経済生活における現実の問題を大胆に取り上げ、読者の関心と共感を呼び出している。メディアはまた、消費者の「代弁者」、企業の経営活動の「監督者」として中国の市場環境と消費者の行動に影響を与えている。

さらに、指摘したいことは中国の消費者パワーの増強と消費者民族中心主義傾向の台頭である。近年、経済の持続的成長による生活レベルの向上に伴い、消費者の権利意識も著しく強くなっている。改革開放の初期段階に見られていた「グローバル企業崇拝」の社会世論の潮流は今日の「グローバル企業批判」に変わりつつある。中国の伝統文化への配慮が欠けたビジネス行為や企業不祥事に対する「民族感情」による反発は予想以上に強い。「民営化」と「市場化」のメディアはその「民族感情」の性格をもつ消費者パワーを増強するツールとなり、消費者の民族主義的傾向の台頭を後押ししている。

3　巨大市場と中産階層の消費者

(1) 世界の一大市場賛歌

「中国は輸入額が5600億ドルに達し、輸入額の伸び率も16％を超え、世界のために巨大な輸入市場を提供している」、「中国は2020年にGDPが4兆ドル、一人当たりGDPが3000ドルに達する目標を掲げている」。2005年5月16日、中国・北京人民大会堂で開催された「2005北京フォーチュングローバルフォーラム」の開幕式で、胡錦濤国家主席は400名以上のグローバル企業の経営者、各国の経済学者を前に講演し、中国市場の重要性と中国経済の中長期の成長目標を示した。2000年から、経済の持続的成長に伴い、①一人当たりGDP、②

都市部可処分所得、③消費市場規模を示す「社会消費品小売総額」、④輸入はいずれも10％以上に伸びており、中国は世界の一大市場へと着々と成長している。

「2005北京フォーチュングローバルフォーラム」は「中国と新しいアジアの世紀」をメインテーマとして中国巨大市場の現実化とグローバル企業の課題などを取り上げた。このフォーラムはグローバル企業の経営者が中国市場を重視する姿勢を表明する場にもなった。米ウオルマートのCEO（Chief Executive Officer）は「中国はウオルマートのグローバル事業で成長が一番早い市場である。ウオルマートは中国ですでに45店舗を展開しており、2005年にはさらに15店舗を開業させる」と表明した。モトローラの会長エドワード・J. ザンダーは「モトローラの従業員は、7人のうち、1人が中国で働いている」と中国市場を重視することをアピールした。ノキアのCEOは「今後2年間に、中国はノキアの世界最大の市場となる」と述べた。また、業績が悪化しているコダックのCEOアントニオ・ペレスはCEOに就任してわずか5日後に北京を訪れ、業績回復のため、30億ドルのデジタル製品の投資計画を発表して中国市場で勝負する決意を示した。さらに、自動車業界のBMWのCEOパンケは、中国がドイツ、米国に続いてBMWの世界第3の市場に成長したことを強調した。経営不振に陥った米GMのCEOリック・ワゴナーは同フォーラムの自動車産業テーマ部会に参加し、中国市場の開拓を通じてGMの業績回復を図ろうとしている。

同フォーラムには、「新しい中国を迎え：文化の変遷、挑戦とチャンス」をテーマとする「文化円卓会議」が設けられた。この円卓会議は中国の急速な都市化、中産階層の成長に伴う消費文化の変化に注目し、メディアの変容、中産階層と高級ブランド品消費などについてメディアの専門家、世界中の高級ブランド品業界の経営者による分析と議論が熱心に行われた。

(2) 中産階層の消費者とその消費文化

「2005北京フォーチュングローバルフォーラム」の「文化円卓会議」で、バ

セロン・コンスタンチンのCEOは中国の中産階層を主力とする消費市場に注目して、世界一流の高級ブランド業界の中国進出が加速されている現象を分析した。モルガン・スタンレーは2005年3月にブランド業界の今後10年の見通しに関する研究報告を公表し、「ブルガリ（Bulgaria）、バーバリー（Burberry）、エルメンス（Hermes）、リシュモン（Richmond）など5社の高級ブランド企業にとって、今後、最も重要なビジネスチャンスは中国消費者（中国国内の消費者と海外に出る中国人観光客）にある」と指摘している。

　改革・開放とWTO加盟に伴う市場開放の「受益者」として中産階層は中国における重要な社会階層に成長している。中国の中産階層とは現在、25〜35歳で、大学卒以上の学歴をもっている知識集約型産業の専門家、外資企業の管理者、独占業界の国有企業の中間管理者、民間企業の創業経営者など、年収入が6万〜20万人民元で、「中等」あるいは「中等以上」の階層帰属意識をもっている社会階層である。2004年には1億人で、2010年に2億人に達し中国の消費市場の主役となっているので、その生活様式とブランド志向の消費文化、及び消費者の権利意識が特に注目されている。

4　外国ブランドの危機とグローバル企業批判の傾向

(1)　2005年春、中国市場における外国ブランド危機（背任・詐称・虚偽など）

　一方、巨大市場が現実化している中国で、グローバル企業が直面している文化の変遷による衝撃は予想外なものであるかもしれない。近年、中国市場で、グローバル企業が遭遇した外国ブランド危機はそれを物語っている。2000〜2005年5月までの中国消費市場におけるグローバル企業と外国ブランドの重大な（危機）事件を表1に纏めた。21件の危機には、日本企業が関わった事件が9件あり、全体の半分近くを占めたことが注目される。東芝ノート型パソコン事件、日航機事件、三菱「パジェロ」事件、松下携帯端末ROC標識事件、トヨタ問題広告事件など、中国市場における日本企業と日本ブランドの危

はじめに　7

表1　近年、中国消費市場におけるグローバル企業の（危機）事件

	中国消費市場における（危機）事件	事件の説明
2000年	①東芝ノート型パソコン事件	・東芝製ノート型パソコンのディスク制御装置に欠陥が潜在することで、中国消費者は東芝に対し、米国と同じように金銭的な解決を要求し、東芝が応じなかったことで、中国消費者が怒った事件
	②キヤノン宣伝資料事件	・キヤノンは新製品の宣伝資料で台湾を「国家」としたことで、消費者の「愛国心」を傷つけた事件
2001年	①日航機事件	・日航機の中国国籍の乗客が日本の空港で不当に扱われた事件
	②三菱「パジェロ」事件	・三菱自動車工業は中国で販売された四輪駆動車「パジェロ」の欠陥問題の対応で、「傲慢な態度」だと消費者から批判され、中国消費者協会と政府関係機構が事件の解決に介入し、パジェロの輸入を禁止した事件
	③松下携帯端末ROC標識事件	・松下の携帯電話で、「ROC（中華民国）」を表示し、台湾を国家としたことで、中国消費者の「愛国心」を刺激し、松下が政府関係部門からの処罰を受けた事件
2002年	・ベンツ車突き破り事件	・ベンツ車の故障に対し、アフターサービスの対応がまずく、消費者はメディアの前でそのベンツ車を突き破った事件
2003年	①富士フィルム密輸疑惑事件	・「南の水ルート（密輸ルート）」を通じて富士フィルムが大量に密輸されたことで富士フィルムの密輸疑惑が指摘され、富士フィルムがこれに対し、最初、「沈黙」し、その後、「無関係」の声明を出した事件
	②トヨタ問題広告事件	・中国の自動車雑誌に掲載された「ランドクルーザー」や「プラド」の広告が「中国を侮辱している」として、消費者に抗議された事件
	③カルフール「有毒野菜事件」	・カルフールの店で販売された野菜から有毒成分が検出された事件
	④ウォルマート労働組合拒否事件	・ウォルマートが現地企業の労働組合設立を拒否し、労働組合団体から介入された事件
2004年	①日本ペイントの問題広告事件	・ペンキーの広告が「中国を侮辱している」として、消費者から抗議された事件
	②ルーセントテクノロジーの賄賂行使事件	・受注活動で中国大口ユーザ関係者に賄賂を行使したことが発見された事件
	③ナイキ問題広告事件	・ナイキのテレビCMが中国伝統文化を馬鹿にしたことで、CM放送が禁止された事件
2005年（1～5月）	①ケンタッキー・フライドチキンの発がん性調味料使用事件	・ケンタッキー・フライドチキンの調味料から発がん性が指摘されている着色料「スーダンレッド1」の検出
	②ハインツの発がん性調味料使用事件	・ハインツのトウガラシ味噌から発がん性が指摘されている着色料「スーダンレッド1」の検出
	③米ジョンソン・エンド・ジョンソンのベビーオイル事件	・米ジョンソン・エンド・ジョンソンのベビーオイルから液体パラフィンの検出
	④米ユニリーバーのリプトン・インスタント・ティー事件	・米ユニリーバーのリプトン・インスタント・ティーから基準以上のフッ化物の検出
	⑤米P&Gのスキンケア製品「SK-Ⅱ」の虚偽広告訴訟	・米P&Gのスキンケア製品「SK-Ⅱ」の虚偽広告をめぐる訴訟
	⑥朝日ビールなどの日本ブランド品の不買運動	・日本の歴史教科書問題を抗議するため、朝日ビールなどの日本ブランド品の不買運動
	⑦デルコンピュータが中国大手ITメーカを攻撃したメール事件	・デルコンピュータが中国大手ITメーカ聯想集団を攻撃するメールが発見された事件
	⑧ネスレ粉ミルク事件	・ネスレの子供用粉ミルクに基準を超えた有害成分が検出された事件

資料：筆者作成。

機の多発が目立った。

　2005年春、日本ブランドを含めた外国有名ブランドは中国市場で消費者、メディアと政府関係当局3者からの挟み撃ちを受け、ブランド危機の渦に落ち込んでしまった。

　ケンタッキー・フライドチキンの調味料とハインツ（Heinz）のトウガラシ味噌から発がん性が指摘されている着色料「スーダンレッド1」の検出、ジョンソン・エンド・ジョンソンのベビーオイルから液体パラフィンの検出、ユニリバーのリプトン・インスタント・ティーから基準以上のフッ化物の検出、P&Gのスキンケア製品「SK-II」の虚偽広告をめぐる訴訟、日本の歴史教科書問題に抗議するため、朝日ビールなどの日本ブランド品の不買運動…。中国主要メディアによる外国ブランド危機に関する報道数は「爆発的に」増え、外国ブランド危機の中国消費市場にもたらしたインパクトは大きい。

　グローバル企業の「不祥事」に対し、消費者やメディアの批判の矢先は外国ブランド製品から有害物質の検出や虚偽広告といった問題よりも、外国ブランドの中国消費者への「差別的対応」の問題に向けられている。疑問が投げかけられているのは、なぜ、P&Gは欧米市場で「しわは47％減少し、肌の年齢は12歳若返る」という広告文句をまったく使っていないのに、中国市場でこれを使っているのか。また、なぜ、中国だけで、ケンタッキー・フライドチキンの調味料とハインツ（Heinz）のトウガラシ味噌から発がん性が指摘されている着色料「スーダンレッド1」が検出されたのか、ということである。中国消費者が外国ブランドに差別されているという意識は2000年の「東芝パソコン事件」から台頭してきたものである。

　「アサヒビールなどの日本企業は歴史をわい曲する教科書を協賛」。2005年3月28日、『国際先駆導報』など新聞と雑誌は目を引くタイトルでアサヒビール、味の素、三菱重工、いすゞ自動車など日本企業の名前を取り上げ、中国市場に進出している日本企業が歴史をわい曲する「新しい歴史教科書」をつくる団体に対して資金援助を行っていることを批判する記事を掲載した。インターネットに転載されたこのような記事は2005年春、中国市場に「新しい爆弾」を投げ

たように、消費者の日本製品不買運動や小売業界団体の日本製品ボイコットなど、「民族感情」による強い反発を引き起こした。経済グローバル化の今日、一企業の自国における活動が外国の消費者からの反発を引き起こしてブランド危機に遭うことは、数年前には、おそらく想像もできなかったであろう。いま、これが現実となっている。

(2) グローバル企業批判の背景

　グローバル企業のさまざまな不祥事は中国におけるグローバル企業に対する社会世論が「崇拝」から「批判」に変わる傾向を加速した。

　グローバル企業批判には、三つの背景がある。第一の背景は、中産階層を代表とする消費者の消費者権利意識の向上、および消費者組織のパワーアップである。

　1980年から2005年までの20数年間に、中国消費者の消費権益保護意識がいっそう強くなり、消費者権益の保護で、いくつかの重要な変化が現れつつある。例えば、消費者権益が侵害され、訴訟が行われる場合、消費者個人による訴訟より団体訴訟が増えている。次に、インターネットを含めたメディアの力を活用して世論の圧力を形成し、消費者保護団体や政府関係機構の「介入」によって問題の解決をはかる傾向が顕著となっている。中国社会調査所が2005年3月に発表した消費者調査報告によると、約50％の消費者は製品とサービスの消費で問題があった場合、まずメディアに投稿して問題を摘発すると答えている。

　第二の背景は、中国のメディアがグローバル企業の事業展開に対して厳しく監視する力となっていることである。特に、最近、メディアは特集の形でグローバル企業に関して賄賂行使、脱税容疑、知的財産権による市場独占、製品とサービスの提供における中国消費者への差別的対応、労働組合拒否などの事件を集中的に報道、分析し、消費者のグローバル企業に対する不信感をいっそう拡大させている。例えば、一部のグローバル企業が受注の際、政府関係者に賄賂を行使した事件を摘発したことを集中的に報道、批判する特集「グローバル企業の賄賂行使の真実」、グローバル企業が中国市場を独占している問題を分

析、報道する特集「中国の反独占法はグローバル企業に衝撃を与える」、日本企業の中国市場進出の問題点を分析、批判する特集「日本企業の『中国病』：三大症状」などは消費者だけでなく、政府、業界団体、経済学者から注目を集めた。さらに、一部のメディアは「グローバル企業はわれわれの尊敬に値するか」と題とする専門家の評論を掲載している。そしてグローバル企業批判の第三の背景は、中国の新しい民族主義傾向の台頭である。

5　新しい民族主義の台頭と中国の消費者民族中心主義

　これから、恐らくグローバル企業が中国市場の開拓において直面する最大の試練は新しい民族主義の台頭と中国の消費者民族中心主義であろう。

　改革開放は中国の経済発展と民族振興の「大業（偉い事業）」と位置づけられているので、一部の学者が改革開放以来、中国経済の持続的成長は「民族主義による産物」であると考えている。アメリカの学者 Liah　Greenfeld は『The Spirit of Capitalism: Nationalism and Economic Growth（資本主義精神：民族主義と経済成長）』という著作で、「民族主義は社会意識の一つの独特な形式であり、民族国家のメンバーが国家の尊厳と名誉に対して感情を投入する産物である」、「民族主義は経済活動の持続的な発展を導く決定的な要素である」と指摘し、「経済民族主義の要素を民族意識に融合させる国はその民族感情が活力をもち、その国の経済成長の傾向と経済競争力も維持されていく」と強調している。

　経済の持続的な高度成長、国力の増大、特に1997年と1999年の香港とマカオの復帰、2001年の WTO 加盟の実現、「2008年北京五輪大会」と「2010年上海万博」の開催権の取得は中国人の自信を増大させるとともに、民族主義の台頭に新しいエネルギーをもたらした。中国の政治と経済社会は、西側先進諸国を学ぼうとする意欲から西側先進諸国と競争する意欲へと変化している。「近代化の初期段階に、西側は一つの模倣する対象であったが、現在では、まぎれもなく競争者となっている。これに伴い、利益の衝突、特に貿易摩擦はますます

頻繁に増大してくる。…、これに対する民族主義の情緒が段々と強くなっている」と、民族主義の研究者黎鳴は分析している。

実際、経済グローバル化の進行に伴い、西側先進諸国に主導されているグローバル経済の秩序や国際貿易環境に対する不満、日米の人民元為替制度改革への圧力、欧米との貿易摩擦、および中国の「付加価値の低い製品の組立工場」という国際分業体制に対する不満などは、一部の中国人の西側先進諸国とグローバル企業に対する強い不信感を強めてきた。

民族主義問題の研究者知原は現在、中国で台頭してきた民族主義について次のように分析している。中国で台頭してきた民族主義とは「20世紀90年代から、形成し始めた新しい物事である。それは旧ソ連の解体に伴うアメリカの対中抑制戦略に刺激されて発生してきたものである。したがって、新しい民族主義とも呼ばれる」。1990年代アメリカの中国抑制戦略の実施が新しい民族主義台頭の「外的要因」であれば、「中国の対外開放政策の実施にもたらしたさまざまな社会的問題、西側先進諸国の学習に対する疑問と反省」は新しい民族主義が形成する「内的要因」である。

もう一人の民族主義問題の学者王彬彬は中国の新しい民族主義を①「知識人エリートの民族主義」、②「政治エリートの民族主義」と③「群衆性（大衆性）民族主義」に分けている。「群衆性民族主義」はインターネットを交流のプラットフォームとして世論を形成しているので、「網絡民族主義（インターネット民族主義）」とも呼ばれている。

最初、「群衆性民族主義」はアメリカに向かった。特に1999年5月にアメリカ軍のユーゴスラビア中国大使館の爆撃事件、2001年にアメリカ軍用機と中国の軍用機の衝突事件、及びアメリカの台湾政策は中国に対する「敵意」と見られて、中国人の「民族感情」を強く刺激した。『中国はノーと言える』という本の出版は「群衆性民族主義」の一つの象徴的なことであると考えられる。

一方、2002年から、「群衆性民族主義」の矢先はアメリカから日本に向かった。日本の民族主義と対中強硬派の台頭を背景に、政府首脳の「靖国神社参拝」と「新しい歴史教科書」を代表とする歴史認識の問題、東海（日本：東シ

ナ海)海底資源の開発権問題、台湾問題、国連安保理改革における日本の常任理事国入り問題などをめぐって、政治と外交分野で、日中両国は「冷戦」の状態に陥った。言い換えれば、日中両国の民族主義が真正面から対立している局面は両国の政治・外交上の「冷戦」を導いた原因の一つである。これはまた「群衆性民族主義」の矢先が日本に向かった大きな背景である。

「憤青(怒れる青年)」というインターネットを絆とする社会的グループの存在は「群衆性民族主義」の最大の特徴である。社会学者李明水の分析によれば、「憤青」とは本来、「反抗期にいる青少年」、あるいは「生活の方向性を失った青年」、「現実に対して不満をもつ若者」を説明する用語であった。その後、この用語は「反西側文化」、特に反米、反日の傾向をもつ若者の存在を指すことに意味が変わった。

新しい民族主義の台頭はまた、中国の消費者民族中心主義に刺激を与えている。消費者民族中心主義とはアメリカの学者ShimpとSharmaが1987年に消費者研究で打ち出した概念である。ShimpとSharmaによれば、消費者民族中心主義とは「消費者が合理性と道徳性から外国製品の購入を判断する信念」である。また、消費者民族中心主義は消費者の愛国心によるもので、外国製品の購入が国内産業に不利益をもたらすことを警戒するので、道徳の次元から外国製品を購入しない意志を示すことである。一方、消費者の世界各国に対する好感度が異なり、各国の企業イメージやブランドイメージも違うので、合理性と道徳性から外国製品の購入を判断する結果も違ってくるはずである。中国の消費者民族中心主義的傾向が消費者の国産品と外国製品の購入選択、及び異なる国のブランド製品(例えば、日本のブランド品かフランスのブランド品か)の購入選択に対し及ぼす影響は無視できなくなっている。

6 中国マーケティング・コミュニケーションの展開

上述したように、経済の持続的成長に伴い、巨大市場の現実化、中産階層の消費者パワーアップ、外国ブランド危機とグローバル企業批判の傾向、および

新しい民族主義の台頭と消費者民族中心主義傾向など、中国の市場環境は著しく変わってきている。これらの新しい変化に対応して、これから将来にかけて、グローバル企業の中国戦略も大きく変化するであろう。

　対中投資の重心が従来の製造業設備投資の分野から、現在のマーケティング投資へ急速に移り変わりつつあることはグローバル企業の中国戦略変化の最大の特徴である。

　2004年前後、中国進出ラッシュが一段落したことに伴い、グローバル企業の中国戦略は新しい段階で、二つの課題に直面している。まず一つは過去20数年間にわたるバラバラ進出による「対中投資の不良資産」や「非効率的な事業拠点」、「競争力を失った事業」を整理し、これまでの対中投資の資産収益率を向上させることである。これはグローバル企業の「対中投資の資産整理戦略（Light Asset Strategy）」である。もう一つの課題は「世界の一大市場」を開拓するために中国マーケティング投資戦略（Marketing Investment Strategy）」を本格的に展開することである。言い換えれば、上述した中国市場環境の変化に対応するため、グローバル企業はマーケティング投資を、現段階では対中投資の中心に置いている（図2）。

　近年、日本企業が工場進出、設備投資を特徴とする対中投資を続けているうちに、欧米企業は中国マーケティング投資をすでに次の4つの分野で大きく推進してきた。まず「中国籍のマーケティング戦略人材」への投資であり、マーケティング戦略を展開するための人材の確保である。次はバラバラの営業拠点を統合して中国全土向けのマーケティング・プラットフォームを構築するための投資を行うことである。そして中国現地の統括会社（地域本社）が、「マーケティング戦略部門」を拡大するために投資を行うことである。例えば、IBM（中国）有限公司では、「マーケティング戦略部門」が150名以上の規模に達している。最後は中国マーケティング・コミュニケーションを戦略的に展開するために投資を拡大することである。

　中国マーケティング・コミュニケーションは企業イメージ、製品とサービスのブランドについて中国消費者、メディア、政府などに対し認知を高め、中国

図2　グローバル企業の中国マーケティング戦略

中国市場で「利益と成長」を追求すること	
Light Asset Strategy （対中投資の資産整理戦略） バラバラ進出による「対中投資の不良資産」、非効率的中国事業拠点を整理し、「選択と集中」による対中投資資産の収益率を重視し、グループの総合的力の発揮	Marketing Investment Strategy （マーケティング投資戦略） ①中国籍マーケティング戦略人材の獲得投資 ②マーケティング・プラットフォーム構築の投資 ③「Marketing Development（市場開拓部）」組織拡大の投資
中国マーケティング・コミュニケーション戦略	
企業イメージ強化・ブランド価値強化 →	企業市民・社会的責任の重視

資料：筆者作成。

市場における競争相手との差別化を明確にして、競争優位を確立することを目的とするコミュニケーション活動である。グローバル企業は中国市場における企業イメージアップとブランド価値強化をはかると同時に、中産階層とその消費文化の形成、消費者民族中心主義傾向の台頭といった市場環境の変化に対応し、公益マーケティングとスポーツ・マーケティングの展開を通じて企業の社会的責任（CSR）を重視する姿勢を表明し市場における総合的競争力の向上に努めている。

7　本書の課題と構成

本書は、マーケティング・コミュニケーションの理論枠組みに沿って、中国で実施された三つの実証研究とその成果に基づき、中国の消費市場の主役である中産階層とその消費文化、中国の新しい民族主義の台頭、消費者民族主義的傾向とそのグローバル企業の現地経営への影響、企業イメージアップとブランド価値強化のコミュニケーション手法などについて、より立ち入った理論的展開と事例分析などを行っている。

ここでいう中国で実施された三つの実証研究とは、「2005年中国の中産階層とその消費意識に関する調査」、「2005年中国の中産階層に好まれるメディア調

査」と「2004年グローバル企業の中国マーケティング・コミュニケーション戦略に関する調査」である。この三つの調査は2004年から2005年春まで、中国の市場調査機構と大学系のメディア研究機構の協力で実施されたものである。

　本書は、3部構成をとっている。第1部「中国の中産階層とその消費文化」では2005年春、北京、上海、広州など5大都市における500名の中産階層の調査相手を対象に、インタビュー面談を通じて実施された「2005年中国の中産階層とその消費意識に関する調査」の結果に基づいて、調査対象の階層帰属意識、生活実態、消費観念、消費文化を体系的に考察する。第1章「中国の中産階層2億人の実像――巨大消費市場の主役たち」では、改革・開放に伴う中国社会における階層分化、中産階層の登場を社会学と経済学の視点から理論的に概観し、「2005年中国の中産階層とその消費意識に関する調査」による実証研究を通じて、中産階層の日常生活、生活充実の手段、仕事の満足度と生きがい、時間のすごし方、日常のコミュニケーション、および外国の好感度を詳細に考察し、これによって中国の中産階層の実像を描いた。第2章「明日のお金を使って今日の楽しみを享受する――中国の中産階層とその消費文化」では、まず、中国市場における階層消費の現象をマーケティング論から論じて、次に、中産階層について、貯蓄と消費の態度、消費観念、消費支出構成から見た消費生活の実態、住居の現状とマイホーム計画、マイカーと新車購入計画、海外旅行の経験と今後の海外旅行計画などを考察、分析し、中国の消費市場をリードしている中産階層の消費観念と消費パワーの実態を解明する。

　第2部「消費者民族中心主義と外国ブランド消費」ではまず、近年、中国で台頭しつつある新しい民族主義を念頭において、消費者民族中心主義の概念を理論的に分析し、次に、消費者民族中心主義の傾向と中国社会のブランド消費について、日中関係と中産階層の対日観、および中産階層の日本ブランド評価を具体例として考察する。第3章「ブランド消費と消費者民族中心主義――中産階層の選択：国産ブランド vs. 外国ブランド」では、まず、中産階層の「誇示的消費」を満足させるための豪華ブランドブームを分析する。次に、消費者民族中心主義の傾向を理論的に解説した上で、消費者民族中心主義の傾向が消

費者のもつブランドの原産地国のイメージ、その国の企業のイメージ、およびその国のブランドイメージに影響されている仮説を立て、中産階層の欧米、日本、韓国などのグローバル企業のイメージ、中産階層の外国ブランド認知と外国ブランド評価を分析し、その家電製品、デジタル製品、自動車、IT通信製品、化粧品・衛生用品の消費における中外ブランドの選択を考察する。これによって中産階層の消費者民族中心主義がどういう傾向にあるかを明らかにする。

第4章「歴史の幽霊と現実の選択——中国の中産階層とその日本ブランド評価」では、「2005年中国の中産階層とその消費意識に関する調査」の結果に基づいて、近年、日中の政治と外交関係が「冷戦」状態に陥った環境下での、中産階層の日本ブランド評価を研究している。そのため、まず、中産階層から見た日本という国、中産階層から考えた現在と未来の日中関係を調査データに基づいて分析している。次に日中関係と「反日傾向」を示している「憤青(怒れる青年)」という社会的現象を考察し、日中のビジネス関係と消費者の「民族感情」について事例による分析を行っている。最後に、中産階層の日本企業評価と日本ブランド認知、および中産階層から見た日本ブランドの魅力を体系的に考察する。

第5章「メディア報道と日本ブランド評価——中産階層に好まれるメディアはこう教えている」では、中産階層の消費観念とブランド消費の行動パターンの形成、特にその日本ブランド認知と評価について、インターネット、テレビ、新聞・雑誌といったメディアの果たしている役割に注目し、「2005年中国の中産階層に好まれるメディア調査」の結果に基づいて、メディアと中産階層の日本ブランド評価との関連性を考察する。ここで、まず、中産階層の好まれるメディアとその種類を詳細に分析する。次に、2004年に、これらのメディアに掲載された外国ブランドの広告、特に日本ブランドの広告を分野別に考察している。最後に、2004年に、中産階層の好まれるメディアの日本企業に関する報道・記事について、「プラス的報道」、「中立的報道」、「マイナス的報道」の3つのパターンから分析し、メディアの日本企業の報道姿勢とその中産階層の消費者への影響度を明らかにする。

第3部は「中国マーケティング・コミュニケーション」は「世界の工場」から「世界の一大市場」への中国の位置づけの変化、中産階層とその消費文化の形成と民族主義傾向の台頭といった市場環境の変化に直面しているグローバル企業が中国市場における企業イメージアップとブランド価値強化をいかに実現すればよいのかという問題をめぐって、中国マーケティング・コミュニケーション戦略とその展開の必要性を強調している。また、「2004年グローバル企業の中国マーケティング・コミュニケーション戦略に関する調査」の結果に基づいて、中国マーケティング・コミュニケーション戦略とその展開の理論を解説したうえで、グローバル企業の成功例と失敗例を紹介し、政府とのコミュニケーションを第一とするコミュニケーション戦略と体制の構築を提言する。

　第6章「中国マーケティング・コミュニケーションの史的展開――政府とのコミュニケーションは第一」では、まず、1980年から2005年までの25年間に、グローバル企業が中国市場を開拓するため、中国にマーケティングの手法を導入していた歴史、および中国市場で企業イメージアップとブランド価値強化をはかるため、消費者・メディアと政府を対象にマーケティング・コミュニケーションを展開していた歴史を図表を用いて考察する。次に、中国社会のグローバル企業に関する評価とその評価の基準や、どのようなグローバル企業が評価されているかを考察し、グローバル企業の「社会的責任」を実現する重要性を事例で解説している。さらに、社会主義市場経済のもとにある中国で、「政府とのコミュニケーションを第一」とするマーケティング・コミュニケーション戦略とその実施の成功事例を紹介する。最後に、IBM、サムスン、シーメンス、モトローラ、松下電器の事例解説から中国マーケティング・コミュニケーションの体制とその構築は中国市場における競争の優位性を確立するための急務であることを指摘する。

　第7章「企業イメージ向上への挑戦――グローバル企業の中国メディアコミュニケーション戦略」では、2004年に約600種の中国新聞・雑誌を対象として行われたグローバル企業とメディアコミュニケーションに関する調査の結果に基づいて、中国市場における企業イメージ向上では、メディアコミュニケーシ

ョンの重要性を強調する。まず、改革・開放の20数年間に「民営化」と「市場化」を特徴とした中国メディアの変容と外国メディアの上陸による中国メディア業界へのインパクト、急速に発展してきたインターネットメディアの影響力と攻撃力などの実態を解明する。次に、中国メディアのグローバル企業報道とその報道の姿勢を事例により解説する。最後に、「軟広告（記事と報道の形で企業イメージと製品を宣伝する手法）」の活用例を通じて、グローバル企業の中国メディアコミュニケーションの戦術を紹介する。

第8章「ブランド価値強化へのチャレンジ——グローバル企業の中国広告メディア戦略」では、まず、「中国の最も価値のある消費品ブランド」評価とその2005年度の評価結果を紹介し、メディア広告とブランド価値評価の関連性を論じる。次に、世界2位の広告市場に成長している中国広告市場の構造を分析し、インターネット広告を含めたメディア広告市場の競争の実態を考察する。さらに、グローバル企業の中国メディア広告の戦略について、広告メディアの選別戦略、広告宣伝の地域戦略、地域によるセグメンテーションと北京重視の広告戦略を詳細に分析する。最後に、中国の消費者の「民族感情」を刺激したグローバル企業の「問題広告」をマーケティング・コミュニケーションの失敗例として取り上げ、ブランドの広告宣伝による危機の経験とその対応手法についての教訓を解説する。

そして終章「北京2008五輪大会とスポーツ・マーケティング——消費者民族中心主義の限界を越えて」では、市場が急速に拡大されている一方、消費者民族中心主義の傾向が台頭している中国の市場環境で、「人性化（人間性）」コミュニケーションが消費者民族中心主義の傾向を克服するための有効な手法であることを指摘する。また、スポーツ・マーケティングを「人性化（人間性）」コミュニケーションの実践活動として取り上げ、2008年北京五輪大会とそのグローバル企業にもたらす巨大なビジネスチャンスを分析し、北京五輪市場を開拓するために実施されているグローバル企業のマーケティング戦略とその展開の実態をGEとサムスンの事例から解説する。有効なマーケティング・コミュニケーション戦略を実施すれば、中国市場における企業イメージアップとブラ

ンド価値強化を図ると同時に、消費者民族中心主義の傾向を克服することもできることを力説する。

　以上の各章での理論的・実証的分析を通じて、中国の中産階層とその消費文化の形成、マイホームブーム、マイカーブーム、ブランド消費ブームからなる中国消費市場の拡大、消費者民族中心主義傾向の台頭といった市場環境で、グローバル企業の中国マーケティング・コミュニケーション戦略とその展開の全体像が解明される。マーケティング・コミュニケーション論の視点からミクロ的課題とマクロ的課題を含めた実証研究を通じて、グローバル企業による中国市場開拓の実態とその経験を研究、分析した著作が非常に少ないのが現状である。この意味では、本書はグローバル企業の中国マーケティング・コミュニケーションの基礎的な教科書であるともいえる。

　経営学者、企業経営者、ビジネスマン、研究者、学生など多方面にわたる方々にとって、中国市場とそのセグメンテーション、中産階層を代表とする中国消費者とその消費文化、消費者の民族主義的傾向とブランド消費、中国メディアと中国広告市場、公益マーケティングとスポーツ・マーケティングなどのマーケティング・コミュニケーションの理論と実践を研究するうえで、本書がその一助となれば、幸いである。

　本書の執筆は中国青島大学磯部研究室の重要な研究課題として行われたものである。また、本書は青島大学名誉教授磯部朝彦先生、同大学教授翟鋒先生、名古屋市立大学教授松原聖先生、日本大学教授吉田勇先生などのご指導とご支援を受け、完成したものである。さらに、陳楊秋、頼寧、楊兵、姜梅、林明媚などの同僚にも本書の執筆にあたりご支援いただいた。

　約3年間という長い期間でこの本を完成させることは家族の支援がなければ不可能だったとも言える。したがって、ここで、筆者の父母である蔡振揚、林蘭、妻の松原香理、長男の元実、次男の龍志にも謝意を表したい。

　また、この機会を借りて、筆者の研究・執筆活動をつねに激励していただいた日立総研での元上司である八丁地隆氏、竹本英世氏、白井均氏にもあらためて謝意を表したい。

最後に出版にあたって大変お世話になった日本経済評論社代表取締役栗原哲也氏と出版部の谷口京延氏にこの場を借りてお礼を申し上げたい。
　2005年　秋

蔡　林海

第 1 部　中国の中産階層とその消費文化

第1章　中国の中産階層2億人の実像
——巨大消費市場の主役たち

　2010年には、中国の中産階層が2億人以上に達すると予想されている。これにより、中国は世界において中産階層の人口が最も多い国となるであろう。これはグローバル企業にとって、魅力が非常に大きい市場を意味する。この市場における最も活力のある消費者層を対象とするマーケティング戦略をいかに展開するか、これはグローバル企業の中長期的な発展とその成否にとって非常に重要なことであろう。　（フィリップ・コトラー）

1　中国の中産階層とその「中等意識」

　近年、中国経済は9％以上の成長率で高成長を謳歌しながら世界経済を牽引する重要な原動力となった。2005年には、「中産階層の消費」は中国市場の最もホットな話題となり、中産階層を主力とする消費市場の拡大こそは中国経済の高成長を牽引する新しいエンジンの一つとなりつつある。
　一般的に言えば、社会インフラ投資（中国で言えば、固定資産投資）、外国からの直接投資、輸出は改革開放以来の中国経済成長を牽引する三つのエンジンである。しかし、近年、中国経済の成長モデルと経済成長の質が根本的に変わってきていることは注目に値する。それは国民所得の増加に伴って拡大してきた消費市場が固定資産投資の代わりに、中国経済成長を牽引する最も重要なエンジンとなっていることである。しかも、その個人消費の主力は改革・開放と中国WTO加盟に伴って登場してきた中国の中産階層である。中国の中産階層とその消費パワーは近年の中国経済成長に大きく貢献していると同時に、

グローバル企業にとって中国ビジネスは新しいチャンスをもたらしている。

では、中国の中産階層とは何か。

(1) 中国社会における階層分化

2003年から、「中産階層」は中国社会、経済と企業経営の3大分野における最もホットな用語となってきた。社会学者、経済学者、そしてマーケティング専門家はそれぞれの視点から中国の中産階層を研究、分析している。中国という巨大市場で、商品とサービスを買ってくれるものはだれであろうか、かれらはどのような特徴をもっているのか、などをめぐって近年、階層消費の視点による中産階層マーケティングの研究も盛んに行われている。

中産階層（Middle Class）は「中産階級」とも呼ばれる。中国では、「階級」という用語が「対立」、「闘争」などの政治的、イデオロギー的な意味をもつので、「中産階級」という言い方があまり使われていない。一般的に言えば、社会階層は自己認識、価値志向、生活様式、社会的地位から定義される社会集団である。社会主義市場経済を実施している中国では、社会学者は「社会関係的資源」（政策の意思決定参加、権力と威信、人脈）、「経済的資源（経済収入、資産の所有）」、「文化的資源（学歴、専門知識と技能）」の所有程度によって社会集団の異なる階層を分けることがある。改革開放とWTO加盟に伴う市場開放は中国社会における「社会関係的資源」、「経済的資源」、「文化的資源」が再配分されるプロセスでもある。中国では、20数年間におけるこれらの資源の再配分の最大の「受益者」は中産階層である。言い換えれば、中国の中産階層はこの20数年間に育てられた新しい社会階層である。私は1980年から2005年の20数年間を三つの時期に分け、中国社会における階層分化に伴う中産階層形成の主要な背景を分析する（図1.1）。

まず、1980年代は中国社会における階層分化が開始された時期である。この時期には、経済改革と対外開放政策が実施され、鄧小平の「先富論（まず一部の人、一部の地域を豊かにさせる理論）」が社会主義計画経済時代の「悪平等（皆が平等であるが、皆が貧しい）」から脱出したい人々に希望をもたらし、都

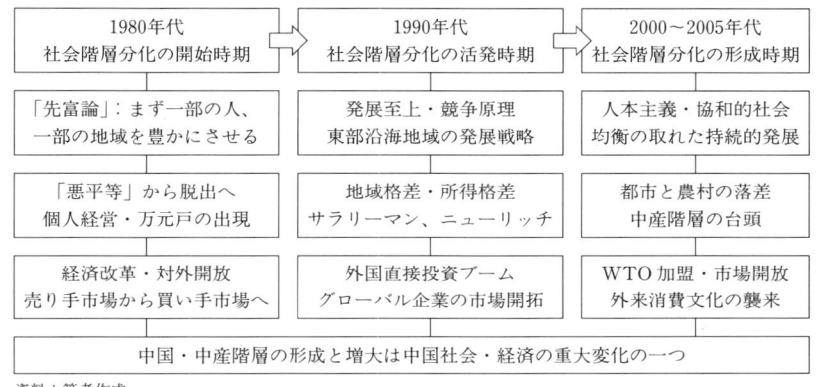

図1.1 中国社会における階層分化と中産階層形成の背景

1980年代 社会階層分化の開始時期	1990年代 社会階層分化の活発時期	2000〜2005年代 社会階層分化の形成時期
「先富論」：まず一部の人、一部の地域を豊かにさせる	発展至上・競争原理 東部沿海地域の発展戦略	人本主義・協和的社会 均衡の取れた持続的発展
「悪平等」から脱出へ 個人経営・万元戸の出現	地域格差・所得格差 サラリーマン、ニューリッチ	都市と農村の落差 中産階層の台頭
経済改革・対外開放 売り手市場から買い手市場へ	外国直接投資ブーム グローバル企業の市場開拓	WTO加盟・市場開放 外来消費文化の襲来

中国・中産階層の形成と増大は中国社会・経済の重大変化の一つ

資料：筆者作成。

市部の「個人経営者」と農村部の「万元戸」が中国社会で最初に、豊かとなった「先駆者」であった。

次に、1990年代は中国社会における階層分化の活発時期である。鄧小平の「発展是硬道理（経済発展こそが一番だ）」の理論は東部沿海地域の発展戦略と外国直接投資誘致戦略の策定、実施を指導し、沿海地域の発展と外国からの直接投資が経済成長を導いたと同時に、地域間格差、所得格差の社会問題をもたらした。この時期、グローバル企業の中国進出、国有企業の民営化などにより、外資企業で働く都市部のサラリーマン、各分野の専門知識・技能を持つ専門家などが一つの新しい社会的存在としてその規模が拡大し始めた。

そして2000年から2005年という21世紀最初の5年間は中国社会における階層分化の形成された時期である。これも中国の中産階層が著しく台頭してきた時期である。この時期には、「発展至上主義」がもたらした地域格差と所得格差といった社会的問題、環境問題への反省として、「以人為本（人本主義）」、「協和社会」と「均衡発展（均衡の取れた発展）」の理念が主導的なものとなり、都市部と農村部の格差を縮小させることが政策運営の最大の課題と位置づけられている。この時期に、中国政府にとって中産階層の育成は中国社会における貧富の格差をもたらす社会的リスクを減少させる最適な選択肢となっている。

一方、中国マーケティングの視点から見ると、中国社会における階層分化の三つの時期は中国市場が「売り手市場」から「買い手市場」への変化を経て、グローバル企業の市場開拓に伴う外来の消費文化が中国社会に浸透し、また階層消費が形成されはじめた時期でもある。

(2) 中国の中産階層という社会集団

「社会関係的資源」、「経済的資源」、「文化的資源」の所有状況は中国の社会階層を分析するキーポイントである。これはまた、中国の中産階層を一つの新しい社会集団として定義する重要な根拠の一つでもある。

私は2003年から「中国の中産階層マーケティング研究プロジェクト」を実施し、2004年9月～2005年5月に、「2005年中国の中産階層とその消費意識に関する調査」を企画して実証研究を行った。この研究において、①年齢、②職業、③年収、④所有する財産（あるいは家計資産）、⑤自己評価（階層帰属意識）、⑥消費文化と生活方式の6分野から中国の中産階層とその特徴を分析した結果、中国の中産階層を次のように定義しよう。

即ち、中国の中産階層とは、年齢は25～35歳、年収入は8万～50万人民元（1万～5万ドル）、個人あるいは家庭の資産は2万～10万ドルで、中等（中流）意識とブランド消費意識をもち、またマイカーとマイホームをもっている人々からなる社会集団である。この社会集団に属する人々の職業は主に①外資系企業の管理職、②民間企業の経営管理者、③電力・エネルギー、交通、銀行、保険など独占分野の国有企業の経営管理者、④留学経験をもつIT、バイオなどのハイテク企業の経営管理者、⑤弁護士、会計士、経営コンサルティング業者、不動産仲介業者、⑥広告業界とマスメディア業界の経営管理者・専門家、⑦各分野の技術専門家、⑧芸能界とスポーツ界のスターなどである。

中国国家情報センターの専門家は現在、中国の中産階層の規模が約1億人で、2010年にはその規模が2億人に達すると予測している。一方、中国国家統計局の分析と予測によれば、21世紀の最初の10年は中国の中産階層の最も重要な形成時期であり、2005年には、中国の都市部における中産階層の世帯が約2500万

世帯（都市部全世帯の13％）であるが、2010年には、約6000万世帯（同25％）となる。また、人口規模から見ると、中国の中産階層の人数は2005年の8000万人から2010年には約2億人に増加する。

中国の中産階層に関する研究で、最も権威的な地位にあるのは、中国の社会学専門家である陸学芸教授が主導している中国社会科学院の研究グループである。陸学芸教授を中心とする中国社会科学院「当代中国社会階層構造に関する研究」チームは近年、研究成果として『当代中国社会階層研究報告』と『当代中国社会移動』という2つの重要な研究レポートを発表した。

まず、陸学芸教授は『当代中国社会階層研究報告』（2002年出版）で中国の社会階層について、次のように分析している。中国社会は改革・開放に伴いすでに10大階層に分化され、近代社会における社会階層の基本的な構成要素を持ちはじめた。また、中国には、近代化の社会階層の構造はすでに形成されている。陸学芸教授らが区分した中国社会の10大階層とは、①国家と社会の管理者（政府機関で働いている管理職の公務員）、②政府機構、業界団体、企業のサラリーマン、③外資系企業と大型国有企業の経営管理者、④技術専門家、⑤私的企業の経営者、⑥個人経営者、⑦商業・サービス業の従業員、⑧製造業の労働者、⑨農業の労働者、⑩都市の失業者である。

次に、陸学芸教授は『当代中国社会移動』（2003年出版）という研究報告で、中産階層の概念を分析し、産業化、近代化、経済の市場化、及び中国のWTO加盟に伴う経済のグローバル化は中国社会の階層間の移動を加速させ、2003年現在、全国人口の15％を占める中産階層はこれからの10年間に「飛躍的に増大してくる」と予測している。また、同報告は一人当たりのGDPが3000ドルを超えた北京市、上海市、天津市、広東省、浙江省、江蘇省、福建省の7大地域に対する調査に基づいて、経済成長に伴う一人当たりGDPの成長と中産階層の増大との間に緊密な関連性があることを明らかにしている。

(3) 「2005年中国の中産階層とその消費意識に関する調査」

2005年3月、中国の中産階層マーケティング研究の一環として、私は「2005

年中国・中産階層とその消費意識に関する調査」と「2005年中国の中産階層とマスメディア調査」をそれぞれ企画し、北京に本社を置く市場調査会社と大学系のメディア研究の専門機構の協力で、2005年1～5月、この二つの調査を実施し、中国の中産階層の意識構造、生活状況と消費意識、中産階層のブランド消費と消費民族中心主義の傾向、特に中産階層の日本ブランド評価、また中国・中産階層の意識形成とメディアとの関係を分析し、実証研究の資料をはじめて直接に把握することができた。

ここで、「2005年中国の中産階層とその消費意識に関する調査」の概況を説明してみよう。同調査は①中産階層の価値観、②中産階層の生活現状、③中産階層の消費文化、④中産階層のグローバル企業評価と外国ブランド消費、⑤中産階層の日本企業評価と日本ブランド認知という5つの部分から構成されている。

「2005年中国・中産階層とその消費意識に関する調査」の調査実施地域としては、①中国主要都市一人当たりGDPランキング、②2004年中国主要都市年間賃金水準ランキング、③中国主要都市別「可処分所得（税引き後収入）」のランキングを参考にして、各ランキングにおける上位10から北京、上海、杭州、広州、深圳という代表性のある5大都市を選んだ。同調査は2005年3月、これらの5大都市における中産階層に属する若者500人（各都市100人ずつ）を対象として、面談・インタビューの方式で実施された。調査対象の若者は次のとおりである。

まず、性別構成については、男性59％、女性41％である。年齢別構成では、25～29歳の20代後半は全体の45％、30～35歳の30代前半は55％である。既婚者は全体の60％、未婚者は同40％である。

次に、調査対象の学歴別構成をみると、高校卒が3％、短大卒が8％、大卒が74％、修士と修士以上が15％であり、大卒以上が全体に占める割合が約90％に達している（図1.2）。また、15％が海外留学の経験をもっていることがわかる。

さらに調査対象の職業別構成を分析してみると、知識集約型業界の管理職・

図1.2 調査対象の学歴別構成（％）

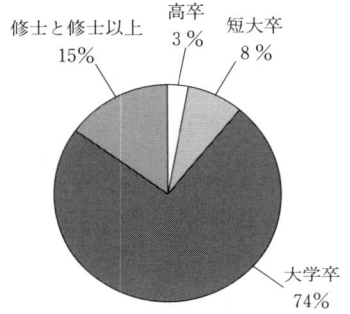

修士と修士以上 15％
高卒 3％
短大卒 8％
大学卒 74％

資料：筆者「2005年中国の中産階層の生活状況と消費意識に関する調査」。

専門家が35％で一番多く、それに続いて外資系企業管理職（24％）、独占業界の国有企業管理職（19％）、私的企業の経営管理者（18％）、民間企業の経営管理者（4％）の順になっている（図1.3）。

また、外資系企業別管理職の構成は、欧米系企業が59％、日系企業が27％、その他が8％となっている。一方、国有企業の業界別管理職の構成では、電気通信業界が33％、銀行・保険などの金融業界が49％、電力などその他の業界が18％である。そして知識集約型業界の管理職・専門家のうち、IT業界が28％、医薬・医療関係が17％、弁護士・会計士・コンサルタントが28％、広告・メディア関係などが27％である。

続いて、調査対象の年収入別構成をみると、6万～10万元が73％、11万～20万元が18％、21万～30万元が6％、31万～40万元が2％、41万～50万元が1％である。調査対象の年収入は6万～10万人民元を中心としていることがわかる（図1.4）。

都市別に見た調査対象の年収入は図1.5である。北京と広州では年収入は基本的に6万～10万元（70％台）と11万～20万元（20％台）が中心となっているのに対し、上海と杭州は6万～10万元が80％以上である。一方、改革開放の先端都市である深圳は、6万～10万元が50％弱、11万～20万元が20％強、21万～30万元と31万～40万元とも10％以上となり、年収入の多重構造を示している。

図1.3 調査対象の職業別の構成

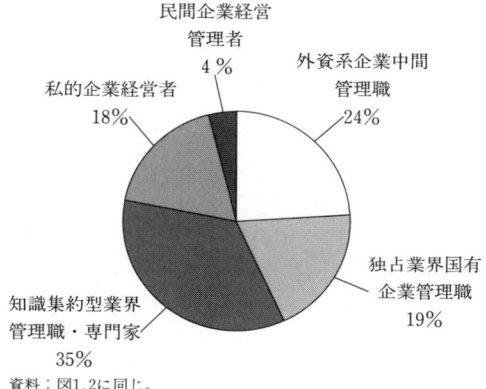

- 民間企業経営管理者 4%
- 外資系企業中間管理職 24%
- 独占業界国有企業管理職 19%
- 知識集約型業界管理職・専門家 35%
- 私的企業経営者 18%

資料：図1.2に同じ。

図1.4 調査対象の年収別の構成

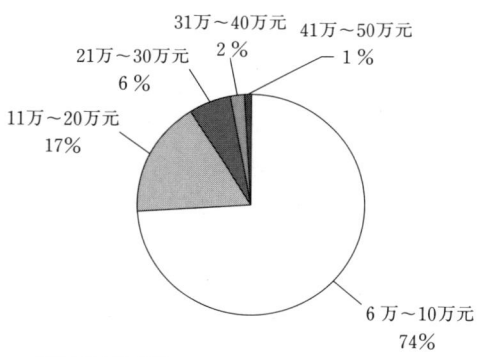

- 31万～40万元 2%
- 41万～50万元 1%
- 21万～30万元 6%
- 11万～20万元 17%
- 6万～10万元 74%

資料：図1.2に同じ。

(3) 中産階層の「中等意識」

社会学の階層研究には、階層帰属意識は人々の社会的地位と経済的地位に関する主観的認知、あるいは自己評価を指す。調査対象がどのような階層帰属意識をもっているかを調べるため、この調査で、調査対象に対して、近年、中国の社会階層に関する諸説、中産階層の概念を説明したうえで、次の質問をした。

即ち、「あなたの実際の状況を考え、自分は①最高階層、②中上階層、③中

等階層、④中下階層、⑤最下階層の、5等級の社会階層のうち、どの階層に属するか」と尋ねて答えてもらった。回答の結果は図1.5に示されたとおりである。

調査対象のうち、自分は「中上階層」に入ると答えた者の割合が24％、「中等階層」が66％であり、両者の合計が90％にも達している。このことは、調査対象の9割を超える大多数の人が「中流意識」をもち、自分が中国社会における「中等階層」に属していると考えていることを示している。また、「中等階層」と答えた調査対象の年収入をとって分析すると、73％はその年収入が6万～10万元、17％は11万～20万元であることがわかる。要するに、調査対象にとって、年収入6万～20万元は「中等階層」の自己評価の一つの経済的目安となっている。

中国社会において、この「中等階層」への帰属認識は中国の中産階層の「中等意識」、あるいは「中流意識」の現れであるといえる。

これにより、この調査の対象者は次の特徴をもつことが明らかにされた。即ち、調査対象の主な特徴は年齢が25～35歳、学歴が大卒と修士以上を中心とし、年収入が平均15万元（約2万ドル）、職業が外資系企業の中間管理職、独占業界の国有企業の管理職、知識集約型業界の管理職・専門家、私的企業の経営者と民間企業の経営管理者であり、しかも「中流意識」をもっている人々である。

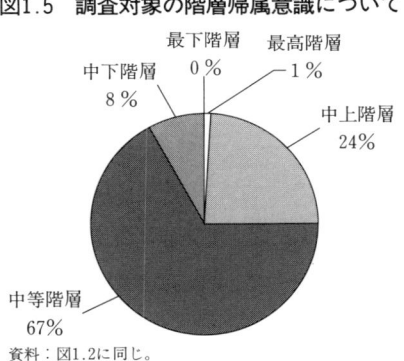

図1.5 調査対象の階層帰属意識について

最下階層 0％
最高階層 1％
中下階層 8％
中上階層 24％
中等階層 67％

資料：図1.2に同じ。

「中等階層」のアイデンティティーを有するこの社会集団では、その年齢、学歴、年収入、職業などの構成が中国の中産階層全体の構成と対応しており、こうした構成は中国の中産階層の考え方や価値観、消費意識を読み解く際に重要な要素といえる。

2　中産階層の日常生活

中国の中産階層に属する人々が日ごろの生活にどの程度満足しているかを調べるために、まず、「衣食住」の物質面と「生きがい」の精神面から満足度を尋ねた。物質面の生活では、「現在の生活の中、衣食住などの物質面の生活はいかがでしょうか」という質問項目について「豊富」か、「普通」か、「豊富ではない」かで、回答をしてもらい、精神面の生活では、「生きがいをもち、生活の質を向上させる自信をもっているか」の質問について、「そう思う」か、「そう思わない」かで答えてもらった。

「衣食住」という物質面の生活については、「豊富」という答えが全体の36％、「普通」が66％、「豊富ではない」が1％である（図1.6）。物質面の満足感は「中等」とその以上である。これに対し、「生きがい」という精神面の生活について、「そう思う」が85％で「そう思わない」（9％）を大きく上回っていることがわかる（図1.7）。中国の中産階層において「生きがい」という精神面の満足感が物質面の満足感を上回っていることは注目に値する。

上述したように、北京、上海、広州など5都市の平均年収が5万元前後であるのに対し、調査対象の年収がその2～3倍の10～15万元前後となっている。したがって、改革開放の受益者として25歳から35歳の若者の所得が高齢層に比べて優位性が確立されている。能力と努力が生活水準を決定する社会的傾向が強まっており、中間階層の帰属意識をもつ若者の向上意識も強くなり、さまざまな機会にチャレンジする意欲が現れている。

次に、社会生活における生活環境についての満足度で、「あなたの生活環境は安全かつ快適であるか」の質問に対し、「そう思う」か、「そう思わない」か、

図1.6　衣・食・住の物質面の生活満足度について

豊富ではない　1％
豊富　36％
普通　63％

資料：図1.2に同じ。

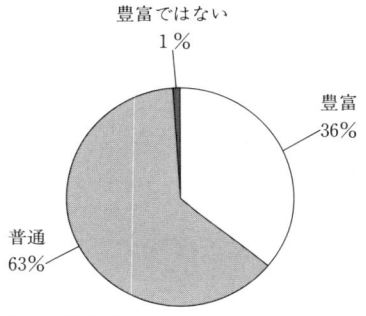

図1.7　精神面の満足度について（％）

生きがいをもち、生活の質を向上させる自信をもつ

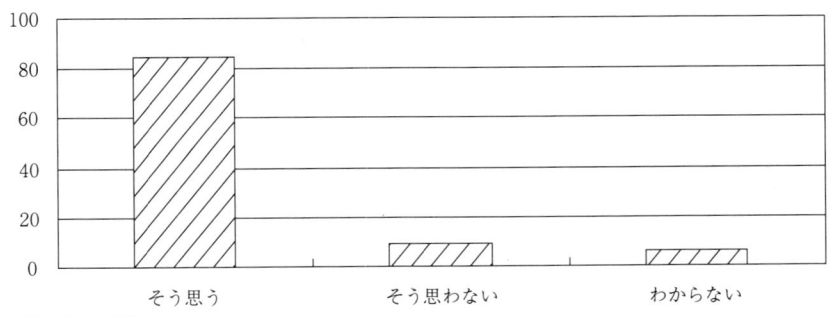

資料：図1.2に同じ。

「わからない」かで答えてもらい、最後に、生活全般についての満足度で、「あなたは現在の生活全般について満足しているか」に対して「非常に満足」か、「満足」か、「不満足」か、「わからない」かを尋ねた。

　生活の社会的環境の満足度では、「そう思う」と答えた人は90％で、満足を感じている割合は非常に高い（図1.8）。また、都市別から生活環境の満足度をとってみると、5大都市には、「そう思う」と答えた割合はいずれも80％を超えている。さらに、性別から生活環境の満足度を見ると、満足を感じている割

図1.8　社会生活の満足度について
生活環境は安全かつ快適であるか

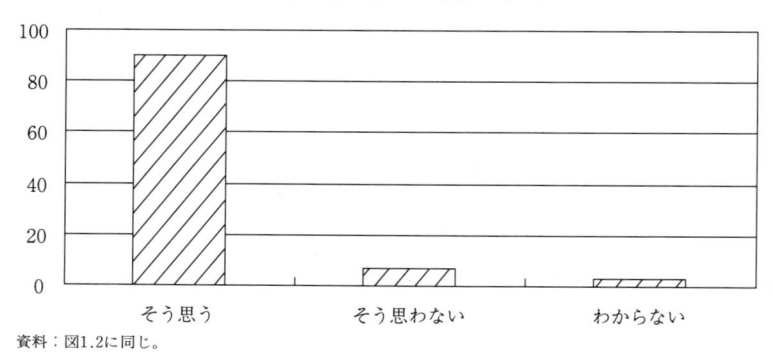

資料：図1.2に同じ。

合では、女性（90％台）は男性（80％台）より高く、一方、不満を感じている割合では、男性が女性より高いことがわかる。

　そして、物質面の生活、精神面の生活という「個人生活」と生活環境という「社会生活」の日ごろの生活の全般については、「非常に満足」、「満足」と答えた人が45％、「普通」が44％、「不満」と答えた人がわずか11％である（図1.9）。また、都市別から生活全般の満足度を見ると、北京、上海、杭州、広州4大都市には、「満足」、「普通」と答えた人がいずれも40％を超えているのに対し、深圳には、「満足」と答えた人が28％、「普通」が50％である。一人当たりGDPランキングと支配可能の収入ランキングでは、全国1位である深圳の生活全般の満足度は他の大都市より低いことがわかる。一方、性別から見た生活全般の満足度では、「非常に満足」と「満足」を答えた女性が男性より多いのに対し、「普通」と「不満」と答えた男性が女性より多いことがわかる。

　物質面の生活と精神面の生活という個人的生活の満足度と生活環境という社会的生活満足度はそれぞれの個人の主観的判断によるもので、その満足感は相対的なものである。したがって、調査対象の生活全般の満足感は、中国の経済・社会の発展による生活の著しい改善によってもたらされた結果である一方、中国社会における中産階層として他の階層に対する、相対的、比較的な優越感

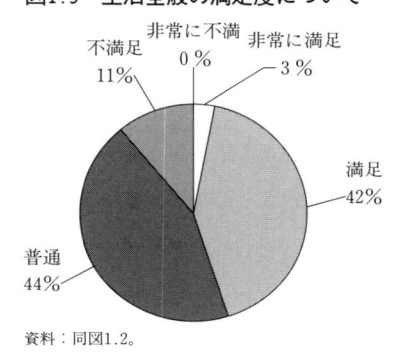

図1.9 生活全般の満足度について

非常に不満 0％
不満足 11％
非常に満足 3％
満足 42％
普通 44％

資料：同図1.2。

でもある。

3　中産階層の生活充実の手段

充実した生活を送るためには何が大切だと考えているのであろうか。「2005年中国の中産階層の生活状況と消費意識に関する調査」では、生活を充実させるために必要と思われる5つの条件について、1位から3位までの順位をつけてもらった。表1.1は平均順位の高いほうから並べた結果で、上から「健康な体」、「強い経済能力」、「融合の家族」の順になっている。中国の中産階層にとって、生活充実の手段として、「健康な体」、「経済力」、「家族」が最も重要な三つのキーワードであり、「経済力」、「健康な体」と「家族」を重視する人は多く、「仕事」と「興味」を重視する人は比較的少ないことがわかる。

生活充実の手段について、性別の回答結果をみたものが図1.10である。男女とも「健康な体」が高い水準にあるが、女性が男性より「健康な体」と「融和の家族」を重視しているのに対し、男性が女性より「強い経済力」と「挑戦性のある仕事」を重視している特徴が明確に現れている。一方、職業別から見た生活充実の手段では、外資系企業管理職、国有企業管理職と知識集約型業界の管理職は「健康な体」を特に重視しているのに対し、私的企業の経営管理者と

表1.1　生活充実の手段

項　　目	第一位	第二位	第三位
健康な体	46.3	31.3	13.3
強い経済能力	33.7	19	23.7
融和の家族	7	30.7	40
挑戦性のある仕事	11.3	14.3	11.3
豊かな興味	1.7	4.7	11

資料：図1.2に同じ。

図1.10　性別から見た生活充実の手段

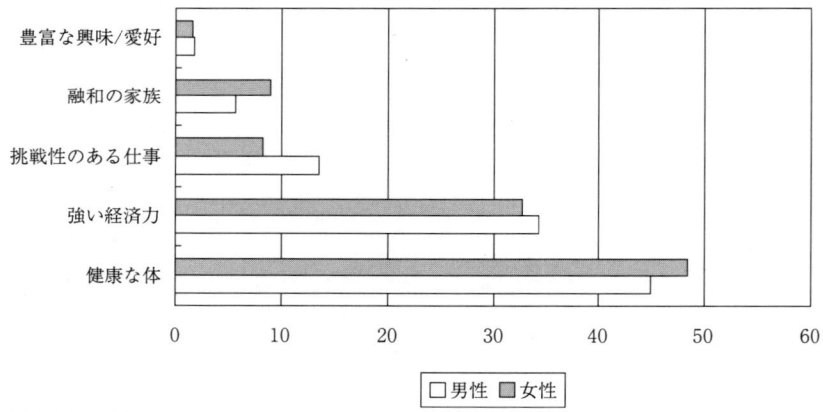

資料：図1.2に同じ。

民間企業の経営管理者は「強い経済力」を強調している傾向があることを示している。

　生活充実の手段に関する調査から次の事実が明かされる。即ち、「収入」や「金銭」といった経済的欲求より、「存在価値」という社会的な自己実現の欲求が重視されていることが中国の中産階層の一つの共通している価値観である。また、「存在の価値」を追求する傾向から中産階層が自分の社会的地位を向上させる欲望が非常に強いことも感じられる。

4　中産階層の仕事の満足度、仕事の意義

「2005年中国の中産階層の生活状況と消費意識に関する調査」では、現在の仕事についての満足感で、「非常に満足」、「満足」、「普通」、「不満」、「非常に不満」の5段階で答えてもらった。全般として、「非常に満足」と「満足」が50％を超える高いレベルを示している。「不満」と「非常に不満」が10％以下で、不満を感じているものが少ないことがわかる（図1.11）。

職業別から見た仕事の満足度では、知識集約型業界管理職、外資系企業管理職と私的企業経営管理者の仕事満足感が国有企業管理職と民間企業の経営管理者より高い傾向が見られる。

では、中国の中産階層は何のために仕事をしているのか、言い換えれば、どのような仕事のあり方を理想的だと考えているのであろうか。この調査では、いろいろな仕事の意義（仕事の目的）を挙げ、その中から一番重要だと思う意義（目的）を答えてもらっている。

　　1．生計を立てる　　　　　　　（収入）
　　2．沢山のお金を稼ぐ　　　　　（金銭）

図1.11　現在の仕事の満足度

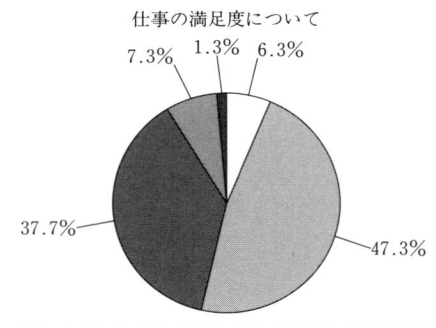

仕事の満足度について

7.3%　1.3%　6.3%
37.7%
47.3%

□非常に満足　■満足　■普通　■不満足　■非常に不満足

資料：図1.2と同じ。

図1.12　仕事の意義（仕事の目的）

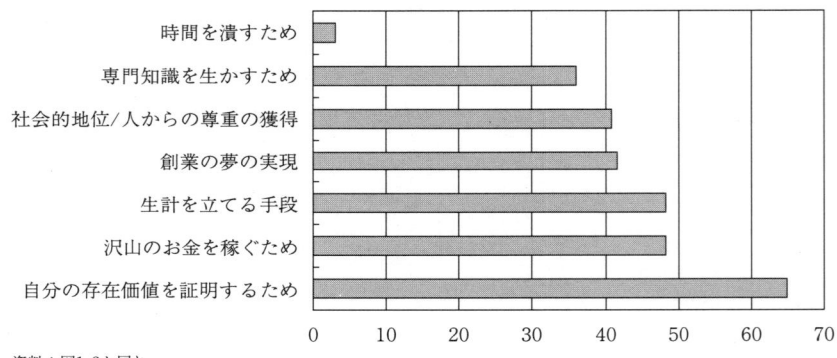

時間を潰すため	~3
専門知識を生かすため	~36
社会的地位/人からの尊重の獲得	~41
創業の夢の実現	~42
生計を立てる手段	~48
沢山のお金を稼ぐため	~48
自分の存在価値を証明するため	~65

資料：図1.2と同じ。

　　3．自分の存在価値を証明する　　（存在の価値）
　　4．他人からの尊重を獲得　　　　（名声）
　　5．専門知識を生かす　　　　　　（専門）
　　6．創業の夢を実現　　　　　　　（独立）
　　7．時間を潰す　　　　　　　　　（時間）

　回答結果のトップとなっている「存在の価値」は65％を占めている。中国の中産階層が仕事を通じて自分の存在価値を示し、自己実現の意欲が非常に強いことが感じられる。「収入」と「金銭」はともに48.3％を占めて第2位となっている。強い経済力の獲得を仕事の重要な意義と位置づけている気持ちが現れている。第3位となっている「独立」が41.7％を占めている。現在の仕事を将来の「創業の夢を実現する」ための一つの手段として考えている人が相当に多く、「独立」志向をもっている中国の中産階層の積極的な姿が浮かびあがる（図1.12）。

　性別に見た仕事の意義に関する回答結果は図1.13である。女性が男性より「存在の価値」、「金銭」、「収入」、「名声」を重視し、男性が女性より「独立」と「専門」を重視している傾向が明確に現れている。職業別に見た仕事の意義では、知識集約型業界管理職と外資系企業管理職が「存在の価値」を重視し、民間企業経営管理者と国有企業管理職が「収入」と「金銭」を特に重視してい

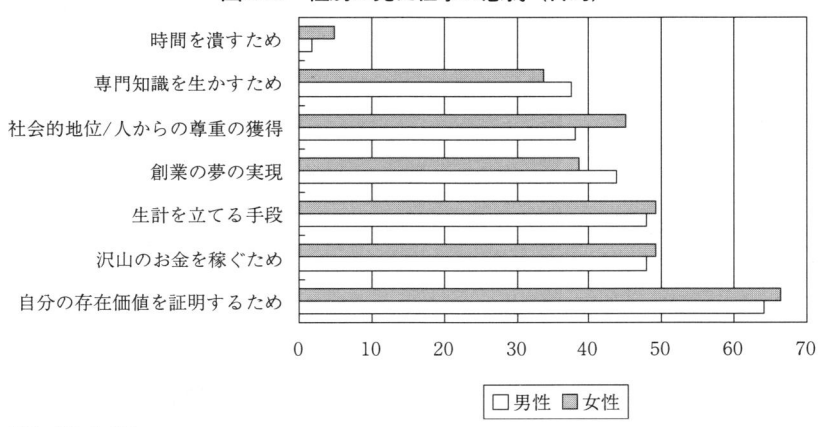

図1.13 性別に見た仕事の意義（目的）

- 時間を潰すため
- 専門知識を生かすため
- 社会的地位/人からの尊重の獲得
- 創業の夢の実現
- 生計を立てる手段
- 沢山のお金を稼ぐため
- 自分の存在価値を証明するため

□男性 ■女性

資料：図1.2に同じ。

る。また、知識集約型業界管理職が「名声」と「専門」を重視しているのに対し、私的企業経営管理者が「独立」を強調している。

5　中産階層のレジャー・娯楽

　一般的に言えば、時間をどのようにすごすかによって、その階層の行動が変わる。それでは、中国の中産階層の人々は余暇を現在どのようなことに使っているのであろうか。「2005年中国・中産階層の生活状況と消費意識に関する調査」では、どんなことをして自分の自由になる時間を過ごしているかについて、次の7項目の中から答えてもらった（図1.14）。

　1．書籍・新聞を読む
　2．インターネット・チャット、ネットゲームをする
　3．テレビを見る
　4．スポーツ・運動をする
　5．旅行をする
　6．家族と一緒にいる

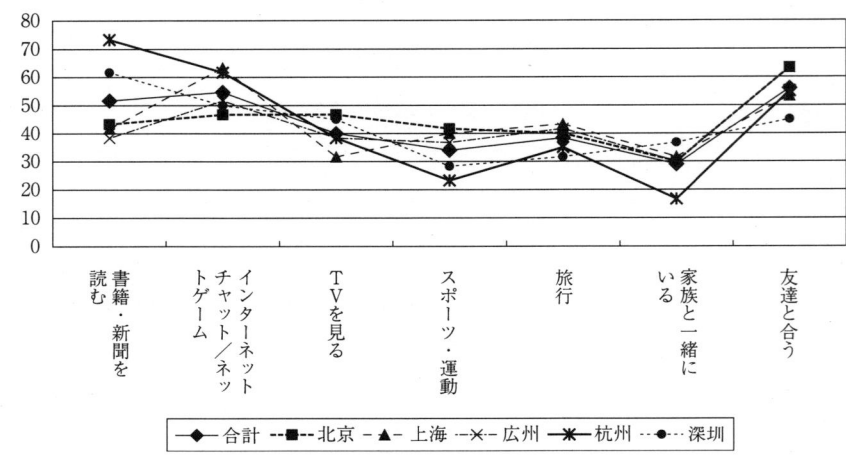

図1.14 中国・中産階層の余暇の過ごし方について

(グラフ：横軸項目 — 書籍・新聞を読む、インターネットチャット/ネットゲーム、TVを見る、スポーツ・運動、旅行、家族と一緒にいる、友達と会う。凡例：合計、北京、上海、広州、杭州、深圳)

資料：図1.2に同じ。

7．友達と会う

回答の結果をみてみよう。最も多いのは「友達と会う」で、56％に達している。これに続いて、「インターネットチャット、ネットゲーム」(54.7％)、「書籍・新聞を読む」(51.7％)、「テレビを見る」(40％)、「旅行」(38.3％)、「スポーツ・運動」(34％)、「家族と一緒」(29％)の順となっている。このうち、「友達」、「インターネットチャット、ネットゲーム」、「書籍・新聞を読む」は5割以上で比較的に多い。ネットチャットは友人との結びつきを深める新しい余暇の過ごし方として注目される。

ところで、余暇の過ごし方は男女と年齢別で異なったものとなっている。図1.15は性別と年齢別の回答結果を比較してみたものである。

男性が「インターネットチャット、ネットゲーム」、「書籍・新聞を読む」、「スポーツ・運動」で女性より高いのに対し、女性が「テレビを見る」、「旅行」、「家族と一緒」で男性より突出して高くなっている。また、30歳以下の人が「友達と会う」、「インターネットチャット、ネットゲーム」で30歳以上の人より高く、30歳以上の人が「家族と一緒」、「書籍・新聞を読む」で30歳以下の

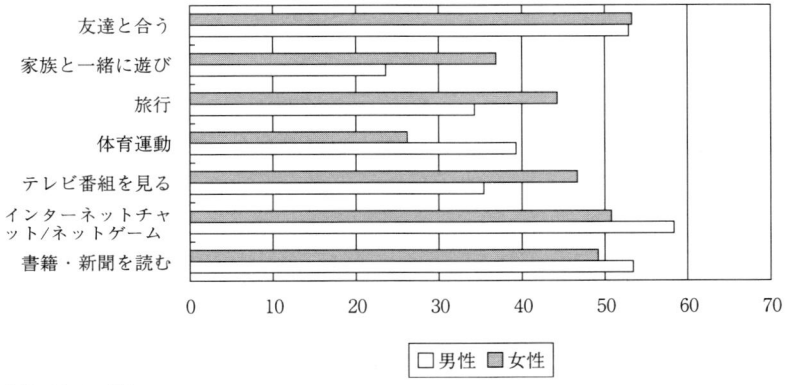

図1.15 性別に見た余暇の過ごし方について

（横棒グラフ：項目は上から「友達と合う」「家族と一緒に遊び」「旅行」「体育運動」「テレビ番組を見る」「インターネットチャット/ネットゲーム」「書籍・新聞を読む」、凡例：男性／女性）

資料：図1.2に同じ。

人を大きく上回っている。

6　中産階層のコミュニケーション

　日常生活における重要な要素として中国の中産階層のコミュニケーション行動はどのような特徴があるのか。「2005年中国の中産階層とその消費意識に関する調査」では、表1.2に取り上げた7つのメディアの中から、接したり行ったりしている回数（利用頻度）に基づいて重要だと思われるものについて、1位から3位までの順位をつけてもらった。平均順位の高いほうから並べた結果で、上から「インターネット」、「テレビ」、「新聞」の順になっている。この調査によれば、ほぼ7割から8割の人が情報取得で利用頻度の高いものとして「インターネット」、「テレビ」、「新聞」の3つを取り上げている。インターネットを第1位の情報源として選ぶことは、コミュニケーションにおける中国の中産階層の重要な特徴を示している。

　また、メディアの利用頻度と関連して、各種のメディアから情報を取得する際、関心の高い情報内容が何かを答えてもらった。「時事ニュース」、「経済」、「スポーツ」は関心のある情報内容のトップ3になっている。しかも「時事ニ

表1.6　情報取得のチャンネルについて

	第1位	第2位	第3位
インターネット	47	17	20
テレビ	26.3	32	22.7
新聞	18.3	31.3	28.7
人とのコミュニケーション	4	6.3	15
雑誌	2	6.3	6.7
ラジオ	1.7	5	4.7
読書	0.7	2	2.3

資料：図1.2に同じ。

図1.16　関心の高い情報内容について

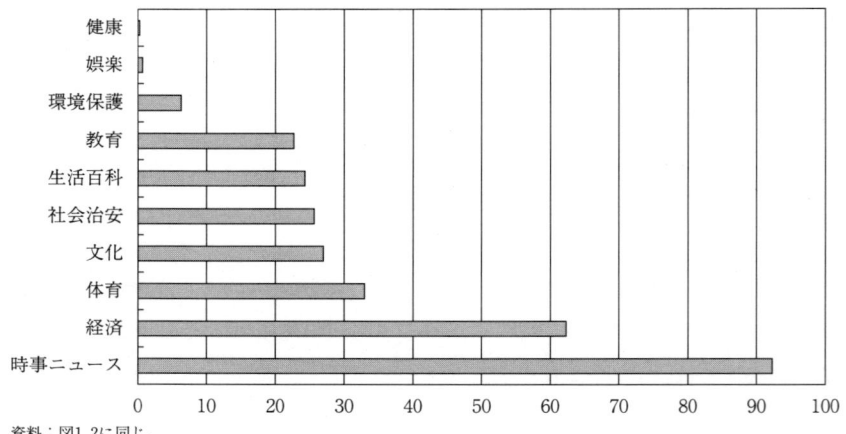

資料：図1.2に同じ。

ュース」への関心は他の情報内容より圧倒的に高いことがわかる（図1.16）。

　性別と年齢別に関心の高い情報内容を分析してみた。「時事ニュース」への関心は男女とも高く、男性は女性より「経済」、「スポーツ」の情報に対する関心が高いのに対し、女性は男性より「文化」、「生活百科」、「教育」などの情報への関心が高い。一方、30歳以上の人は30歳以下の人より「時事ニュース」、「経済」、「社会治安」、「生活百科」、「教育」への関心が高く、30歳以下の人は30歳以上の人より「スポーツ」、「文化」の情報内容に対する関心が高い（図1.17）。

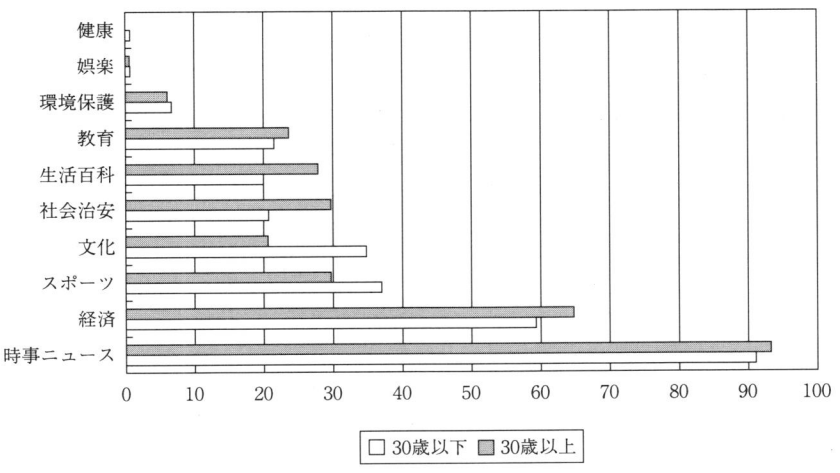

図1.17　年齢別に見た関心の高い情報内容について

（グラフ：項目は上から 健康、娯楽、環境保護、教育、生活百科、社会治安、文化、スポーツ、経済、時事ニュース。凡例：□30歳以下　■30歳以上）

資料：図1.2に同じ。

7　中産階層への外国の好感度

　中国の中産階層は経済改革・対外開放によって成長してきた新しい社会階層であり、WTO加盟に伴う経済のグローバル化がもたらした経済と社会の変動の最大の受益者でもある。対外開放と経済のグローバル化が深化しつつある今日、中国の中産階層は諸外国に対してどのような感情と認識をもっているのか。「2005年中国の中産階層の生活状況と消費意識に関する調査」では、どの国に一番好感をもっているかを答えてもらった。

　一番好感をもっている国のトップ3は、アメリカ（第1位、21.7%）、フランスとドイツ（第2位、17.3%）、シンガポール（第3位、16%）である。日本は第8位（3.7%）で、その順位が韓国（第7位、5.3%）よりも低いことがわかる（図1.18）。近年、急速に冷却化している日中関係は中国の中産階層の対日感情に影響を与えているといえる。

　一方、性別に見た一番好感をもっている国は図1.19である。男性は女性より

図1.18　一番好感をもっている国

（棒グラフ：アメリカ 約22、フランス 約17、ドイツ 約17、シンガポール 約16、オーストラリア 約10.5、イギリス 約6、韓国 約5、日本 約3.5、ロシア 約1）

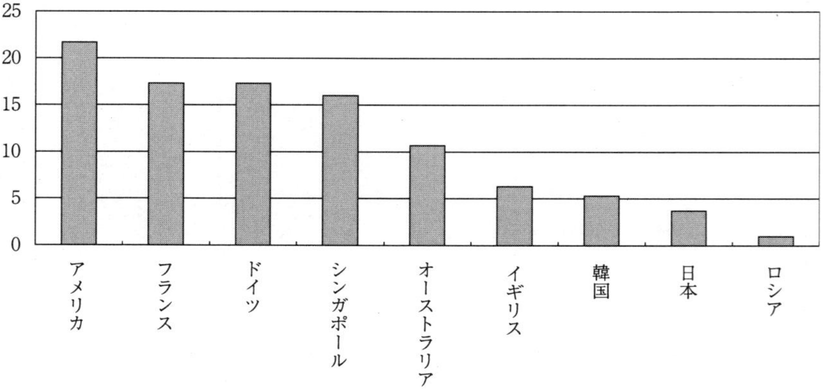

資料：図1.2に同じ。

「フランス」、「ドイツ」というEU諸国に対する好感度が高い。女性は男性より米英、シンガポール、オーストラリア、韓国、日本などに対する好感度が高い。一番好感をもっている国では、男性が政治的、女性がグローバル的という特徴があるといえよう。

　一番好感をもっている国に対する地域差について、政治の中心である北京と商業の中心である上海をとって比較してみた。北京では「フランス」、「ドイツ」、「オーストラリア」、「韓国」の4カ国に対する好感度は上海より高く、上海では米英、シンガポール、日本の4カ国に対する好感度は北京より高い（図1.20）。この回答結果から、国際政治でフランスとドイツをはじめとするEUとの戦略パートナー関係、東アジア地域で韓国との友好関係を強化する政治都市の北京と商業大都市としての上海との異なる姿が明確に現れている。

　ここで、特に注目しているのは日本を「一番好感をもっている国」と考える地域差である。一番好感をもっている国のランキングで、日本の順位は第8位（3.3％）であるのに対し、上海の一番好感をもっている国のランキングで、日本の順位は第4位（10％）である。上海には他の都市には見られない「親日」傾向があることがわかる。

第1章　中国の中産階層2億人の実像　45

図1.19　性別に見た一番好感をもっている国

（□男性　■女性）

資料：図1.2に同じ。

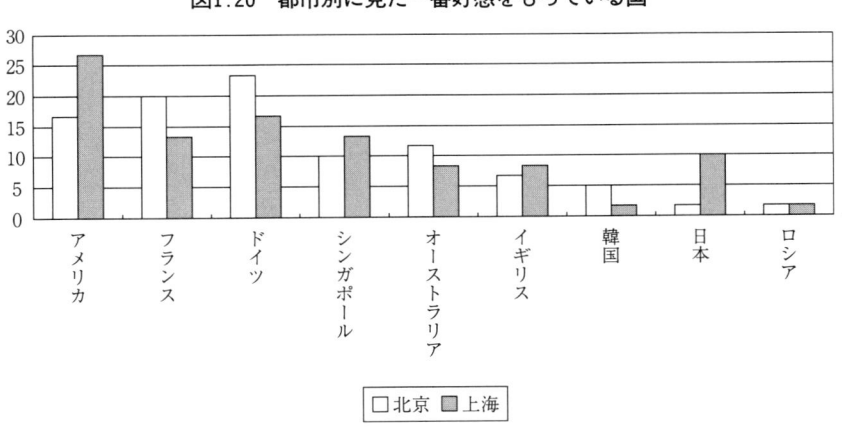

図1.20　都市別に見た一番好感をもっている国

（□北京　■上海）

資料：図1.2に同じ。

　上述した調査結果による分析から、中国の中産階層とは何かという問題を次のようにまとめよう。

　中国の中産階層は1970年代から1980年代に生まれ、現在、25～35歳の改革・開放の「受益者」である。この社会階層は大学卒以上の学歴を有し、知識集約型産業の専門家、外資企業の中間管理者、独占業界の国有企業の中間管理者、民間企業の経営管理者を中心に構成され、中国の改革・開放、WTO加盟と市

場開放に伴う「社会的資源」、「経済的資源」、「文化的資源」の再配分のプロセスで恩恵をこうむっている。かれらは6万～20万人民元の年収入で中国社会における「中等」レベルの生活を享受しているので、「中等」あるいは「中等以上」の階層帰属意識をもっている。

　中国の中産階層は日常生活の中、物質面の満足感が「中等」とそれ以上であり、「生きがい」という精神面の満足感が物質面の満足感を上回っている。この階層は「健康な体」、「経済力」、「家族」を「生活充実の手段」と見なし、自分の「存在の価値」を求めることが「仕事の意義」であるとしている。また、中国の中産階層は余暇の過ごし方で「友人と会う」、「ネットチャット」を特に重視し、インターネット、テレビと新聞を情報取得の主要なチャネルとする特徴をもっている。情報を取得する際、関心の最も高い内容は「時事ニュース」、「経済」、「スポーツ」であり、外国に対する好感度では、アメリカ、フランスとドイツに特に好感をもっているので強い欧米志向が見られる。

第2章　明日のお金を使って今日の楽しみを享受する
　　　――中国の中産階層とその消費文化

　「欧州では、高級ブランドの消費者群は主に30～40歳の人々であり、かれらが非常に成熟した消費グループである。一方、中国では、25～35歳の若者も高級ブランド消費市場の一部となっている。これらの若い消費者は現在、ますます増えてきている。したがって、われわれの商品設計も中国の消費者に適した要素を考えなければならない」と、イタリア高級ブランド会社エトロ (ETRO) のCEOであるジンモ・エトロは中国の中産階層の消費文化をこのように解説した。

1　中国市場における「階層消費」

　中国経済の持続的高成長に伴い、中国市場は規模が大きくなっていると同時にその質も変わってきている。2005年3月、中国商務部の市場運行調節局は報告書を発表し、2004年に中国の社会消費品小売総額が初めて5兆人民元を突破、消費需要が経済成長を支える最も安定的な要素となっていることを指摘し、中国市場における消費構造の変化と消費観念の変化を最新の統計データで説明している。

　本書の第1章で分析しているように、1990年代から21世紀最初の5年間は中国社会における階層分化が活発化し、社会階層が形成された時期である。この時期はまさに中国市場が量的に拡大し、質的に変化している時期であり、また、改革開放の「受益者」と改革開放に「淘汰された者」の所得格差が段々と開いてきた時期でもある。所得格差は必ず消費の格差を導くことになる。異なる社

会階層が異なる生活様式と消費パターンをもつことになる。したがって、中国市場で「階層消費」の傾向も現れてくるはずである。一方、階層消費も中国社会における階層分化を決定する要因の一つとなっている。特に消費行動を通じて自分の社会階層の帰属意識を強める意味では、階層消費の社会的価値観の形成への影響が大きいといえる。したがって、社会における階層分化と市場における階層消費との間に密接な相関性がある。それでは、階層消費の代表例である、台頭しつつある中国の中産階層の消費観念、消費行動、その消費文化はどう変化してきているか。

中国の中産階層は新しい社会階層であり、社会学者、経済学者の間での中産階層の定義をめぐる研究と論争はある水準に達しているが、マーケティングの手法により階層消費の視点から中国の中産階層の消費を分析した体系的な研究はほとんどなされていないのが現状である。特に中国市場に進出している日本企業が社会階層という考え方、階層消費の視点から中国消費市場と中国の消費者を分析したマーケティング活動を展開していないといえる。

「2005年中国の中産階層とその消費意識に関する調査」では、中国の中産階層とその消費生活をできるだけ幅広くとらえ、その実像を示すデータにより、中国の中産階層の消費生活の実態を把握することを試みている。ここで、まず、調査対象の貯蓄と消費の態度、消費観念に焦点をあて中産階層の消費行動に影響を与える消費意識について取り上げる。次に調査対象の消費支出の構成を分析して中産階層の消費の実態や消費生活の現状を概観する。最後に住宅、車、海外旅行という3つの消費ブームについて調査対象の消費の現状と今後3年間の消費計画を調べ、中産階層の代表的な消費需要とその動向を分析する。

2　中産階層の貯蓄と消費の態度

(1)「貯蓄」より「計画的消費」へ

中国の所得水準は改革・開放以来の20数年間に、格段に高くなってきている。

1980年の一人当たりGDPは100ドル程度であった。その後、改革開放によって世界の歴史の中でもまれにみる経済の高成長を遂げつつあり、一人当たりGDPは2004年に1200ドルに達し、建国以来の最高水準となっている。しかもこのような高い成長の時代は少なくとも今後10年間は続くと予測されている。

このような背景の中で、中国の中産階層のお金の使い方に対する考え方はどのようになっているのであろうか。収入の使い道は大きく「消費」と「貯蓄」とに分けられるが、中国人民銀行の公表データによると、中国の家計貯蓄率は増加傾向を続けており、住民貯蓄残高は2004年に11兆人民元に達した。経済発展による可処分所得の増加が要因として考えられている。

調査では、貯蓄と消費に対する態度について、仮に3か月分の臨時賞与があったらどうするのが一番いいか、という形で尋ねている。選択肢は次の4つである。

　1．将来のため、まず貯蓄を考える。　　　　　　　　　　（貯蓄）
　2．計画的に使う。　　　　　　　　　　　　　　　　　（計画的消費）
　3．将来のことを考えないで、使うべきときに使ってしまう。
　　　　　　　　　　　　　　　　　　　　　　　　　　（無計画消費）
　4．その他　　　　　　　　　　　　　　　　　　　　　（その他）

図2.1を見ると、「計画的消費」は「貯蓄」と「無計画消費」より圧倒的に多く、「貯蓄」と「無計画消費」はいずれも10％余りしかない。即ち、全体的に「計画的消費」が優位になっており、「計画的消費」と「無計画消費」の両方が8割強で、「貯蓄」を大きく上回っている。

都市別の結果を比較すると、上海は他の都市より「計画的消費」がはるかに高い（81.7%）一方、「貯蓄」が一番低い（5%）。上海の「計画的消費」と「無計画消費」は95％にも達し、強い消費傾向が現れている。上海が中国の商業中心であると同時に、中国最大の消費市場でもあることがわかる。これに対し、北京は他の都市より「貯蓄」が高い（23.3%）一方、「無計画消費」も高い（15%）という特徴が見られる（図2.2）。

また、性別に貯蓄と消費を見た場合、男性が「計画的消費」に傾斜している

図2.1　中国・中産階層の貯蓄と消費の態度

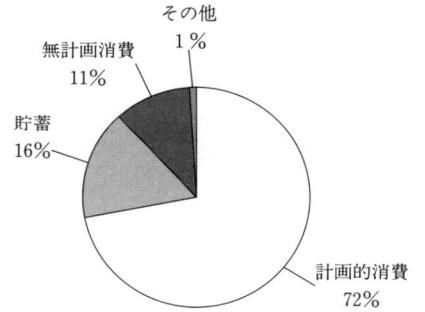

- その他 1%
- 無計画消費 11%
- 貯蓄 16%
- 計画的消費 72%

資料：「2005年中国の中産階層とその消費意識に関する調査」。

図2.2　都市別に見た貯蓄と消費

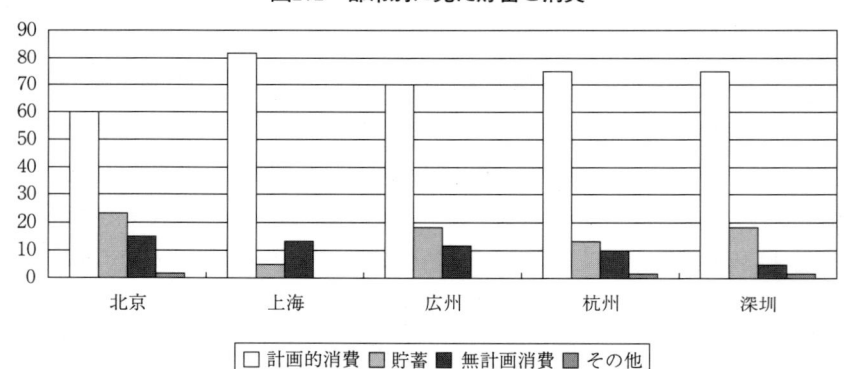

□計画的消費　■貯蓄　■無計画消費　■その他

資料：図2.1に同じ。

のに対し、女性が「無計画消費」で男性を上回っている。中国の中産階層の貯蓄と消費に対する態度が改革・開放以来の20数年間、中国経済の持続的成長の好影響を受けて形成されてきたものである一方、最近数年間、銀行預金の低金利の下、マイホームとマイカーという消費ブームの本格化の影響も受けつつあり、中産階層を主流とする貯蓄・消費観は基本的に「貯蓄」より「計画的消費」の方向に向かっていることがわかる。中国の中産階層について可処分所得に占める消費支出の割合を示す消費性向は増加傾向にあるといえよう。

(2) 明日のお金を使って今日の楽しみを享受する

　中国の伝統的な消費観念は「量入為出（収入をはかりながら支出を考える）」、「勤倹節約」に代表されていたものである。中国の中産階層では、この伝統的な観念が急速に薄らいでいる。その代わりに、反伝統的な消費観念、つまり「前衛的消費観念」が次第に優位になってきている。上海、広州など大都市は若者の「借金天国」であると言われている。中産階層の代表的な消費である住宅購入と車購入を例としてみよう。住宅金融分野で、1997年に、中国で個人向けの住宅ローンの残高が約200億人民元であったが、2003年にその金額が1兆人民元を突破し、7年間に60倍にも増えた。

　また、自動車金融では、個人向けの自動車ローンの残高は2002年に約700億人民元であったのに対し、2003年10月に1800億人民元に達し、1年の間に倍増した。

　「花明天的銭、休今天的閑（明日のお金を使って、今日の楽しみを享受する）」は中国の中産階層における最も流行している言葉の一つである。この流行語は中国の中産階層の貯蓄と消費に対する態度と消費観念をよく示しているといえる。「2005年中国の中産階層とその消費意識に関する調査」では、この流行語について「賛成」か「反対」かを答えてもらった。

　「賛成」と答えた人は全体の55％で、「反対」と答えた人（34％）を上回っていることがわかる。これを都市別に見た場合、「賛成論」のトップ3は杭州（68.3％）、北京（65％）、上海（61.2％）である（図2.3）。上海と杭州は中国の「不動産ブーム」の2大地域で、中産階層のマイホーム保有率が他の都市より高い。一方、北京は中国の車社会の先行地域として、自動車免許証をもっているかどうかがその人が時代の潮流に乗っているかどうかの判断基準となっている。

　「前衛的」消費観念について、性別と年齢別に見た結果として、男女とも、「賛成」が50％強で、「反対」が30％前後であり、この「前衛的」消費観念に対する態度では、性別による大きな差が見られない。また、年齢別による大差も

図2.3 都市別に見た「前衛的」消費観念について

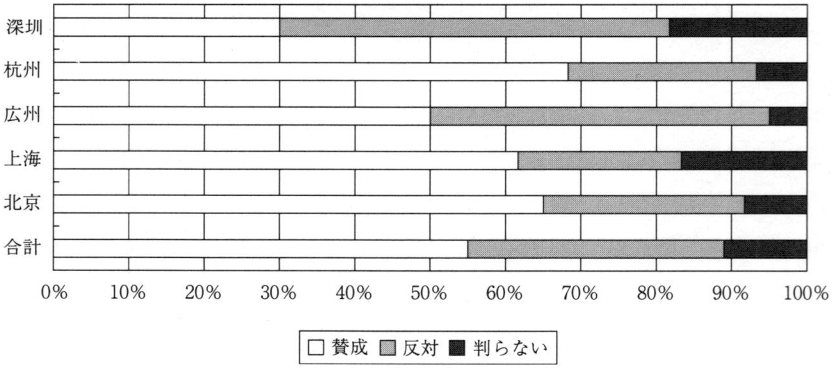

凡例：□ 賛成　■ 反対　■ 判らない

資料：図2.1に同じ。

見られないが、30代後半の人が「賛成論」に、30代以下の人が「反対論」に傾斜している傾向が現れている。

3　中産階層の消費観：「流行」と「実用」

(1) 「実用派」は主流

では、貯蓄と消費に関する態度で、「貯蓄」よりも「計画的消費」に傾斜し、消費観念で反伝統的な「前衛的」消費観念をもつ中産階層は、実際の消費行動においてどのような考え方に基づいて行動をとっているのか。この調査で、「流行」と「実用」の2つのキーワードを取り上げ下記の5つの質問項目について、「そう思う」か、「そう思わない」かを答えてもらった。

1．私は流行と潮流の先行者と評価されてほしい。　　「流行の先行者」
2．私は流行とファッションの追及が好き。　　　　　「流行派」
3．流行と実用の間だが、実用の方が好き。　　　　　「実用派」
4．私は「流行に遅れている人」と言われても気にしない。
　　　　　　　　　　　　　　　　　　　　　　　　「無関心派」

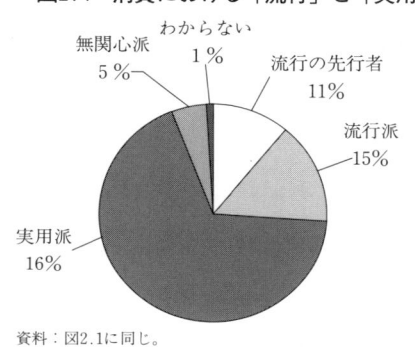

図2.4 消費における「流行」と「実用」

資料：図2.1に同じ。

5．分からない。

図2.4に示されたように、調査の結果として全体には、「実用派」が圧倒的に多く、63.8％に達している。これに対し、「流行の先行者」（11.3％）と「流行派」（15％）で、両者が26.3％で比較的に低い水準にとどまっていることがわかる。

消費における「流行」と「実用」について都市別に見た場合、「流行の先行者」と「流行」では、上海は他の4都市より高く、52％にも達している。「実用」では、広州（80％）、深圳（78.3％）、杭州（70％）、北京（66.7％）はいずれも6割を超えているのに対し、上海は46％で比較的に低い。流行とファッションの都会上海と実用の都市北京との地域差が明確に現れている（図2.5）。

一方、「流行」と「実用」について性別と年齢別に見た結果として、男女とも基本的に「実用」を重視しているが、「流行の先行者」と「流行」では、女性が男性より高く、「実用」では、男性が女性より高い。また、30歳以下の人が「流行の先行者」と「流行」で30歳以上の人より高く、30歳以上の人が30歳以下の人より「実用」を重視していることがわかる。

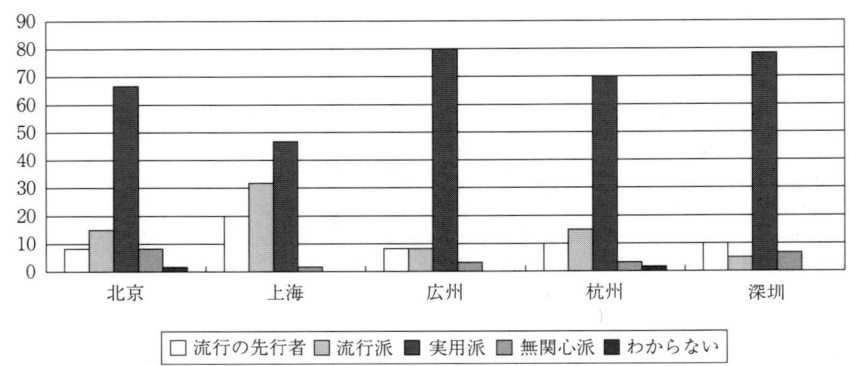

図2.5 都市別に見た消費における「流行」と「実用」

□ 流行の先行者　■ 流行派　■ 実用派　■ 無関心派　■ わからない

資料：図2.1に同じ。

(2) 消費における重視する要素

それでは、中国の中産階層は消費生活において、どの要素を最も重視しているのか。この調査では、商品とサービスを購入する際、最も関心のある項目が何かについて、下記の8つの選択肢から回答してもらった。

1．価格
2．品質
3．ブランド
4．流行性
5．性能と実用性（性能）
6．購買の便利性（購買性）
7．国産品か輸入品か（原産国）
8．環境にやさしい（環境）

「品質」、「ブランド」、「性能と実用性」は中産階層が商品とサービスを購入する際、最も重視している要素のトップ3であり、「品質」が第1位に上げられている。「価格」は全体で第4位、「国産品か輸入品か」は一番低い第8位にとどまっていることは注目に値する（図2.6）。

図2.6　都市別に見た商品とサービスを購入する際、重視する項目

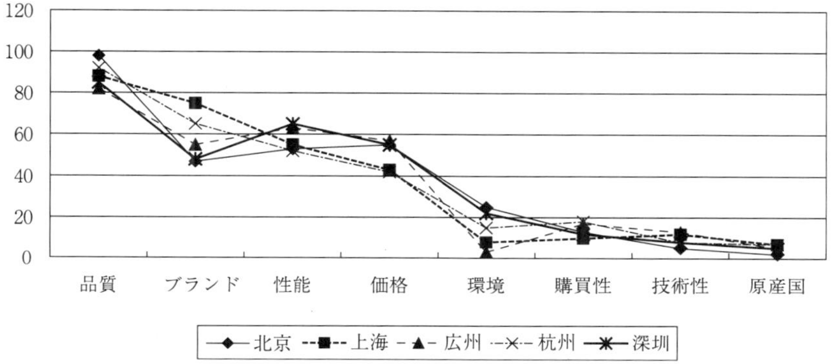
120
100
80
60
40
20
0
品質
ブランド
性能
価格
環境
購買性
技術性
原産国
北京
上海
広州
杭州
深圳

資料：図2.1に同じ。

都市別に商品とサービスを購入する際、重視する項目を見た場合、５大都市では「品質」を重視する共通の傾向が見られるが、上海が「ブランド」を特に重視していること、また、北京が他の都市より「環境にやさしい」を重視していることは注目に値する。

消費生活に重視する要素を性別と年齢別に見てみた。男性は女性より「価格」、「技術の先端性」と「国産品か輸入品か」を重視しているのに対し、女性は男性より「品質」、「ブランド」、「性能と実用性」、「環境保護」と「サービス」を重視している。一方、年齢別の差では30歳以下の人が「品質」、「ブランド」、「サービス」、「技術の先端性」をより重視しているのに対し、30歳以上の人は「実用性」、「価格」、「環境保護」などを特に重視している（図2.7）。性別と年齢別とも商品とサービスの「国産品か輸入品か」への関心度は低い傾向が現れている。

4　データから見た中産階層の消費生活

それでは、中国の中産階層の消費構造はどうなっているのか。「2005年中国の中産階層とその消費意識に関する調査」では、中産階層の消費行動に焦点を

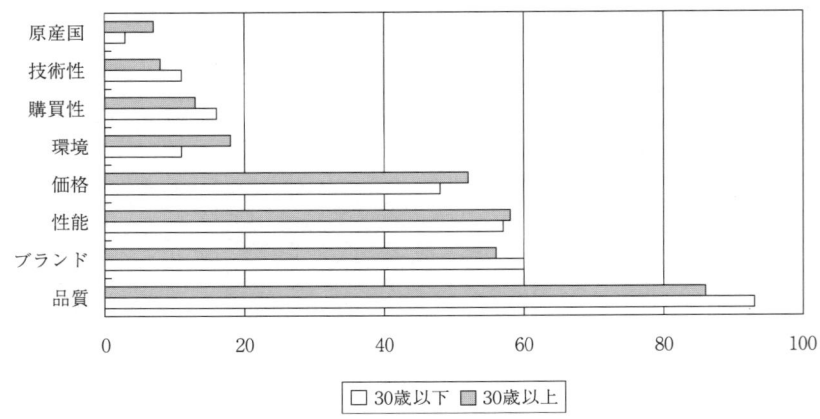

図2.7　年齢別に見た商品とサービスを購入する際、重視する項目

（□30歳以下　■30歳以上）

項目：原産国、技術性、購買性、環境、価格、性能、ブランド、品質

資料：図2.1に同じ。

あて日常消費の実態について取り上げ、過去1年間に、衣・食・住・交通、娯楽・レジャー、学習・研修、スポーツなどの消費が全体の消費に占める割合について答えてもらった。

中産階層の1年間の消費支出費目構成では、食費が22%、服装費が13.5%、住居費が15.5%、娯楽・レジャー費が11%、交通費が9%、医療費が7.8%、通信費が6.9%、スポーツ運動費が4.5%などである（図2.8）。

消費支出に占める食費の支出割合を示す「エンゲル係数」では、中国の都市部全体が40%弱であるのに対し、中産階層は21%にまで低下している。また、全体の消費構成では、「衣・住・交通」と「通信」の費用の占める割合が45%であり、娯楽・レジャーとスポーツ運動などの支出が17%である。流行関連の服装費、マイホーム、マイカーのための費用、携帯電話やインターネットの通信使用料、及び教養娯楽費は中産階層の消費支出構成で高い割合（64%）を占めていることがわかる。経済発展が加速するとともに、中産階層の消費支出は食事の確保から住宅や乗用車といった高級耐久消費財の充足へと高級化している。また、消費生活が一般の実物消費からサービス消費へ傾斜していく傾向も見られ、教育、娯楽・レジャー、医療と健康といったサービス消費が消費支出

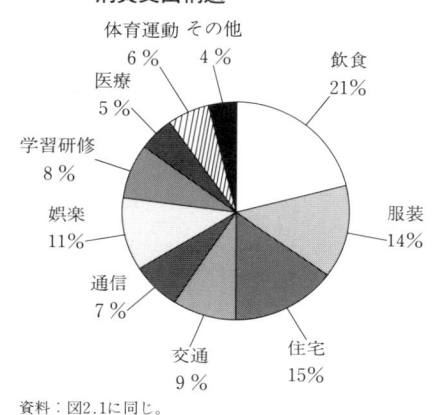

図2.8　中国の中産階層の1年間における
　　　消費支出構造

- 飲食 21%
- 服装 14%
- 住宅 15%
- 交通 9%
- 通信 7%
- 娯楽 11%
- 学習研修 8%
- 医療 5%
- 体育運動 6%
- その他 4%

資料：図2.1に同じ。

構造に占める割合が増大している傾向はこの調査によって明らかにされている。これは豊かになるとともに中国の中産階層生活様式も変化していることを示しているといえる。

　都市別に中産階層の消費支出の構成を見た場合、最も注目されるのは各消費支出費目が都市によって異なることである。即ち、北京は「交通（車）」での支出が多いのに対し、上海は「衣」と「娯楽」、杭州は「食」、深圳は「住」となっており、それぞれの特徴が現れている。

　性別と年齢別に見たのが図2.9と図2.10である。男性は「住」、「娯楽・レジャー」で支出の割合が女性より高く、女性は「食」、「衣」で支出が男性より多い。また、30歳以下の人は「衣」、「住」、「娯楽・レジャー」、「学習」で支出が30歳以上の人より多く、30歳以上の人は「食」、「住」、「医療」と「スポーツ」で支出の割合が30歳以下の人より高いことがわかる。

　さらに、職業別に消費支出の構成とその特徴を見た。職業別の消費支出構成において、最も注目されているのは私的企業経営管理者、民間企業経営管理者と国有企業管理職の消費支出の特徴である。私的企業経営管理者は「食」、「行」での消費支出が他の職業より多く、民間企業経営管理者は「住」の消費

図2.9　性別に見た中国の中産階層の1年間における消費支出構造

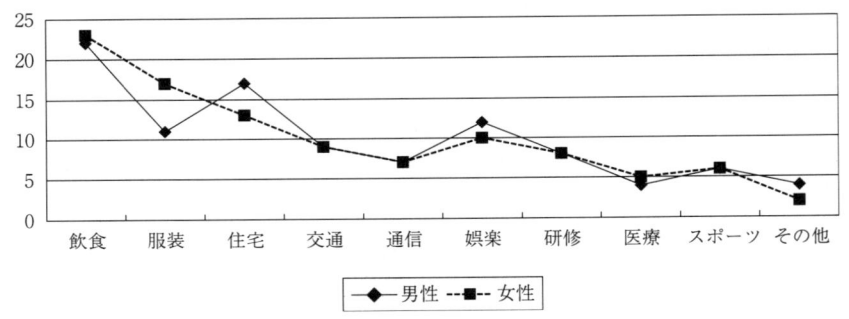

資料：図2.1に同じ。

図2.10　年齢別に見た中国の中産階層の1年間における消費支出構造

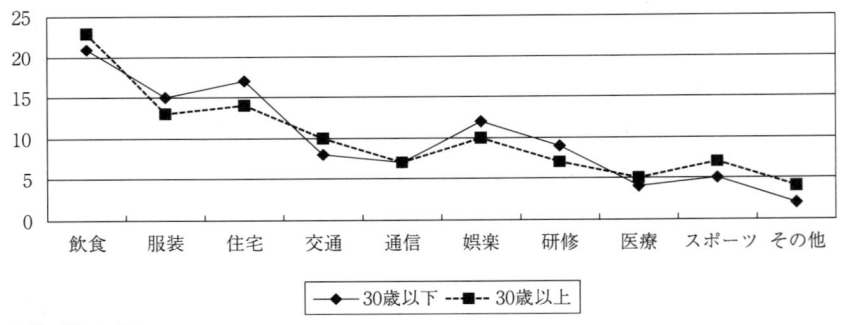

資料：図2.1に同じ。

で他の職業をリードしている。一方、外資系企業管理職は「衣」、国有企業管理職は「学習・研修」で他の職業より多い支出をしていることがわかる。

5　住居とマイホーム計画

　中国は1998年に住宅制度を改革し、国有企業、政府機構、学校、社会団体による幹部・職員に対する住宅の無料配分の制度を廃止し、住宅基金の設立などを通じて住宅商品化のプロセスをスタートさせた。経済成長と所得増大に伴い、

住宅購入の需要も高くなり、2000年には上海、北京など大都市の住宅市場で個人の新規購入に占める割合が約90％に達して中国のマイホームブームは本格化してきた。

マイホームブームの中、中産階層の住居の現状について尋ねた。図2.11に示されているように、マイホームの保有率は高く、平均7割に達していることがわかる。特に2004年から「不動産バブル」といわれている上海では、マイホームの保有率は一番高く、95％にも達している。5大都市のマイホーム保有率は上海（95％）、広州（83.3％）、杭州（76.6％）、北京（70％）、深圳（60％）の順になっている（図2.12）。

性別と年齢別に見た住居の現状では、マイホームの保有率で、女性が91％で男性（67％）を上回っている。「賃貸アパート」に住む男性が25％で女性（4.3％）よりはるかに多い。また、年齢別のマイホーム保有率では、30歳以上の人は86.7％に達しているのに対し、30歳以下の人が65.2％にとどまっていることがわかる（図2.13）。

さらに保有しているマイホームの種類について尋ねた。マイホームでは、「普通住宅」の占める割合が80％で、高級マンションが10％から20％であることがわかる。

今後3年間の住宅購入計画について尋ねた結果が表2.1である。6割強の人

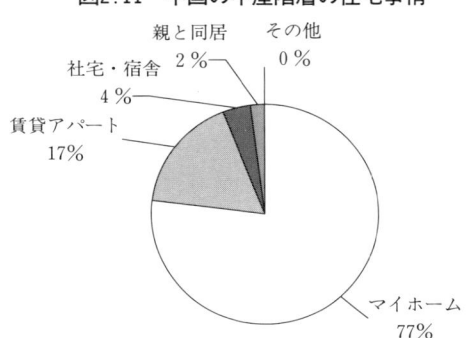

図2.11　中国の中産階層の住宅事情

- マイホーム　77％
- 賃貸アパート　17％
- 社宅・宿舎　4％
- 親と同居　2％
- その他　0％

資料：図2.1に同じ。

図2.12　都市別に見た中国の中産階層の住宅事情

資料：図2.1に同じ。

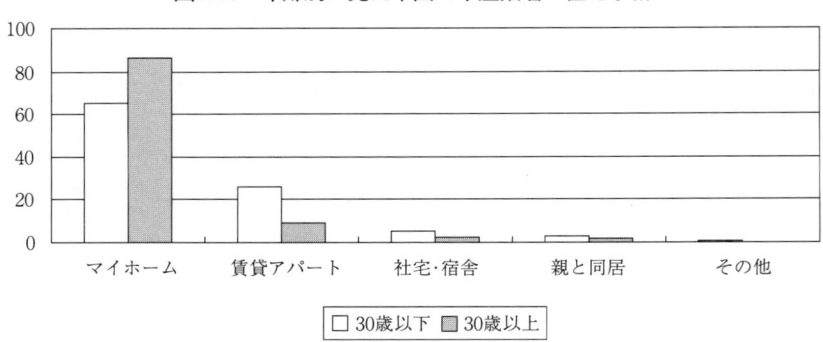

図2.13　年齢別に見た中国の中産階層の住宅事情

資料：図2.1に同じ。

は今後3年間にマイホームを購入することを考えている。そのうち、上海（75.6％）、深圳（71.7％）、広州（70％）の3大都市の住宅購入意欲が平均より高いことがわかる。

　これに続いて、今後3年間に住宅購入の計画をもっている人に購入したい住宅の種類と購入の予算について質問して回答してもらった。購入したい住宅の種類には、「普通住宅」（36％）、「高級マンション」（29％）、「別荘」（12％）の順になっている（図2.14）。都市別に見た場合、上海では、「高級マンション」購入の占める割合が40％強で他の都市より圧倒的に高い。これに対して、北京、

表2.1　今後3年間の住宅購入計画について

	合計	北京	上海	広州	杭州	深圳
購入する	66.7	63.3	75.6	70	61.7	71.7
購入しない	33.3	36.7	24.4	30	38.3	28.3

資料：同図2.1。

図2.14　今後3年間のマイホーム計画

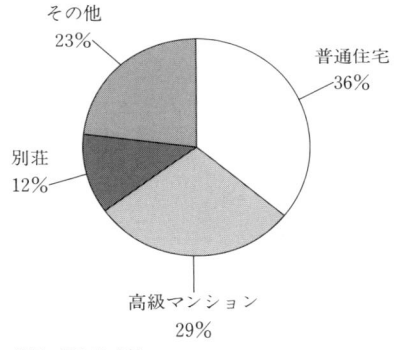

- その他　23%
- 普通住宅　36%
- 高級マンション　29%
- 別荘　12%

資料：図2.1に同じ。

　広州と深圳では「普通住宅」購入の占める割合が40%前後であり、「高級マンション」が20%台である。しかも広州、上海と深圳では、「別荘」の購入意欲も高くなっていることは注目に値する。

　今後3年間に、マイホームの夢を実現するため、中国・中産階層がどのぐらいの予算を考えているのか。調査の結果、中産階層のマイホームの購入予算は「40万〜80万元」(50%)、「100万元以上」(19.5%)、「80万〜99万元」(15%)の順になり、平均約70万元である（図2.15）。都市別に見ると、上海では、「100万元以上」が55%、「80万〜99万元」が27.5%で、両者の合計が82.5%にも達しており、他の都市より、上海のマイホームブームの高級志向化は特に注目される。他方、2004年には、上海を中心とする「中国の不動産バブル」が懸念され、上海における不動産価格の異常な高騰が指摘されている（表2.2）。したがって、上海における中産階層のマイホームの夢はコストが他の都市より高くなっている。

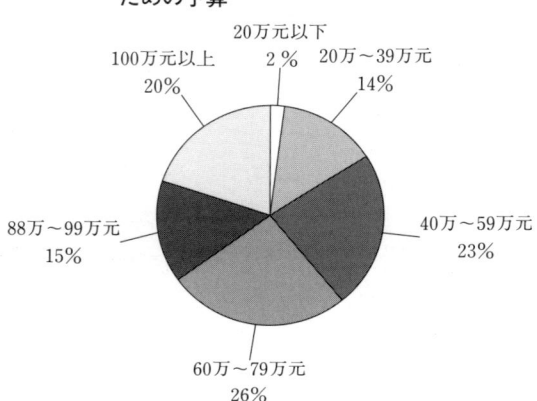

図2.15　今後3年間、マイホーム計画を実現する
　　　　ための予算

- 20万元以下　2%
- 20万～39万元　14%
- 40万～59万元　23%
- 60万～79万元　26%
- 88万～99万元　15%
- 100万元以上　20%

資料：図2.1に同じ。

　性別と年齢別にマイホームの購入予算を見た。マイホーム購入予算では、男性が40万～99万元の価格帯で女性を超えているのに対し、女性が100万元以上の価格帯で男性を大きく上回っている。また、30歳以下の人が20万～59万元の価格帯の住宅購入の主力であり、30歳以上の人が80万～100万元以上の高級住宅の購入者となることがわかる。

6　マイカーと新車購入計画

　車の消費は中国の中産階層の社会的地位を示す「記号消費」として、重要なポジションを占めている。言い換えれば、中国では、車をもつことは中産階層になる必要な条件の一つとなっている。
　中国のマイカーブームは1998年にスタートした。この年、自動車市場における個人による購入台数の全新規購入台数に占める割合が初めて50％を超えた。2002年には、「車の免許をとったか」という言葉が北京の若者社会において最も流行した。2004年に、中国人民銀行は「個人自動車消費融資管理弁法」を公表し、自動車金融制度の整備を通じて自動車消費市場の拡大が図られている。

表2.2　北京、上海など5大都市の乗用車保有率
（2005年3月現在）

順位	城市	乗用車保有台数（万台）	個人乗用車保有率(%)	世帯乗用車保有率(%)	人口数（万人）	世帯数（万戸）
1	北京	130	11.2	27.7	1,162.9	468.9
2	広州	59	8.0	26.3	737.7	224.2
3	深圳	38	6.2	20.2	597.6	183.9
4	上海	32	2.4	5.5	1,352.4	573.1
5	杭州	25	3.6	11.4	651.7	203.7

資料：中国汽車産業協会、中国国家統計局の公表データより作成。

　これは中国のマイカーブームが本格化し、中国の自動車市場が世界3位の自動車市場へ成長していく重要な出来事である。2005年3月現在、北京、上海、広州など5大都市のマイカー保有率は表2.2のとおりである。北京は個人の乗用車保有率と世帯乗用車保有率で他の都市を大きくリードしていることがわかる。
　「2005年中国の中産階層とその消費意識に関する調査」では、調査対象に対し、マイカーの保有状況と今後3年間のマイカー購入計画について尋ねた。
　調査対象の平均70％が乗用車を保有している。これを都市別に見た場合、北京の保有率が他の都市より高く、85％に達していることがわかる（図2.16）。
　現在、マイカーを所有していない人に今後3年間におけるマイカー購入計画を尋ねた。図2.17に示されているとおり、乗用車をもっていない人のうち、65％が今後3年間に乗用車を購入することを考えている。北京で、乗用車の購入を考えている人は約70％で他の都市より圧倒的に多い。また、これから購入したい車種について、上から「中級乗用車」（56.5％）、「高級乗用車」（22％）、「普通乗用車」（18.5％）、「軽乗用車」（1.7％）の順になっている（図2.18）。各都市とも「中級車」を重視しているが、深圳が他の都市よりも高い「高級車」の購入志向を示している。また、これを性別と年齢別に見た場合、男性が「中級車」志向であるのに対し、女性は「高級車」を重視している。30歳以下が「高級車」を選んでいる割合は30歳以上より高いことがわかる。
　2005年5月現在、中国の自動車市場における各車種の標準価格によれば、今

図2.16　都市別に見たマイカーの保有状況

□ もっている　■ もっていない

資料：図2.1に同じ。

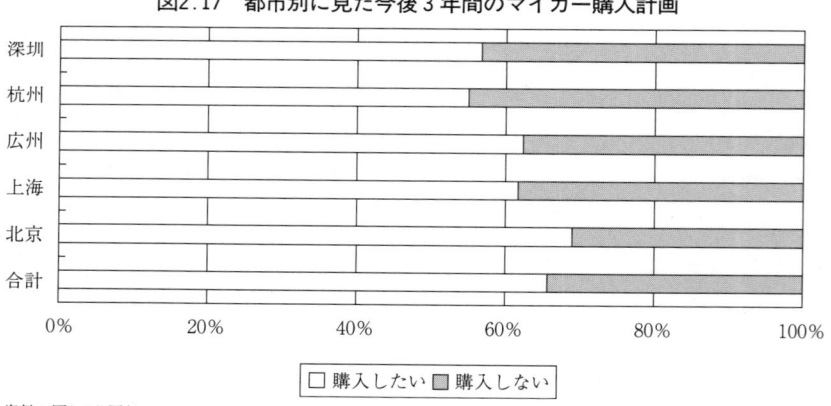

図2.17　都市別に見た今後3年間のマイカー購入計画

□ 購入したい　■ 購入しない

資料：図2.1と同じ。

後3年間、15万〜20万元（225万〜300万円）の「中級乗用車」が中産階層のマイカーの主流となるといえよう。

　性別と年齢別に見た中産階層のマイカー保有状況を図2.19に示す。まず、マイカーをもっている女性が75%で、男性の66.7%より多い。そして30歳以下の人のマイカー保有率が8割で30歳以上の人（58.8%）を上回っている。

図2.18 都市別に見た今後購入したい車種

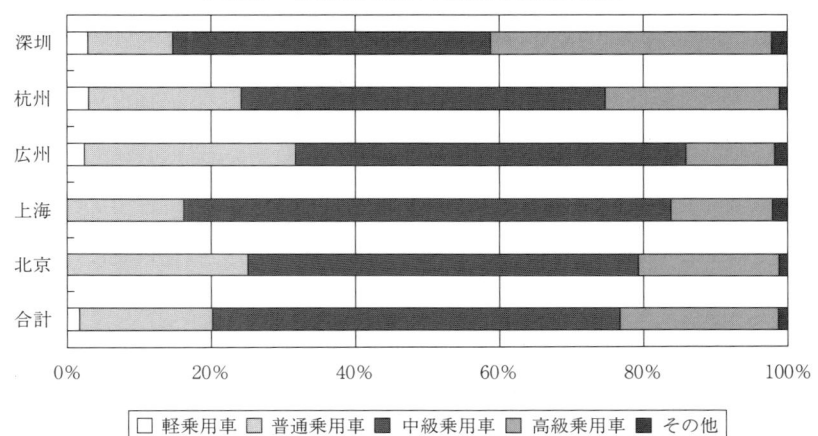

□軽乗用車 ■普通乗用車 ■中級乗用車 ■高級乗用車 ■その他

資料：図2.1に同じ。

図2.19 性別と年齢別に見たマイカーの保有状況

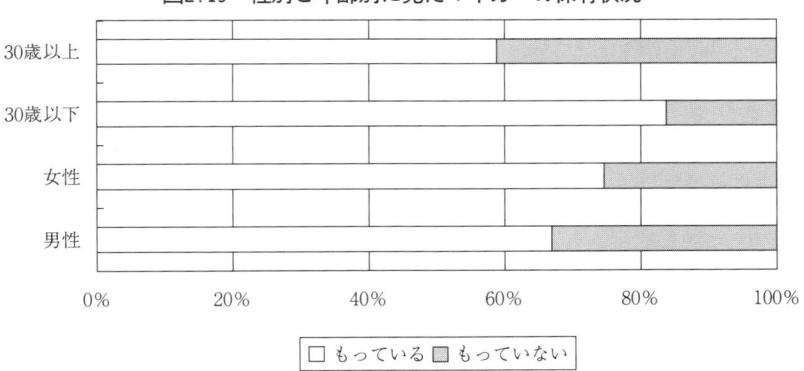

□もっている ■もっていない

資料：図2.1に同じ。

7　海外旅行ブームの先行者たち

　2002年は中国がWTO加盟を実現して全面的な市場開放を実施し始めた年であり、中国政府が国民に海外旅行を全面的に解禁する年でもあった。この年

に、中国政府は「中国公民海外旅行管理弁法」を公表し、法制度の面から中国人の海外旅行ブームの形成を促した。2004年9月に、欧州の観光市場が中国の観光客に全面的に開放され、アメリカも中国観光ツアーを開放し始めた。2004年12月現在、世界の約70カ国が中国観光者を受け入れている。また、中国国家観光総局の公表によると、2004年度に海外観光に出かけた中国人は2500万人に達した。

　この調査では、過去3年間の海外旅行の経験について尋ねた。調査対象のうち、約25％の人が過去3年の間に海外旅行をした。これを都市別に見ると、上海、広州が30％を超え、海外旅行のブームに乗った人が他の都市より多い（図2.20）。さらに性別、年齢別と学歴別に海外旅行の経験を比較した。海外旅行の経験では、女性が男性より多く、30歳以上の人が30歳以下の人より多い。また、修士以上が大卒より多いことがわかる。そして職業別の差を見ると、外資系企業の管理職では約29％の人が過去3年の間に海外旅行をしたのに対し、民間企業の経営管理者ではわずか9％の人しか経験していないことがわかる。

　さらに、今後3年間の海外旅行の計画について質問して答えてもらった。調査対象のうち、6割強の人が今後3年間に海外旅行を考えている。都市別に見ると、広州がトップの75％で、これに続いて北京（70％）、上海と杭州（67％）、深圳（53％）の順になっている（図2.21）。また、性別に見ると、女性が

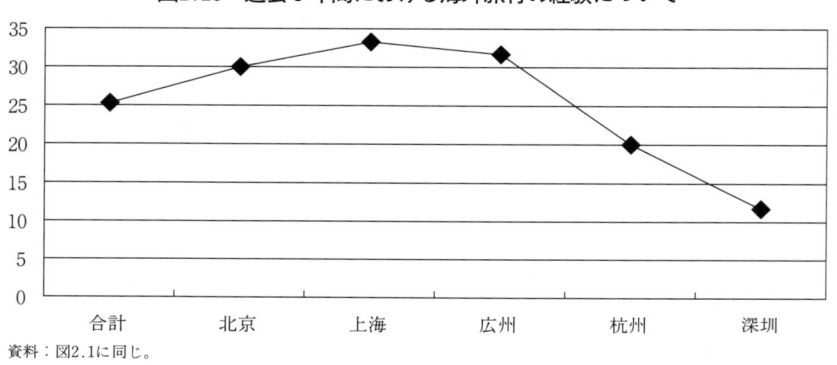

図2.20　過去3年間における海外旅行の経験について

資料：図2.1に同じ。

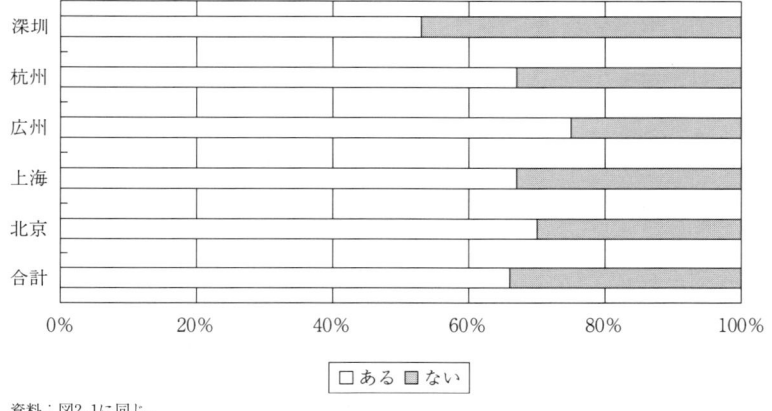

図2.21 今後3年間の海外旅行計画について

資料：図2.1に同じ。

72％で男性（62％）より高く、海外旅行の意欲が強い。一方、年齢別では大差が見られず、30歳以下と30歳以上とも6割の人が海外旅行を計画していることがわかる。

では、海外旅行をする際、一番行きたい国・地域がどこであるかを答えてもらった。一番行きたい国では、第1位に選ばれたのが「フランス」（32％）で、第2位の「アメリカ」（16％）を大きく上回っている。次いで、「カナダ」、「東南アジア諸国」、「韓国」、「日本」、「イギリス」、「オーストラリア」の順になっている（図2.22）。

性別と年齢別に見た一番行きたい国・地域については、女性ではファッションの国「フランス」が一番人気で、「カナダ」、「日本」、「オーストラリア」に行きたい割合も男性より高い。一方、男性では「アメリカ」、「東南アジア諸国」、「韓国」を選ぶ割合が女性より高い。年齢別に見てみよう。30歳以下では「フランス」の人気が圧倒的に高い。これに対し、30歳以上では、欧米や日本を含むアジア諸国に対する関心がいずれも30歳以下の人より高いことがわかる。

以上から中国の中産階層の消費意識と消費文化の特徴が主に次の3つであることがわかる。

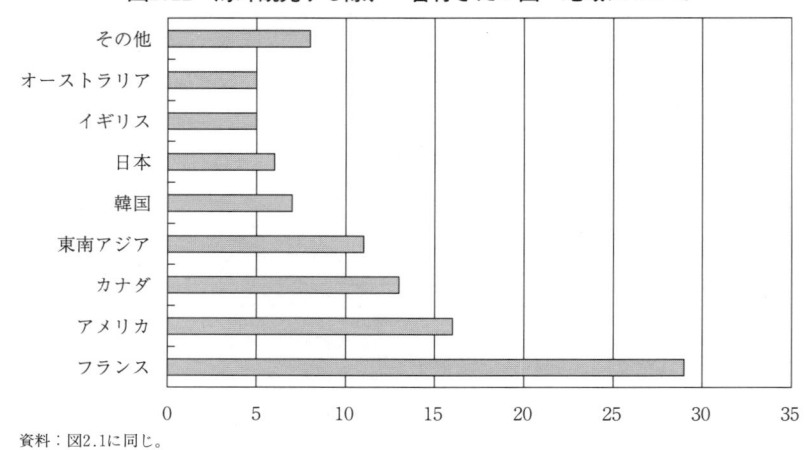

図2.22 海外観光する際、一番行きたい国・地域について

国・地域	割合
フランス	29
アメリカ	16
カナダ	13
東南アジア	11
韓国	7
日本	6
イギリス	5
オーストラリア	5
その他	8

資料：図2.1に同じ。

　まず、中国の中産階層は今日の中国消費市場のリード役である。中産階層は貯蓄と消費の態度では、貯蓄より「計画的消費」を志向し、消費観念では、伝統的観念より、「花明天的銭、休今天的閑（明日のお金を使って、今日の楽しみを享受する）」という「前衛的」消費観念を強く抱いている。一方、実際の消費活動では、「実用性」を重視し、「品質」と「ブランド」を追求する。

　次に、消費支出の構造から中国の中産階層の消費生活とその現状を見ると、エンゲル係数が22％で先進諸国並みのレベルに達しているといえる。教育、レジャー、スポーツ、旅行などサービス消費の全消費支出に占める割合が50％を超えていることが注目すべきである。

　さらに、中国のマイホームブーム、マイカーブームと海外観光ブームでは、中産階層の存在が大きい。中産階層の70％がすでにマイホームをもち、60％が今後3年間に「高級マンション」と「別荘」などを中心に、住宅の新規購入あるいは買い替えを計画している。また、70％がマイカーをもち、60％が今後3年間に、「中級車」と「高級車」を中心に車の新規購入あるいは買い替えを計画している。海外旅行では、過去3年間、25％が経験しており、今後3年間、約60％がフランス、アメリカ、カナダなどの欧米諸国を観光することを計画し

ている。

　中国の中産階層は先進諸国と比べると、未成熟の消費階層であり、その消費観念と消費行動との間にさまざまな矛盾がある一方、先進諸国の消費を学習する巨大な消費者グループの成長に伴う消費パワーを無視できないであろう。

第2部　消費者民族中心主義と外国ブランド消費

第3章　ブランド消費と消費者民族中心主義
　　──中産階層の選択：国産ブランド vs. 外国ブランド

1　中国：「世界第二のブランド消費大国」？

　2005年5月18日、イギリスのフィナンシャルタイムズグループ（Financial Times Group）と上海「毎日経済新聞社」が共同で企画した「FT Business of Global Luxury Summit Shanghai（高級ブランド業界グローバルサミット上海）」は中国の商業中心都市である上海で開催された。

　中国に20以上の専門店を展開している「リシュモン」を含め、世界中の高級ブランド業界のトップ経営者300人がこの「NEW Markets, New Luxury（新しいマーケット・新しいラグジュアリー）」を主題とするサミットに参加し、世界の高級ブランド業界の「中国シフト」への序幕を開いた。

　同月、北京で開催された「2005フォーチュングローバルフォーラム北京」の「文化円卓会議」では、「ラグジュアリー：台頭しつつある中産階層の強い消費欲求を満足させること」が重要な議題として論議され、注目を集めた。また、2005年10月、毎年モナコに開催される世界高級ブランド展示会「TOP Marques Monaco（トップマークスモナコ）」は初めて中国・上海に「上陸」し、「Top Marques Shanghai（トップマークス上海）」が開催された。

　世界の高級ブランド業界は中国を日本に次ぐ「世界第二のブランド消費大国」と見て中国の出店攻勢を強めている。「グッチ」、「ジョルジオ・アルマーニ」など有名ブランド企業は中国・上海など大都市に旗艦店を出店し、中産階層の取り込みを急いでいる。中国の29の都市で54店舗を展開しているイタリア

図3.1　中国の高級ブランド市場が日本市場を超えるための所要年

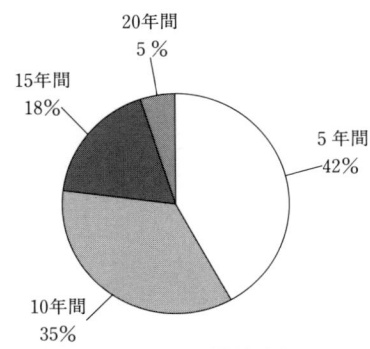

- 5年間　42%
- 10年間　35%
- 15年間　18%
- 20年間　5%

資料：中国『毎日経済新聞』2005年5月18日関連記事より。

のエルメネジルト・ゼニアは中国市場の売上高の全世界売上高に占める割合がすでに8％に達し、3年後、それを15％にアップさせようとしている。

「中国人は日本人に取って代わり、有名ブランドの最も熱心な消費者になるのか」と『エコノミスト』誌が巨大なブランド市場に成長しつつある中国を分析し問いかけている。ニュー＆ロングウッド（New & Longwood Ltd）のCEOであるアンソニー・スピッツは「中国の高級ブランド市場の拡大が非常に早く、その市場規模がこれから5～10年の間に日本市場を超えることは間違いないであろう」と予測している。上海「毎日経済新聞社」が公表した「中国高級ブランド消費者の調査報告」によると、約42％の人が「中国の高級ブランド市場が今後5年間で日本の市場規模に達することができる」と考えている（図3.1）。また、2004年12月、米ゴールドマン・サックスは中国の高級ブランド市場に関する分析報告を発表し、世界の高級ブランド市場に中国市場が占める割合は2004年の12％から、2008年には20％に拡大するであろうと予測する。

中国ブランド戦略協会の分析によると、中国の高級ブランド消費者群は約1.5億人で、全人口に占める割合が12％に達しており、そのほとんどが40歳以下の人々である。世界の高級ブランド業界では次のような冗談話がある。即ち、欧州では、なくした高級ブランドのバックの落とし主は大体40代以上の人であ

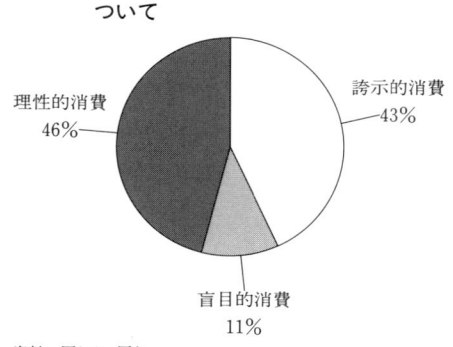

図3.2　中国人の高級ブランド消費の性格について

- 誇示的消費　43%
- 盲目的消費　11%
- 理性的消費　46%

資料：図3.1に同じ。

るが、中国の場合、その落とし主が必ず40歳以下であるという。中国で、25〜35歳の中産階層は高級ブランド消費を通じて「ファッションと満足感」を追求し、中国の高級ブランドブームのトレンドをリードしている。

BMWのCEOであるウォルフガングは「ラグジュアリーがファッション、満足感をもたらす（Luxury brings about fashion, satisfaction）」と確信している。一方、米コーネル大学のA. ロバート教授によれば、「ラグジュアリー消費はまさに金持ちの誇示的病気である」と指摘している。前述した「中国高級ブランド消費者の調査報告」では、中国人の高級ブランド消費の性格について次の調査結果が得られている。すなわち、約43%の人が中国人の高級ブランド消費は「誇示的消費」であると考えている（図3.2）。

本書の第1章で述べたように、中国の中産階層にとって、生活充実の手段において、「収入」「金銭」といった経済的欲求より、「存在価値」という社会的、自己実現的欲求が非常に重要となっている。また、自分の「存在価値」を追求する傾向から中産階層が自分の社会的地位を向上させる欲求が非常に強いことが感じられる。高級ブランド消費では、欧米や日本の消費者と比べると、中国の中産階層が「未成熟」の消費者群であると言ってもよい。

中国の中産階層はまだ高級ブランドの消費を勉強する段階にあり、かれらが高級ブランド消費を通じて自分の経済的実力と社会的「存在価値」を誇示しよ

図3.3 中国の高級ブランド消費の主要な分野

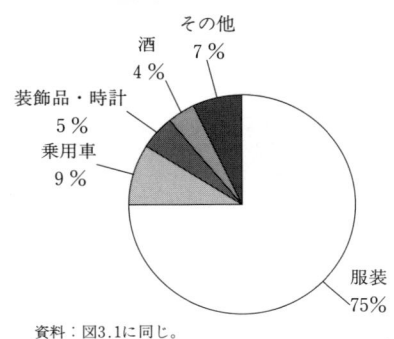

- 服装 75%
- 乗用車 9%
- 装飾品・時計 5%
- 酒 4%
- その他 7%

資料：図3.1に同じ。

うとしている。2005年現在、中産階層の社会的「存在の価値」を誇示する「記号」は高級車、別荘、高級ブランド腕時計と服装、真珠・宝石類の装飾品である（図3.3）。

イギリス王室の使用車といわれるベントレー（中国名：賓利）は2002年に中国市場に進出し、最初、年間販売台数10台という営業目標を立てたが、2004年末現在すでに95台を販売したという。高級車BMWの中国名は「宝馬」である。中国の中産階層社会には、「開宝馬、坐奔馳（BMWを運転する。ベンツに乗る）」という流行語がある。中産階層から見れば、「開宝馬（BMWを運転すること）」は事業の成功者を証明する「記号消費」であり、「坐奔馳（ベンツに乗ること）」は金持ち、企業家の地位を誇示することである。

自分の社会的「存在の価値」を追求する欲望は中国の中産階層のブランド消費志向を強める一方である。中産階層の高級ブランド消費の性格は「誇示的消費」の面があり、「理性的消費」の面もある。それでは、ブランド消費において国産ブランドと外国ブランドとの間で、中産階層の選択はどのように「理性的」に行われているか。これは消費者民族中心主義にかかわる問題であるといえる。

2 消費者民族中心主義の傾向

(1) 消費者民族中心主義とは

　WTO加盟に伴う市場開放はグローバル企業に多くの投資とマーケティングの機会をもたらしている。中国という巨大市場には、一流のグローバル企業がほとんど参入しており、世界の有名ブランドも出揃って、中国市場シェアをめぐるグローバル大競争が激化する一方である。グローバル企業が直接投資と事業拡大を通じて世界先端の技術、商品とサービスを中国に導入すると同時に、先進諸国の価値観、生活様式、消費文化を中国に「輸出」している。これらの価値観、生活様式、消費文化が中国の伝統的価値観、生活様式、消費文化に衝撃を与え、両者の間における摩擦が表面化する場合、中国の消費者、特に中産階層の消費者はどのような態度を取るのか。具体的にいえば、ブランド消費において、国産ブランドと外国ブランドに対してどのような態度を取るのか、国産ブランドと外国ブランドの選択にあたって、その購買行動がどのような傾向を示すのか。

　市場開放の拡大につれて、中国の消費者、特に中産階層の消費者がブランド消費においてより多くの選択の機会に恵まれつつある。この場合、中国の「消費者民族中心主義」の傾向が強くなるのか。

　「消費者民族中心主義（Consumer Ethnocentrism）」とは、消費者が国産ブランドと外国ブランドとの間で選択を行う場合、国産ブランドを優先的に選択し、外国ブランドに抵抗する傾向を指す。一般的にいえば、消費者民族中心主義はその国・地域の人口統計、社会心理学的要因、社会階層とその生活様式などとの間に深い関連がある。言い換えれば、これらの要因が消費者民族中心主義の傾向に影響を与える要因でもある。また、消費者民族主義の傾向を影響する要素として、商品ブランドの原産地である国のイメージ、その国の企業のイメージ、及びその国の商品ブランドのイメージなども非常に重要なものである。

それでは、中国の中産階層には、消費者民族中心主義の傾向がどの程度存在しているか、その傾向は外国ブランドにどの程度抵抗しているのか、特に日中関係が冷え込んでいる環境の下、消費者民族中心主義の傾向は日本ブランドに向けて抵抗し、さらに「日本製品のボイコット」を助長するのか。「2005年中国の中産階層とその消費意識に関する調査」は実証研究を通じてこれに答えようとしている。

(2) 中国・中産階層のブランド消費における4つの態度について

中国の中産階層に関する消費者民族中心主義の傾向性を調べるため、この調査では、国産ブランドと外国ブランドに対する態度について、「開放型」、「実用型」、「民族主義型」、「極端な民族主義型」の4つのタイプを考えて次の4つの質問項目を設け、「賛成」か、「どちらともいえない」か、「反対」かを答えてもらっている。その結果が図3.4である。

1. 外国ブランドの製品に対する関心が高い　　　　　（開放型）
2. 製品ブランドの国の属性を問わずに、
   自分の必要に応じて製品を購入する　　　　　　（実用型）
3. 国産ブランドの製品を優先的に買う　　　　　　（民族主義型）
4. 嫌いな国のブランド製品を買わないだけでなく、
   周りの人に対しても買わないようすすめる　　（極端な民族主義型）

まず、「外国ブランドの製品に対する関心が高い」（開放型）では、「賛成」が51.3％で半数を超えて「反対」の19％を上回っている。次に「製品ブランドの国の属性を問わずに、自分の必要に応じて製品を購入する」（実用型）では、「賛成」が67.6％、「反対」が18.7％で、「賛成」が「反対」を大きく引きはなしている。さらに「国産ブランドの製品を優先的に買う」（民族主義型）については「賛成」が42％で、「反対」の25.3％である。最後に「嫌いな国のブランド製品を買わないだけでなく、回りの人に対しても買わないようすすめる」（極端民族主義型）では、「賛成」が32.7％、「反対」が45％で、「反対」が「賛成」を上回っていることがわかる。

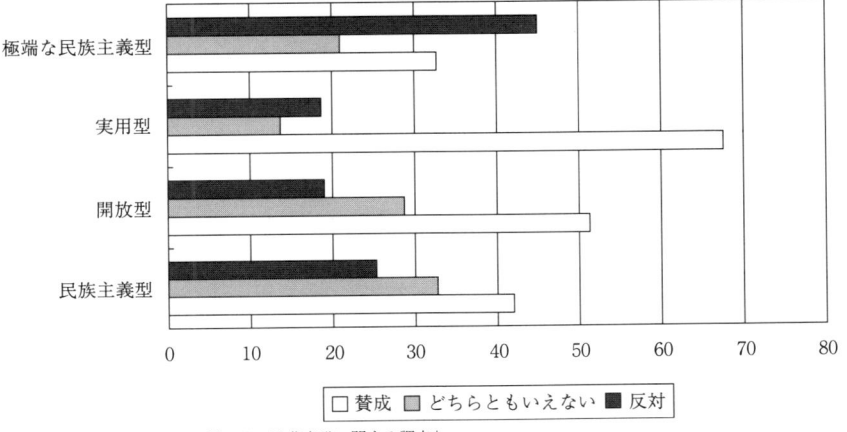

図3.4 ブランド消費における4つの態度

	賛成	どちらともいえない	反対
極端な民族主義型	32	22	44
実用型	67		18
開放型	51	28	19
民族主義型	42	32	25

資料：「2005年中国の中産階層とその消費意識に関する調査」。

　中国の中産階層は、ブランド消費において、基本的に「実用的」態度をとっている。彼らが理念の次元で、民族中心主義の傾向をもちながら、外国ブランドに対してより「開放的」態度を示している。一方、「極端な民族主義」の態度に対して否定の姿勢をもっている人が40％強に達しているが、賛成の姿勢を示している人が30％を超えていることも注目に値する。

　ブランド消費における消費者民族中心主義の傾向について都市別に見た結果は、各都市では、「実用型」と「開放型」の態度が主流である。一方、北京では、「実用型」が他の態度を上回っているが、「開放型」と「民族主義型」、「極端民族主義型」の3つの態度が同じ水準で複雑に混在している。上海は他の都市より「実用型」と「開放型」の態度を鮮明に示しており、「民族主義型」と「極端民族主義型」の傾向が他の都市より弱い。しかも杭州も上海と同じような傾向が見られている。ここで、特に注目されるのは、改革開放の先頭に立つ深圳である。深圳では、「民族主義」の態度は「開放型」の態度を上回っており、その指向が他の都市より強い。また「極端民族主義」の態度も北京に次いで二番目に強く、「実用型」の態度が5大都市のうち、一番弱いことがわかる。

図3.5　性別に見たブランド消費の４つの態度

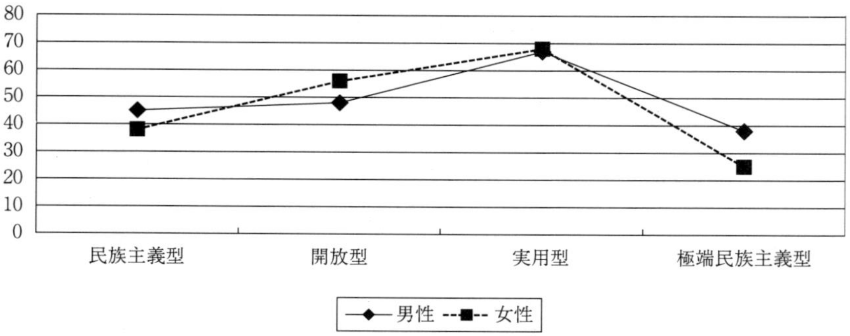

資料：図3.4に同じ。

中国の中産階層のブランド消費における４つの態度について性別に見たのが図3.5である。「実用型」の態度では、性別差が見られないが、「民族主義型」と「極端な民族主義型」の態度では、男性が女性を上回っている。これに対し、「開放型」の態度では、女性が男性をリードしていることがわかる。

⑶　外国ブランド原産地国のイメージ

一般的に言えば、消費者民族中心主義の傾向は人口統計、社会心理学的要因、社会階層とその生活様式などと深い関連がある。中国の中産階層に関する消費者民族中心主義の傾向を調べるため、筆者は次の仮説を立てた。すなわち、消費者民族主義の傾向は消費者のもっている外国ブランド認識に大きく影響されており、また、その外国ブランド認識が消費者のもっている①ブランドの原産地国のイメージ、②その国の企業に関するイメージ、及び③その国のブランドに関するイメージにも大きく影響されているという点である。

中国の中産階層における消費者民族中心主義の傾向は、外国ブランドの原産地国のイメージ、その国の企業のイメージ、その国のブランドイメージにどこまで影響されているのか。

「2005年中国の中産階層とその消費意識に関する調査」では、「一番好感をも

第3章　ブランド消費と消費者民族中心主義　81

図3.6　外国ブランドの原産地国のイメージについて

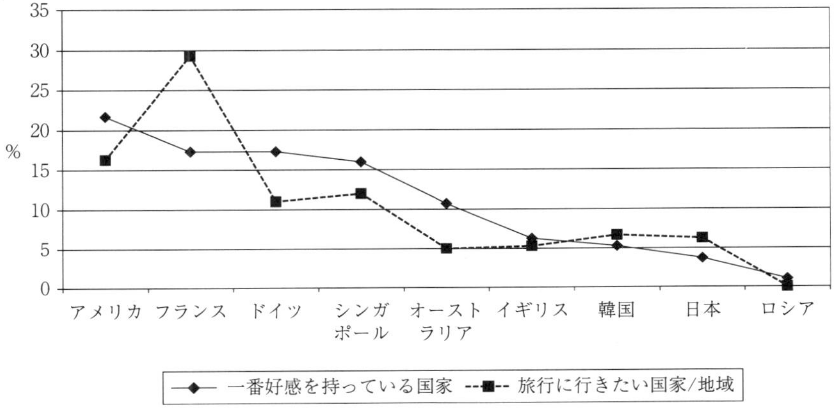

（グラフ：横軸　アメリカ、フランス、ドイツ、シンガポール、オーストラリア、イギリス、韓国、日本、ロシア／縦軸　％／凡例　◆一番好感を持っている国家　■旅行に行きたい国家/地域）

資料：図3.4に同じ。

っている国」と「海外旅行で一番行きたい国」を調べることによって中国・中産階層の「外国ブランドの原産地国のイメージ」を分析している。図3.6は中産階層の「一番好感をもっている国」（第1章）と「海外旅行で一番行きたい国」（第2章）を示すものである。「一番好感をもっている国」では、アメリカがトップで、これに続いて、フランス、ドイツ、シンガポール、オーストラリア、イギリス、韓国、日本、ロシアの順になっている。

また「海外旅行で一番行きたい国」では、フランスが最も人気があり、続いてアメリカ、シンガポール、ドイツ、韓国、日本、オーストラリア、イギリス、ロシアの順になっている。

外国ブランドの原産地国のイメージという視点からこの結果を見ると、フランス、アメリカといった欧米諸国に対するイメージは韓国、日本などのアジア諸国に対するイメージより良く、またアジア諸国の中で、シンガポール、韓国に対するイメージが日本よりよいことがわかる。

3 中産階層のグローバル企業のイメージ

それでは、外国ブランドの原産地国の企業に対するイメージはどうであろうか。

「2005年中国の中産階層とその消費意識に関する調査」では、外国ブランドの原産地国の企業に対するイメージと外国ブランドの選択指向との関連を解明するため、中国に進出しているグローバル企業のパフォーマンスを総合的に評価する11項目を設定し、各項目について、「非常に満足」、「満足」、「どちらとも言えない」、「不満」、「非常に不満」の5段階から、調査対象に評価をしてもらった。

1. 対中投資
2. 対中技術移転
3. 中国市場への適応
4. 経営の現地化
5. 人材の育成
6. 社会貢献
7. 地域交流
8. 現地文化の尊重
9. 政府コミュニケーション（政府関係）
10. メディアコミュニケーション（メディア関係）
11. 消費者コミュニケーション（消費者関係）

図3.7は中国の中産階層のグローバル企業に対するイメージを示すものである。結論からいえば、欧米企業に対する評価が韓国企業、日本企業より高く、韓国企業に対する評価が日本企業より高いことがわかる。要するに、中国の中産階層のグローバル企業イメージでは、欧米企業が一番よく、これに続いて韓国企業、日本企業の順になっている。この企業イメージは基本的に外国ブランドの原産地国のイメージと一致しているといえよう。

図3.7 中国の中産階層のグローバル企業イメージ

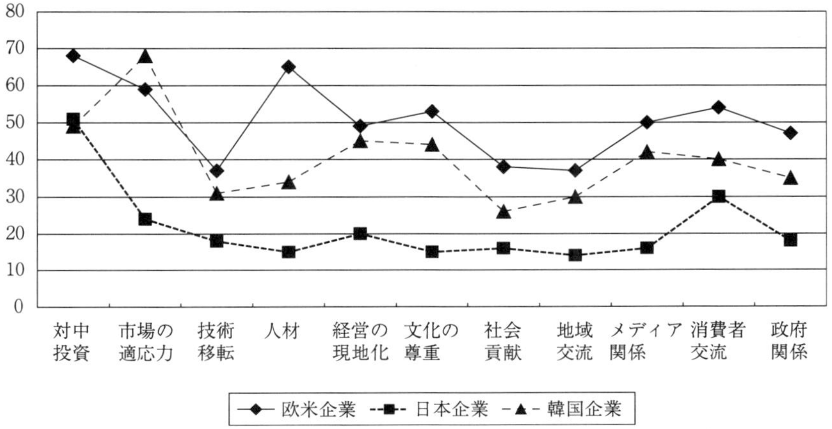

凡例: ◆ 欧米企業　■ 日本企業　▲ 韓国企業

項目: 対中投資／市場の適応力／技術移転／人材／経営の現地化／文化の尊重／社会貢献／地域交流／メディア関係／消費者交流／政府関係

資料：図3.4に同じ。

　ここで、「非常に満足」と「満足」を「満足度」として、「非常に不満」と「不満」を「不満度」として、中産階層の欧米企業、日本企業、韓国企業に対する評価の結果を分析してみよう。

　まず、欧米企業、日本企業、韓国企業について、上述した11項目で、「満足度」が50％以上になっている項目をそれぞれとってみる。欧米企業では、「満足度」が50％以上となっている項目は「対中投資」（68％）、「人材育成」（65％）、「市場への適応」（59％）、「消費者コミュニケーション」（54％）、「現地文化の尊重」（53％）、「メディアコミュニケーション」（50％）の、合わせて6項目である（図3.8）。これに対して、日本企業では、「満足度」が50％を超えているのは「対中投資」（51％）だけである（図3.9）。そして、韓国企業で評価されているのは「市場への適応」（68％）だけである。中国の中産階層では、欧米企業の中国における経営に対する満足度が日本企業と韓国企業より圧倒的に高いことがわかる。

　次に、グローバル企業のパフォーマンスに関する11項目を、「経営管理」（1～5項目）と「マーケティングコミュニケーション」（6～11項目）の二つの

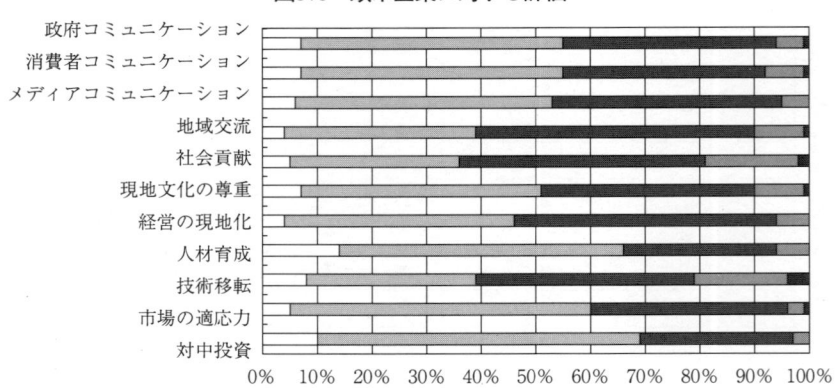

図3.8　欧米企業に対する評価

政府コミュニケーション
消費者コミュニケーション
メディアコミュニケーション
地域交流
社会貢献
現地文化の尊重
経営の現地化
人材育成
技術移転
市場の適応力
対中投資

□非常に満足　■満足　■どちらとも言えない　■不満　■非常に不満

資料：図3.4に同じ。

カテゴリーに分けて欧米企業、日本企業、韓国企業に対する評価を分析してみた。

「経営管理」のカテゴリーでは、「対中投資」について、欧米企業に対する「満足度」が一番高く、69％である。一方、「市場への適応」については、韓国企業に対する「満足度」が欧米企業と日本企業を上回っている。「技術移転」については全般的に「満足度」が50％未満で高くないが、欧米企業、韓国企業、日本企業の順になっている。ここで、特に注目されるのは「人材育成」で、欧米企業に対する「満足度」が65％で韓国企業と日本企業より圧倒的に高いことである。そして「経営の現地化」についての満足度は欧米企業、韓国企業、日本企業の順になっている（図3.10）。

一方、「マーケティングコミュニケーション」のカテゴリーでは、「現地文化の尊重」、「社会貢献」、「地域交流」、「メディアコミュニケーション」、「消費者コミュニケーション」、「政府コミュニケーション」といった項目はパフォーマンスを評価する項目であり、グローバル企業の中国社会への融合度をはかる項目でもある。このカテゴリーでは、「消費者コミュニケーション」、「現地文化

図3.9　日本企業に対する評価

凡例：□非常に満足　■満足　■どちらとも言えない　■不満　■非常に不満

項目：政府コミュニケーション、消費者コミュニケーション、メディアコミュニケーション、地域交流、社会貢献、現地文化の尊重、経営の現地化、人材育成、技術移転、市場の適応力、対中投資

資料：図3.4に同じ。

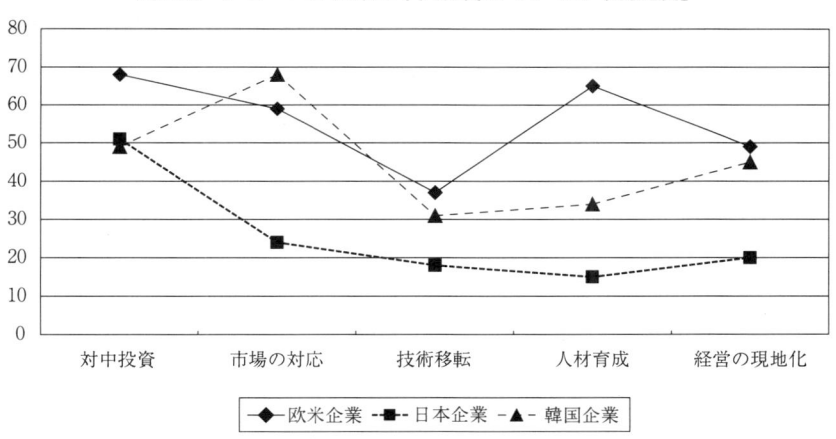

図3.10　グローバル企業の中国経営についての「満足度」

項目：対中投資、市場の対応、技術移転、人材育成、経営の現地化
系列：◆欧米企業　■日本企業　▲韓国企業

資料：図3.4に同じ。

の尊重」、「メディアコミュニケーション」の3項目で、欧米企業に対する評価が特に高い。しかも欧米企業がいずれの項目ともトップになっている。そして、各項目の評価では、韓国企業が日本企業を上回っていることがわかる（図3.11）。

図3.11　マーケティング・コミュニケーションについての満足度

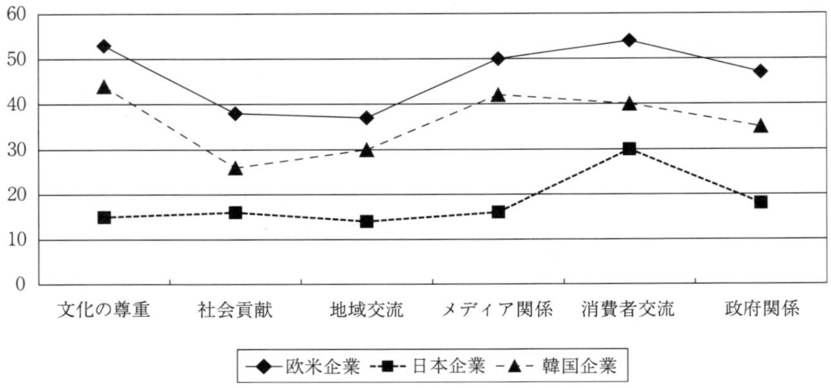
60
50
40
30
20
10
0
文化の尊重
社会貢献
地域交流
メディア関係
消費者交流
政府関係
欧米企業
日本企業
韓国企業

資料：図3.4に同じ。

4　中産階層の外国ブランド認知と外国ブランド評価

(1)　中国・中産階層の外国ブランド認知

「2005年中国の中産階層とその消費意識に関する調書」によって、①「乗用車」、②「IT 通信製品」、③「デジタル製品」、④「家電製品」、⑤「OA 機器」、⑥「ソフトドリンク・酒」、⑦「化粧品」の 7 大消費分野から、中国の中産階層の外国ブランド認知度を見てみよう。

まず、各分野における最も好きな外国ブランドについて第 1 位から第 3 位までのブランド名をあげてもらった（表3.1）。

「乗用車」分野では、第 1 位が「BMW（中国名『宝馬』）」、第 2 位が「ベンツ（中国名『奔馳』）」、第 3 位が「ホンダ」となっている。「IT 通信製品」分野では、第 1 位が「ノキア」、第 2 位が「サムスン」、第 3 位が「モトローラ」である。乗用車と IT 通信製品の 2 大分野では、欧米と韓国のブランドに対する認知度が高いことがわかる。これに対してデジタルカメラなどの「デジタル

表3.1 中国・中産階層の最も好きな外国ブランド

	項 目	第1位	第2位	第3位
1	乗用車	BMW	メルセデス・ベンツ	本田
2	IT通信製品	ノキア	サムスン	モトローラ
3	デジタル製品	ソニー	松下	キャノン
4	家電製品	ソニー	松下	サムスン
5	OA機器	キャノン	HP	エプソン
6	ソフトドリンク・酒	コカコーラ	ペプシコーラ	RemyMartin（レミーマルタン）
7	化粧品・衛生用品	SK-II	LANCOME（ランコム）	資生堂

資料：図3.4に同じ。

製品」、「家電製品」と「OA機器」の3分野では、「ソニー」、「松下」、「キヤノン」などの日本勢のブランドに対する認知度が高い。一方、「ソフトドリンク・酒」の分野では、アメリカのブランドに対する認知度が高い。また「化粧品・衛生用品」の分野では、P&Gの「SK-II」が第1位で、LANCOME（ランコム）が第2位、「資生堂」が第3位で、アメリカ、フランスと日本のブランドに対する認知度が高いことがわかる。

中産階層の外国ブランド認知度について、「乗用車」、「IT通信製品」、「ソフトドリンク」、「化粧品」の4大分野では、欧米ブランドの優位性が見られるのに対し、「デジタル製品」、「家電製品」、「OA機器」の3大分野では日本のブランドの優位性が確立されていることがわかる。

(2) 中産階層の外国ブランド評価1：乗用車

それでは、中産階層は中国市場に進出している代表的な外国ブランドをどのように評価しているのか。この調査では、次の10項目から外国ブランドに関する評価をしている。

①商品としての価値がある　　（商品の価値）
②商品の種類が揃っている　　（商品の種類）
③技術がすばらしい　　　　　（技術）
④広告に魅力がある　　　　　（広告）

⑤環境にやさしい　　　　　　　（環境）
⑥流行の先端に立つ　　　　　　（流行）
⑦成功者の選択　　　　　　　　（成功者）
⑧大衆向け　　　　　　　　　　（大衆性）
⑨評判が良い　　　　　　　　　（評判）
⑩購買の便利性がある　　　　　（購買）

　これらの評価項目のうち、「商品としての価値がある」ということは中国語の「物有所値」の日本語訳である。中国の消費者が商品とサービスを購入する際、お金を払って元をとれるかどうかを判断する心理が必ずはたらく。値段の高い物を購入する場合はもちろん、安いものを買うときも、「物有所値」、即ち「元がとれるかどうか」をきちんと判断することがある。そして「成功者の選択」は中産階層の消費者が「記号消費」を重視しつつ、商品とサービスの消費が事業で成功している自分の社会的地位にふさわしいかどうかを判断する要素の一つである。

　ここで、外国ブランドの認知度が高い「乗用車」とデジタル製品や家電などの「コンシューマー・エレクトロニクス」の2大分野を見てみよう。

　まず、「乗用車」分野では、ブランド認知度の高い「フォルクスワーゲン」と「ホンダ」について、評価の結果を比較する（図3.12）。フォルクスワーゲンは「商品の価値（元がとれること）」、「商品の種類」、「大衆向け」、「評判」、「購買の便利性」で、評価が本田より高い。これに対して、ホンダは「技術」、「広告」、「流行」、「成功者」の項目でフォルクスワーゲンをリードしている。特に「成功者」という「記号消費」で、ホンダに対する評価が50％強となっている。一方、「大衆向け」で、フォルクスワーゲンに対する評価が5割を超えている。「成功者」のホンダ、「大衆向け」のフォルクスワーゲンというブランド評価が中産階層の中で確立していることがわかる。

(3)　中産階層の外国ブランド評価2：コンシューマー・エレクトロニクス

　家電とデジタル製品を含むコンシューマ・エレクトロニクスの分野では、中

図3.12 外国ブランド評価：乗用車分野

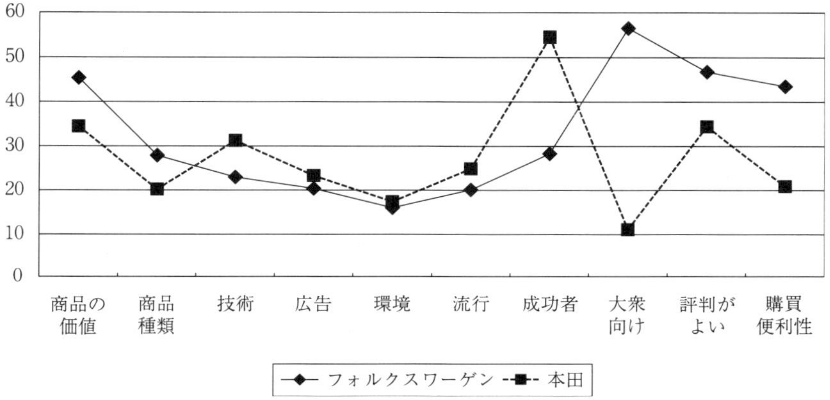

（横軸項目：商品の価値、商品種類、技術、広告、環境、流行、成功者、大衆向け、評判がよい、購買便利性）

凡例：◆ フォルクスワーゲン　■ 本田

資料：図3.4に同じ。

国市場は日本企業と韓国企業の全面対決の場となっているといえる。

この分野における外国ブランド評価について、ソニー、松下といった日本ブランドとサムスン、LGの韓国ブランドを比較してもらった。ソニーに対する評価が特に注目され、「技術」の面で他のブランドを大きく上回っている。また、「商品の価値（元がとれること）」、「流行」、「成功者」、「評判」で他のブランドをリードしている。これに対して、サムスンが「広告」、「購買の便利性」で他のブランドを上回っている。またLGが「大衆向け」で評価されている。中国の中産階層の消費者から見れば、コンシューマ・エレクトロニクス分野で、ソニー vs. サムスン、松下 vs. LG の市場競争の構図がはっきりと浮かび上がっている（図3.13）。

5　消費行動における外国ブランドの選択

それでは、外国ブランド認知、外国ブランドイメージ評価と消費行動における外国ブランドの選択との間にどのような関連が存在しているのか。言い換えれば、外国ブランド認知、外国ブランドイメージ評価が消費者民族中心主義の

図3.13　外国ブランド評価（コンシューマ・エレクトロニクス分野）

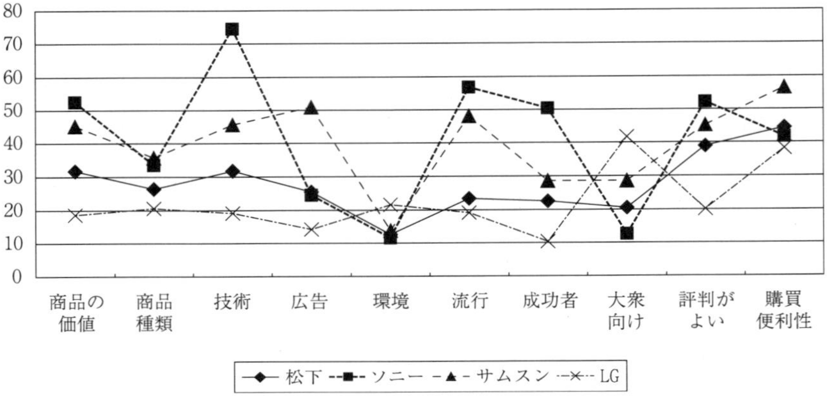
80
70
60
50
40
30
20
10
0
商品の価値
商品種類
技術
広告
環境
流行
成功者
大衆向け
評判がよい
購買便利性
松下
ソニー
サムスン
LG

資料：図3.4に同じ。

傾向にどのような影響を与えるのか。これを調べるため、この調査では、「乗用車」、「情報家電」、「IT 通信製品」、「化粧品」を購入する際の国産ブランド、外国ブランド（欧米ブランド、日本ブランド、韓国ブランド）の選択について「第 1 選択」、「第 2 選択」、「第 3 選択」でそれぞれ回答をしてもらった。

(1)　乗用車購入の際の外国ブランドの選択度

まず、「乗用車」を購入する際の中産階層の消費者の選択指向を見てみよう。平均では、欧米ブランドがトップ（29.4%）で、それに続いて、「国産ブランド」（26.2%）、「日本ブランド」（23%）、「韓国ブランド」（17.2%）の順になっている（図3.14）。第 1 選択では、「欧米ブランド」（48%）が「国産ブランド」（29.3%）、「日本ブランド」（19.3%）を大きくリードしている。第 2 選択では、「日本ブランド」（32%）が「欧米ブランド」（29.7%）、「国産ブランド」（19.7%）を上回っている。そして、第 3 選択では、「韓国ブランド」（31%）が「国産ブランド」（29.7%）、「日本ブランド」（17.7%）より大きい（表3.2）。

これを都市別に見た場合、北京と上海の「欧米ブランド」指向、深圳の「国

図3.14 乗用車購入の際の外国ブランドの選択度
(平均)

- 韓国ブランド 18%
- 欧米ブランド 31%
- 日本ブランド 24%
- 国産ブランド 27%

資料：図3.4に同じ。

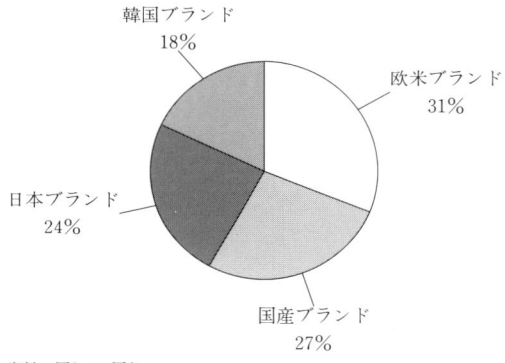

表3.2 乗用車購入の際の外国ブランドの選択度

	第1選択	第2選択	第3選択
欧米ブランド	48	29.7	10.7
国産ブランド	29.3	19.7	29.7
日本ブランド	19.3	32	17.7
韓国ブランド	3	17.7	31
わからない	0.3	2.3	11.3

資料：図3.4に同じ。

産ブランド」指向、広州の「日本ブランド」指向という都市間での差が現れている（図3.15）。

また、乗用車購入の際、ブランドの選択度を年齢別に見たのが図3.16である。「30歳以下」の人が「欧米ブランド」の選択で「30歳以上」の人を上回っているのに対し、「30歳以上」の人が「日本ブランド」の選択で「30歳以下」の人を超えていることがわかる。

(2) IT通信機器購入の際の外国ブランドの選択度

IT通信製品を購入する際の外国ブランドの選択について、平均では、欧米

図3.15 都市別に見た乗用車購入の際のブランドの選択度

（棒グラフ：国産ブランド、韓国ブランド、欧米ブランド、日本ブランド／北京・上海・広州・杭州・深圳）

資料：図3.4に同じ。

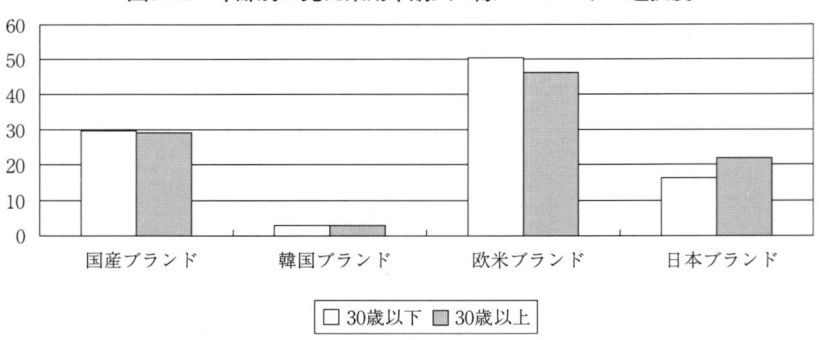

図3.16 年齢別に見た乗用車購入の際のブランドの選択度

（棒グラフ：国産ブランド、韓国ブランド、欧米ブランド、日本ブランド／30歳以下・30歳以上）

資料：図3.4に同じ。

ブランドが28%でトップとなっている。それに続いて「国産ブランド」（27%）、「韓国ブランド」（24%）、「日本ブランド」（21%）の順になっている（図3.17）。一方、第1選択では、「欧米ブランド」が45.3%で他のブランドを大きくリードしている。第2選択で、「韓国ブランド」が28%で他のブランドを上回っている。そして第3選択で、「国産ブランド」が34.7%で他のブランドを引きはなしている（表3.3）。中国のIT通信製品市場で、欧米ブランドと国産

表3.3 IT通信製品購入の際の外国ブランドの選択度

	第1選択	第2選択	第3選択
欧米ブランド	45.3	21.3	13.3
国産ブランド	19	23.3	34.7
韓国ブランド	18	28	21.7
日本ブランド	17.3	24	19.3

資料：図3.4に同じ。

図3.17 IT通信機器購入の際の外国ブランドの選択度（平均）

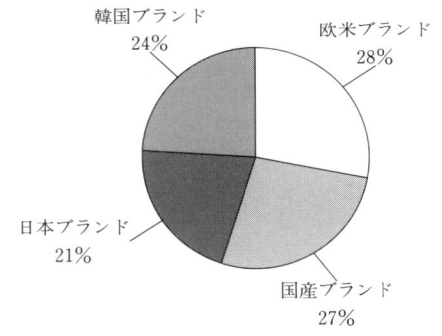

- 韓国ブランド 24%
- 欧米ブランド 28%
- 日本ブランド 21%
- 国産ブランド 27%

資料：図3.4に同じ。

ブランド、韓国ブランドによる競合の構図が読みとれる。

これを都市別に見た場合、広州と北京の「欧米ブランド」指向、上海の「日本ブランド」指向、深圳の「国産ブランド」と「韓国ブランド」指向が現れている。また、性別に見た場合、男性が「欧米ブランド」と「国産ブランド」の選択で女性より割合が高いのに対し、女性が「韓国ブランド」と「日本ブランド」の選択で男性より割合が高いことがわかる（図3.18）。

(3) 家電製品購入の際の外国ブランドの選択度

家電製品を購入する際、外国ブランドの選択について、平均では、「国産ブランド」が29％で他のブランドを上回っている。それに続いて、「日本ブラン

図3.18　性別に見たIT通信製品購入の際の外国ブランドの選択度

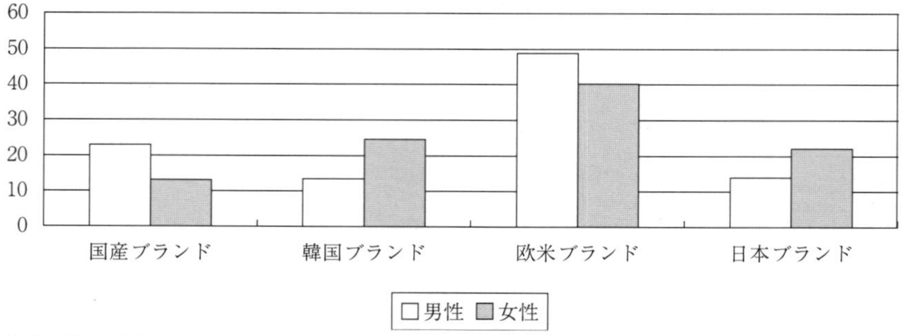

資料：図3.4に同じ。

ド」(26%)、「欧米ブランド」(25%)、「韓国ブランド」(21%)の順になっている（図3.19)。一方、第1選択では、「日本ブランド」が37.7%で他のブランドを大きくリードしている。第2選択では、「欧米ブランド」が比較的に高く、第3選択では、「国産ブランド」が他のブランドより高いことがわかる（表3.4)。

これを都市別に見た場合、深圳の「国産ブランド」指向、上海の「日本ブランド」指向が特に注目される。また、性別に見た家電製品購入の際の外国ブランドの選択度では、男性が「国産ブランド」の選択で女性より高いのに対し、女性が「日本ブランド」、「欧米ブランド」、「韓国ブランド」の選択で男性を上回っていることがわかる。さらに年齢別に見た場合、30歳以上の人が「日本ブランド」の選択で30歳以下の人を超えているのに対し、30歳以下の人が「欧米ブランド」の選択で30歳以上の人より高い。家電製品を購入する際、30歳以上の人の「日本ブランド」指向が現れている。

⑷　化粧品購入の際の外国ブランドの選択度

化粧品・衛生用品を購入する際の外国ブランドの選択について、平均では、「欧米ブランド」が31%でトップになっている。これに続いて、「国産ブランド」(27%)、「日本ブランド」と「韓国ブランド」(21%)の順になっている

表3.4　家電製品購入の際の外国ブランドの選択度

	第1選択	第2選択	第3選択
日本ブランド	37.7	22.3	13.7
国産ブランド	29.7	23	29
欧米ブランド	21	29.7	20.3
韓国ブランド	11.3	23.3	26.7

資料：図3.4に同じ。

図3.19　家電製品購入の際の外国ブランドの選択度（平均）

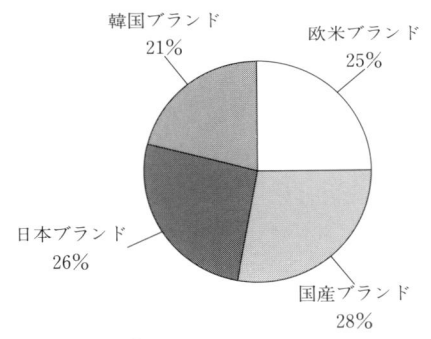

韓国ブランド　21%
欧米ブランド　25%
日本ブランド　26%
国産ブランド　28%

資料：図3.4に同じ。

（図3.20）。第1選択では、「欧米ブランド」が47.7％で他のブランドを大きく引きはなしている。第2選択と第3選択のいずれでも、「国産ブランド」が他のブランドを上回っていることがわかる。

　これを都市別に見た場合、いずれの都市でも「欧米ブランド」の選択度が高いが、深圳では、「欧米ブランド」がリードしており、「国産ブランド」と拮抗している構図が見られる。

　一方、化粧品と衛生用品を購入する際の性別に見た中外ブランドの選択度について、男性と女性とも「欧米ブランド」の選択度が高いが、女性が「欧米ブランド」、「日本ブランド」などの外国ブランド選択で男性より高く、男性が「国産ブランド」の選択で女性よりやや高いことがわかる。

図3.20 化粧品購入の際の外国ブランドの選択度（平均）

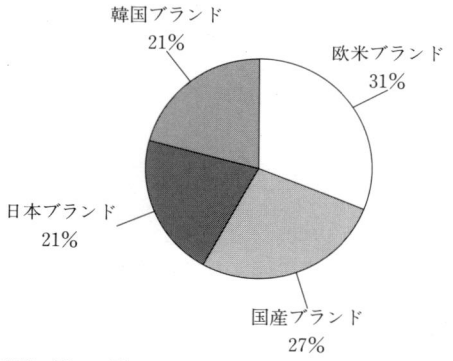

韓国ブランド 21%
欧米ブランド 31%
日本ブランド 21%
国産ブランド 27%

資料：図3.4に同じ。

図3.21 年齢別に見た化粧品など購入の際の外国ブランドの選択度

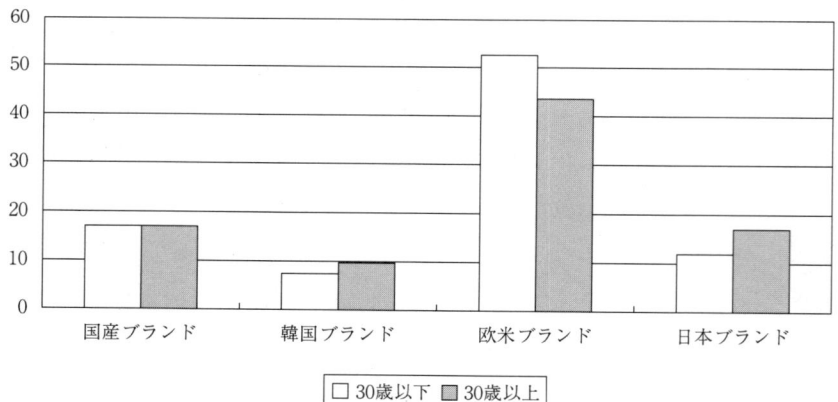

□ 30歳以下　■ 30歳以上

資料：図3.4に同じ。

　また、これを年齢別に見た場合、30歳以下の人が「欧米ブランド」の選択で30歳以上の人を超えているのに対し、30歳以上の人が「日本ブランド」の選択で30歳以下の人より高いことがわかる（図3.21）。

　中産階層は自分の社会的「存在価値」を追求する欲求が非常に強いことを、本書の第1章で分析した。現在、中産階層はブランド消費を通じて自分の社会

的「存在価値」をアピールする「記号消費」の学習者と実践者となっている。したがって、車、住宅、デジタル製品、化粧品、腕時計とバッグなどの高級ブランド品は、中国の中産階層の「誇示的消費」の対象となっている。

　それでは、ブランド消費において、中国の中産階層には消費者民族中心主義の傾向、即ち国産ブランドを優先的に選んで、外国ブランドに抵抗する傾向がどの程度あるだろうか。消費者民族中心主義の傾向の強さをはかるため、「開放型」、「実用型」、「民族主義型」と「極端民族主義型」の四つの態度で中国の中産階層を分析した結果、「開放型」、「実用型」が主流となっていることがわかる。言い換えれば、中国の中産階層には、消費者民族中心主義の傾向は非常に弱い。

　中国の中産階層のブランド消費意識に影響を与える要素として、ブランドの原産地国のイメージ、企業イメージ、ブランド認知が非常に重要である。一方、中国の中産階層はこの三つの要素を理性的かつ客観的に判断し、ブランド原産地国のイメージと企業のイメージ、ブランドの認知を切り離して評価する傾向が見られる。

第4章　歴史の幽霊と現実の選択
　　　——中国の中産階層とその日本ブランド評価

1　日中関係：「冷戦」時代を越える日は

　日中両国は政治・外交の分野で「冷戦」の時代を迎えている。
　中国の学者によれば、日本の民族主義と対中強硬派の台頭を背景とした政府首脳の「靖国神社参拝」と「新しい歴史教科書」を代表とする歴史認識の問題、東海（日本の東シナ海）海底資源の開発権問題、台湾問題、国連安保理改革における日本の常任理事国入り問題などをめぐって、政治と外交分野で、日中両国は「冷戦」の状態に陥った。言い換えれば、日中両国の民族主義の対立が両国の政治・外交上の「冷戦」を招いたのである。
　2005年4月、北京、上海、広州など中国の主要都市で行われた「反日デモ」（中国での公式呼び方は「渉日遊行」）は近年、「冷戦化」している日中政治・外交関係の一つの象徴的な事件として世界の注目を集めた。一般的に日中関係は政治・外交と経済・貿易の二つの分野に分けて論議されることが多い。「政冷・経熱（政治関係が冷え込んでいるのに対し、経済関係が過熱していること）」とは、近年、日中関係における政治分野と経済分野の「非調和性」の実情を反映している「流行語」である。
　政治と外交の分野における両国の対立・対抗の種は主に次の6つである。すなわち、①歴史認識の問題とこれに関連する靖国神社参拝、歴史教科書などの問題、②領土問題（中国名：釣魚島、日本名：尖閣諸島）、③台湾問題（日米同盟と台湾）、④資源・エネルギー問題（東海資源の開発権）、⑤安保理改革の

問題、⑥中国の「ODA卒業」の問題である。日中の政治・外交関係の「冷戦化」を招いた原因として「歴史認識」のほかにもう一つ重要な点があげられる。すなわち、日本は政治大国である中国が経済大国としても「登場」してくることを率直に受け止めたくないのに対し、中国の世論は経済大国である日本が政治大国としても「台頭」してくることを認めたくないという点である。しかも両国の民族主義による「心理的」対立はそれぞれの国のメディア報道戦により、強められる一方である。

日中両国とも「日中友好は重要だ」ということを認識し、外交レベルの「戦略対話」が実現したにもかかわらず、政治・外交分野における対立と対抗を招いた諸問題を根本的に解決する材料は当面、見つかりそうにないのが現状である。日中間の政治・外交の「冷戦」はいつになれば終わるのだろうか。

一方、「加熱状態」といわれる日中間の経済・貿易も新しい課題に直面しているといえよう。

日中貿易の総額は2004年には1680億ドルに達し、2005年には1900億ドルに達すると予測され、「加熱」の状態が続いている。しかし、「政冷」が「経熱」に影響を与えるリスクが出てきている。2005年4月22日、中国の商務部の薄熙来部長は報道機関に対し、「中日間の『政冷・経熱』の状態が長く維持されていくことは考えられない。非協調の政治関係が続けば、必ず両国の経済貿易関係に影響を与える。また、10年前、日本は中国の最大の貿易パートナーであったが、現在、それがEUとアメリカに取って代わった。中国とEU、アメリカの貿易額はすでに中日の貿易額を超えている」と指摘している。

日本の「歴史認識」に反発する「反日デモ」と「日本製品の不買運動」は偶発的に起こった事件なのか、また、これは日中の政治・外交関係の悪化に伴い、これからも発生するのか。中国の巨大市場を開拓しようとする日本企業にとって、日中間の政治・外交の「冷戦」は一つの無視できない新しい事業リスクとなっているかもしれない。

それでは、中国の消費市場の主力である中産階層は日本という国、日中関係をどう見ているのか、かれらは日本企業と日本のブランドについてどのような

イメージをもっているのか、また、そのイメージはブランド消費にどのような影響を与えているのか、中国市場に進出している日本企業にとって、これらの問題は中国事業の成否にかかわっているといえよう。

2　中産階層から見た日本と日中関係

(1)　中国にとって日本はどのような国か

　中国の中産階層が見た日本と日中関係を調べるため、「2005年中国の中産階層とその消費意識に関する調査」では、「中国にとって、日本はどのような国であるか」という質問項目を設け、次の5つの設問に答えてもらった。
　　1．競争相手
　　2．友好国家
　　3．見習うべき国
　　4．協力パートナー
　　5．わからない

　調査の結果によると、日本が中国の「競争相手」であると考えている人は73.3％にも達していることがわかる。これに続いて、「協力パートナー」（40％）、「見習うべき国」（34％）、「友好国家」（8％）、「わからない」（5％）の順になっている（図4.1）。中国の中産階層は日中間の経済・産業分野における競争力の格差がまだ大きいという事実を知っているにもかかわらず、日本を「競争相手」と見なしている。これは中国経済の持続的高度成長に刺激されている向上志向と日本を追いかけたい気持ちによる表現であるといえよう。言い換えれば、「競争相手」とは、中国の中産階層が日中関係の未来像を構想する中での一つの意向である。これに対して、日本を「協力パートナー」と「見習うべき国」と見なすことは中国の中産階層の日中関係に対する現実的な認識であり、将来の競争のため、まず現在の協力と見習うことを推進する考え方であるといえる。したがって、中国の中産階層から見た日中関係はまさに一つの

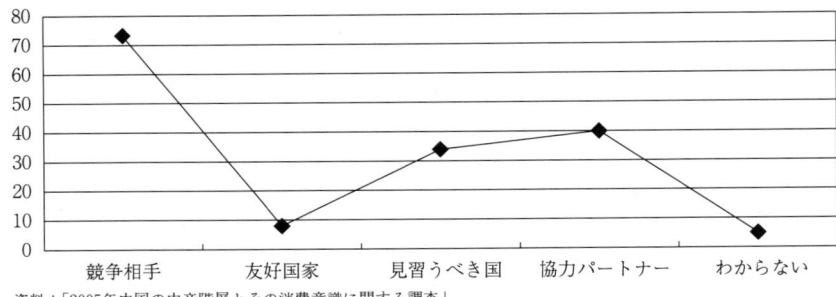

図4.1 「中国にとって日本はどのような国か」について

(競争相手: 約73、友好国家: 約8、見習うべき国: 約35、協力パートナー: 約41、わからない: 約6)

資料:「2005年中国の中産階層とその消費意識に関する調査」。

「競合関係」である。

　同じ質問の結果を都市別に見た。「競合関係」の認識では、都市間の差があまりないが、特に注目に値するのは上海の「親日傾向」である。全体として日本を「友好国家」と見なしている割合が相当に低いが、上海は日本を「友好国家」と見なす割合が13％で他の都市より高い。また、「協力パートナー」では、上海が53.3％で他の都市を上回っていることがわかる。

　これを学歴別に見ると、「大卒」と「修士以上」とも日本を「競争相手」と見なす割合が70％以上となっている。一方、「見習う国」では、「大卒」が「修士以上」を超えているのに対して、「協力パートナー」では、「修士以上」が「大卒」を上回っていることがわかる。

　「中国にとって日本がどのような国か」を職業別に見た結果として、いずれの職業とも、「競合関係」という考え方が主流であるが、特に注目すべき点は、「国有企業管理職」、「知識集約型業界管理職」と「私的企業経営管理者」という回答である。「協力パートナー」では、「国有企業管理職」が他の職業を上回り、日中経済協力において、国有企業管理職の期待が大きいことがわかる。一方、「見習うべき国」では、「知識集約型業界管理職」が他の職業を超えているが、知識集約型産業の発展において、日本から見習うものが多いことをよく認識していることがわかる。そして「友好国家」では、全体の平均が10％以下である一方、「私的企業経営管理者」は17％であり、比較的に高いことがわかる。

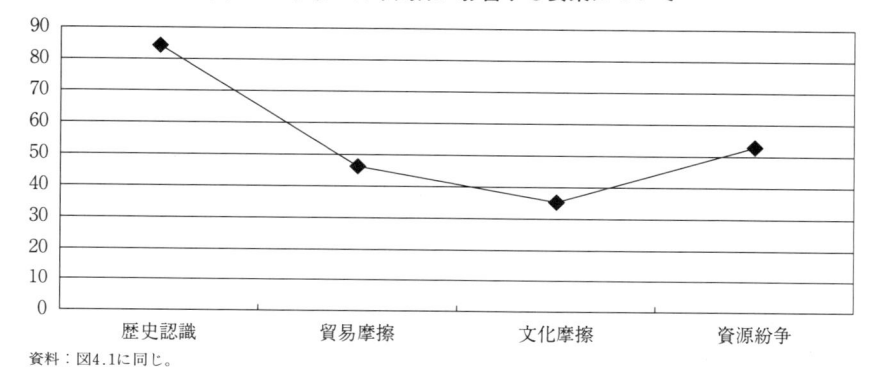

図4.2　未来の日中関係に影響する要素について

```
90
80 ◆
70
60
50                                    ◆
40       ◆
30              ◆
20
10
 0
   歴史認識    貿易摩擦    文化摩擦    資源紛争
```

資料：図4.1に同じ。

また、「競争相手」では、「外資系企業管理職」が78.1％で一番高いのに対し、「民間企業経営管理者」が54.5％で一番低く、両者の間に認識の差がある。

(2) 日中関係に影響を与える要素とは何か

この調査では、これからの日中関係に影響を与える要素について次の4項目から最も重要と思われるものを複数回答してもらった。

　　1．日本が歴史問題をいかに認識するか　　　（歴史認識）
　　2．貿易摩擦　　　　　　　　　　　　　　　（貿易摩擦）
　　3．文化摩擦　　　　　　　　　　　　　　　（文化摩擦）
　　4．エネルギー・資源紛争　　　　　　　　　（資源紛争）

中産階層から見た日中関係に影響を与える第一の要素は、やはり「歴史認識」である。「歴史認識」を取り上げる割合が84.3％で一番高い。これに続いて「資源紛争」（53％）、「貿易摩擦」（46.3％）、「文化摩擦」（35.3％）の順になっている（図4.2）。中産階層にとっては、「歴史認識」が現在も、これからも日中関係の行方を判断する重要な「指標」となることがわかる。

一方、経済大国を目指している中国はエネルギー、資源に対する需要が経済成長率の向上とともに高くなっている。これに伴い、中国と経済大国の日本との間に、エネルギー、資源をめぐる世界的規模の大競争も予想されている。近

図4.3 性別に見た未来の日中関係に影響する要素について

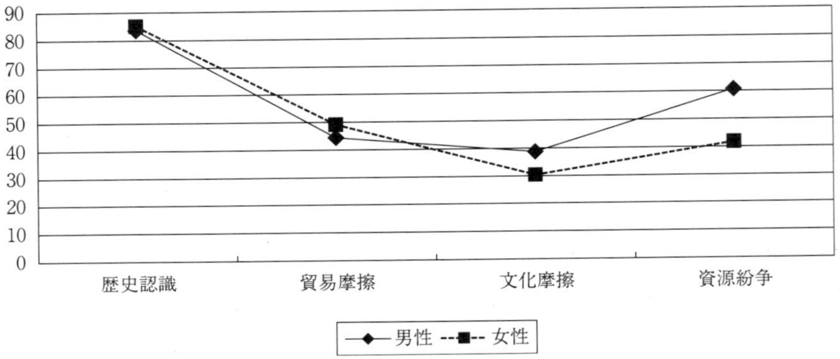

	歴史認識	貿易摩擦	文化摩擦	資源紛争
男性	85	45	40	63
女性	85	50	32	44

資料：図4.1に同じ。

年、ロシア極東の石油・天然ガス資源をめぐるパワーゲーム、東海（東シナ海）海底資源開発権をめぐる対立は日中間のエネルギー・資源紛争の序幕だと考えている人が多い。したがって、「資源紛争」が未来の日中関係に影響を与える要素の一つであると考えられている。さらに、総額が1600億ドルに上る日中貿易が現段階の「補完的関係」から今後、「競争関係」へと変化するのが時間の問題であるとすれば、「貿易摩擦」がこれからの日中関係に影響を及ぼすもう一つの要素となることも不思議ではないであろう。

学歴別に見た未来の日中関係に影響を与える要素については、「資源紛争」で、学歴別の差がほとんどないのに対し、「歴史認識」、「貿易摩擦」、「文化摩擦」では、「大卒」が「修士以上」を上回っている。また、これについて性別に見た場合、「歴史認識」では、性別の差が見られないが、「資源紛争」と「文化摩擦」では、男性が女性を上回っているのに対し、「貿易摩擦」では、女性が男性より高いことがわかる（図4.3）。

3　日中関係と「憤青（怒れる青年）」の世代

中国の立場から考えれば、日本の「歴史認識」問題が現在も、これからも日

中関係に影響を与える最も重要な要素であることは調査結果で明らかである。近年、日中の政治・外交関係が「冷戦」の状態にまで陥っていくに伴い、中国国内では、日本の「歴史認識」問題、およびこれに関連する「靖国神社参拝」と「歴史教科書」問題、釣魚島（日本：尖閣諸島）をめぐる日中間の領土問題、東海（東シナ海）海底天然ガスの開発権をめぐる日中間の資源紛争などで、日本に対して強い不満をもつ若者の社会グループは台頭しつつある。この社会グループが「憤青（怒れる青年）」と呼ばれている。中国で爆発的に普及しているインターネットは「憤青（怒れる青年）」の社会的連帯の「絆」である。

「2005年中国の中産階層とその消費意識に関する調査」は、「憤青（怒れる青年）」という社会現象の存在について、「存在している」か、「存在していない」か、「わからない」かを答えてもらっている。

調査の結果を見ると、「憤青（怒れる青年）」という社会現象が「存在している」と答えた割合は74.3％で、「存在していない」（14.3％）と「わからない」（11.3％）を大きく上回っている（図4.4）。

また、これを都市別に見た場合、「存在している」では、深圳が80％で、これに続いて北京（76.7％）、杭州（73.3％）、広州（71.7％）、上海（70％）の順になっている（図4.5）。

さらに、「憤青（怒れる青年）」の存在について、職業別に見てみた。「存在している」では、「外資企業管理職」が83.6％で一番高く、これに続いて「国有企業管理職」（82.5％）、「民間企業経営管理者」（72.7％）、「知識集約型業界管理職」（71.7％）、「私的企業経営管理者」（58.5％）の順になっている。「外資企業管理職」と「国有企業管理職」が全体の平均値を上回っているのに対し、「私的企業経営管理者」が平均値を下回っていることは注目に値する。

調査対象の70％は「憤青（怒れる青年）」というインターネットを絆とする社会グループが存在していると答えている。それでは、調査対象自身がこの社会グループの一員だろうか。この調査では、「あなたは『憤青（怒れる青年）』という社会グループに属しているか」という質問項目を設け、これについて「はい」か、「いいえ」で答えてもらった。

図4.4 「憤青(怒れる青年)」という社会現象について

- わからない 11%
- 存在していない 14%
- 存在している 75%

資料:図4.1に同じ。

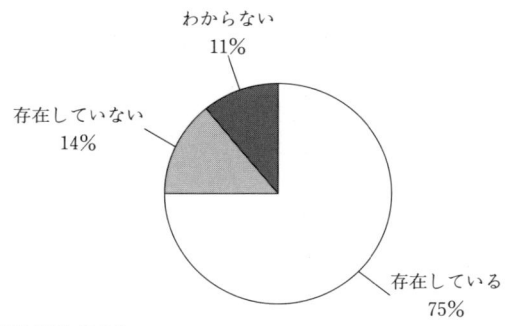

図4.5 都市別に見た「憤青(怒れる青年)」についての認識

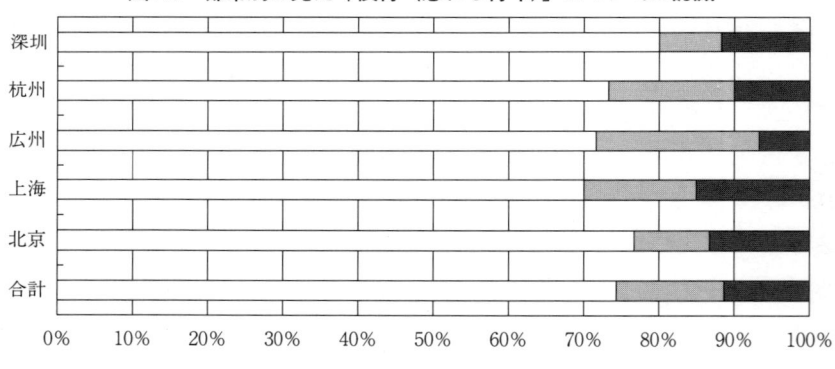

(縦軸:深圳、杭州、広州、上海、北京、合計／横軸:0%～100%／凡例:□存在している ■存在していない ■わからない)

資料:図4.1に同じ。

　全体として、「はい」と答えた人 (31.9%) が「いいえ」と答えた人 (68.1%) よりはるかに少ないことがわかる。言い換えれば、約7割の人が「憤青 (怒れる青年)」という社会グループが存在していると考えているが、自分はその社会グループに属するものではないと表明している。一方、3割の人は自分が「憤青 (怒れる青年)」であることを認めていることも注目される。都市別に自分が「憤青 (怒れる青年)」であると答えた人の割合を見ると、深圳がト

図4.6 あなたが「憤青(怒れる青年)」であるか

　　　□ はい　■ いいえ

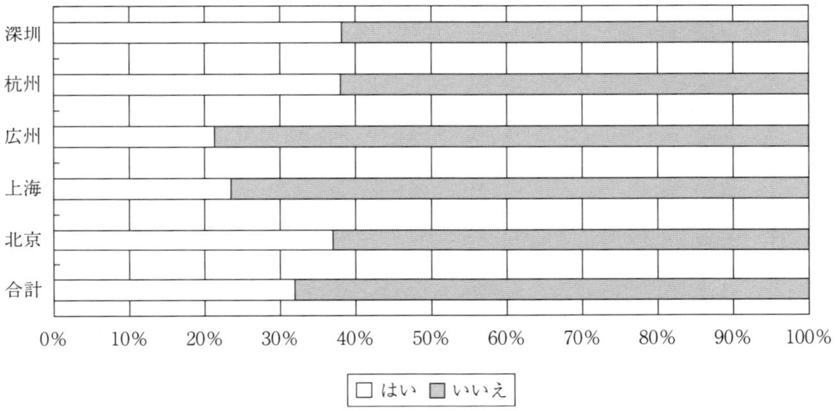

資料：図4.1に同じ。

ップで38.2％であり、これに続いて杭州（38％）、北京（37％）、上海（23.5％）、広州（21.3％）の順になっている（図4.6）。

　また、性別と年齢別に「憤青（怒れる青年）」であるかどうかを見た結果では、「はい」で、男性が女性より高く、30歳以下の人が30歳以上の人より高いことがわかる。さらにこれを職業別に見た場合、「はい」で、「国有企業管理職」が44.9％で一番高く、これに続いて、「外資系企業管理職」（35.4％）、「知識集約型業界管理職」（31.5％）、「私的企業経営管理者」（16.7％）、「民間企業経営管理者」（11.1％）の順になっている。国有企業と外資系企業の間で、「憤青（怒れる青年）」に属する人々の割合は高いことが注目される。

4　日中のビジネス関係と消費者の「民族感情」

　日中の政治・外交関係が「冷戦」の状態へ落ち込んでいる中、「憤青（怒れる青年）」を代表とする中国の若者の民族感情は日中の経済関係、特に日本企業の中国ビジネスに影響を与えることになるのだろうか。

　「2005年中国の中産階層とその消費意識に関する調査」では、民族感情と日

中の経済関係、民族感情と日本企業の中国ビジネスについて次の3つの質問項目を設け、「賛成」か、「反対」か、「わからない」かを答えてもらった。

　1．日中の間には共同利益が対立より大きいので、
　　　日中関係は感情的に対応すべきではない

　　　　　　　　　　　　　　　　　　（日中関係における理性的対応）

　2．日本企業のビジネス活動に対して民族感情による
　　　過激な反応を取るべきではない　　（日中ビジネスの理性的対応）

　3．日本が歴史問題を正しく認識していないので、
　　　日本の新幹線技術を採用すべきではない

　　　　　　　　　　　　　　　　　　（日本の技術への感情的対応）

　まず、「日中関係における理性的対応」について、「賛成」が78％で、「反対」（18％）を大きく上回っている（図4.7）。日中関係の対応では、中産階層の大多数は大局的見地から、両国関係におけるさまざまな難問を理性的に処理することに努めようとする「穏健派」であることがわかる。

　次に、「日中ビジネスの理性的対応」について中国の中産階層の考え方を見てみよう。「日中ビジネスの理性的対応」とは、日本の靖国神社参拝と歴史教科書問題、日中間の領土問題、資源紛争などの問題で、日本の政治・外交姿勢に対して不満と抗議があっても、その矛先を中国に進出している日本企業のビジネス活動に向けるべきでないことを指している。言い換えれば、理性的な対応とは両国間の政治・外交上の対立があっても、「日本製品の不買運動」、日系企業の現地経営活動への妨害など「感情的、過激な」行動をとらないことである。これに対して「賛成」が69％、「反対」が24％で、「賛成」が「反対」を大きく上回っていることがわかる（図4.8）。

　「日中ビジネスの理性的対応」について都市別に見てみた。「賛成」では、広州が85％で他の都市より圧倒的に高い。杭州（75％）と上海（70％）も「賛成」全体の平均値（69％）を超えている。日中間の政治・外交上の諸問題と日系企業の中国現地経営上の問題に対応する際、広州、上海、杭州の3都市は「理性派」中心を占めているといえよう。一方、「反対」では、北京が38％、深

図4.7　日中関係の理性的対応について

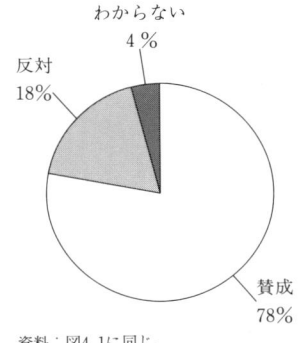

- わからない　4％
- 反対　18％
- 賛成　78％

資料：図4.1に同じ。

図4.8　日中ビジネスの理性的対応について

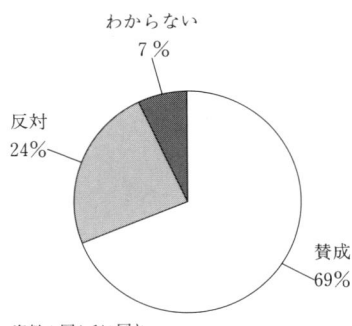

- わからない　7％
- 反対　24％
- 賛成　69％

資料：図4.1に同じ。

圳が27％でいずれも「反対」全体の平均値（24％）を超えていることが注目される。

「日中ビジネスの理性的対応」について職業別に見た結果として、「賛成」は、「私的企業経営管理者」が81％、「民間企業経営管理者」が73％で、いずれも「賛成」全体の平均値（69％）を超えているのに対し、「反対」では、「外資系企業管理職」が30％で、「反対」全体の平均値（24％）より高い。「私的企業経

図4.9　日本の技術への感情的対応について

- わからない　6％
- 賛成　37％
- 反対　57％

資料：図4.1に同じ。

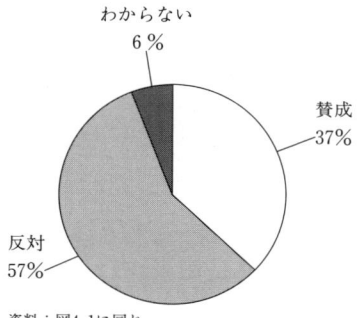

営管理者」と「民間企業経営管理者」が「理性派」の傾向、「外資系企業管理職」が「感情派」の傾向を示していることは特に興味深い。

「日本の技術と感情的対応」では、具体例として懸案となっている北京－上海間高速鉄道プロジェクトを取り上げ、日本の新幹線技術の採用を日本の「歴史認識」問題と結び付けて判断すべきかどうかについて、調査対象から回答いただいた。その結果が図4.9である。日本の新幹線技術の採用を日本の「歴史認識」と結び付けて考えるべきという論調について「反対」と答えた割合が57％で「賛成」（37％）を上回っていることがわかる。すなわち、中国の中産階層のうち、約6割の人が「歴史認識」を含めた日中関係の政治・外交上の問題と中国の重要な国家プロジェクトで日本の技術を採用するかどうかの問題を切り離して対応すべきであると考えている。

「日本の技術への感情的対応」を都市別に見た結果として、北京では、「賛成」（57％）が「反対」（38％）を上回っているのに対し、上海では、「反対」（65％）が「賛成」（22％）を超えており、北京が「賛成論」に傾斜し、上海が「反対論」に傾斜していることがわかる。また、これを職業別に見た場合、「反対」では、「知識集約型業界管理職」が64％で他の職業より高いことが注目に値する。

5　中産階層の日本企業評価

　上述した調査結果とその分析から、中国の中産階層は日本の政治・外交の姿勢に不満をもちながらも、両国の経済関係、日本企業の中国ビジネスに理性的に対応することを支持する重要な勢力として存在していることがわかる。

　それでは、2005年春、日中関係の根本的な改善につながる材料が見えてこない厳しい環境の中で、中産階層は中国に進出している日本企業をどのように評価しているのか。現地経営のパフォーマンスとマーケティング・コミュニケーションのパフォーマンスの2つの側面から分析してみよう。

　現地経営に対する評価は次の5つの項目から構成されている。各項目について、「非常に満足」、「満足」、「どちらともいえない」、「不満」、「非常に不満」の5段階から答えてもらった。

　　1．長期的、かつ明確的な対中投資戦略をもっている（対中投資）
　　2．中国市場によく適応している　　　　　　　　（市場への適用力）
　　3．中国への技術移転を積極的に行っている　　　（技術移転）
　　4．人材にとって魅力があり、人材の育成もよく行っている
　　　　　　　　　　　　　　　　　　　　　　　　（人材育成）
　　5．経営の現地化をよく進んでいる　　　　　　　（経営の現地化）

　図4.10に示されているように、中産階層は中国に進出している日本企業の現地経営に対する評価では、「満足」と「非常に満足」の両方で50％を超えている項目は「対中投資」だけで、その他の項目に対する「満足」と「非常に満足」は20％前後に止まっていることがわかる。一方、「不満」と「非常に不満」の両方で、比較的に高い項目が「技術移転」（43％）と「人材育成」（34％）である。日本企業の「対中投資」を評価しているのに対し、「対中技術移転」と中国現地従業員に対する「人材育成」に対し、不満をもっていることがわかる。

　続いて、日本企業の中国マーケティング・コミュニケーションに対する評価結果を分析してみよう。評価項目は次の6項目である。これらは中国に進出し

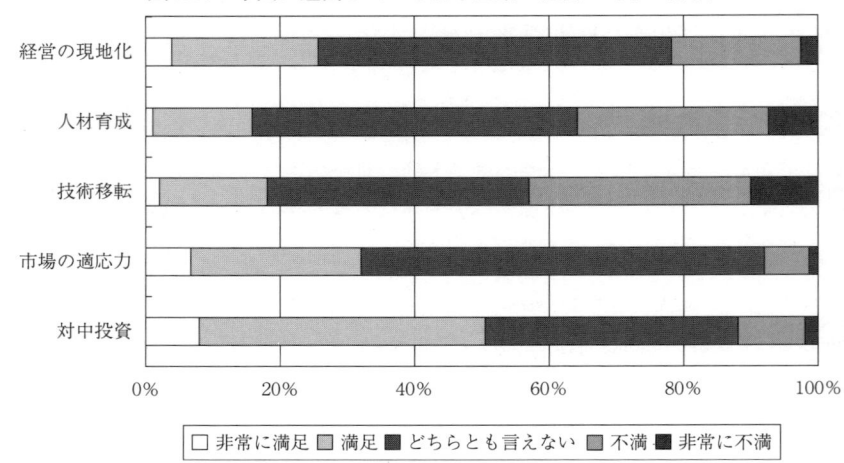

図4.10 中国に進出している日本企業の経営に対する評価

経営の現地化
人材育成
技術移転
市場の適応力
対中投資

□非常に満足　■満足　■どちらとも言えない　■不満　■非常に不満

資料：図4.1に同じ。

ている外国企業の中国社会への融合度をはかる尺度でもあると考えられる。同じように、各項目について、「非常に満足」、「満足」、「どちらともいえない」、「不満」、「非常に不満」の5段階から答えてもらった。

　　1．現地社会の伝統文化を尊重している　　　　（現地文化の尊重）
　　2．社会貢献活動を積極的に行っている　　　　（社会貢献）
　　3．企業が現地のコミュニティーとのコミュニケーションをはかっている
　　　　　　　　　　　　　　　　　　　　　　　　（地域交流）
　　4．メディアとのコミュニケーションをよく行っている
　　　　　　　　　　　　　　　　　　　　　　　　（メディア関係）
　　5．消費者とのコミュニケーションをよく行っている
　　　　　　　　　　　　　　　　　　　　　　　　（消費者交流）
　　6．政府とのコミュニケーションをよく行っている
　　　　　　　　　　　　　　　　　　　　　　　　（政府関係）

　ここで、「満足」と「非常に満足」を「満足」として、「不満」と「非常に不満」を「不満」として回答の結果を分析してみる。中国の中産階層の日本企業

図4.11　日本企業の中国マーケティング・コミュニケーションに対する評価

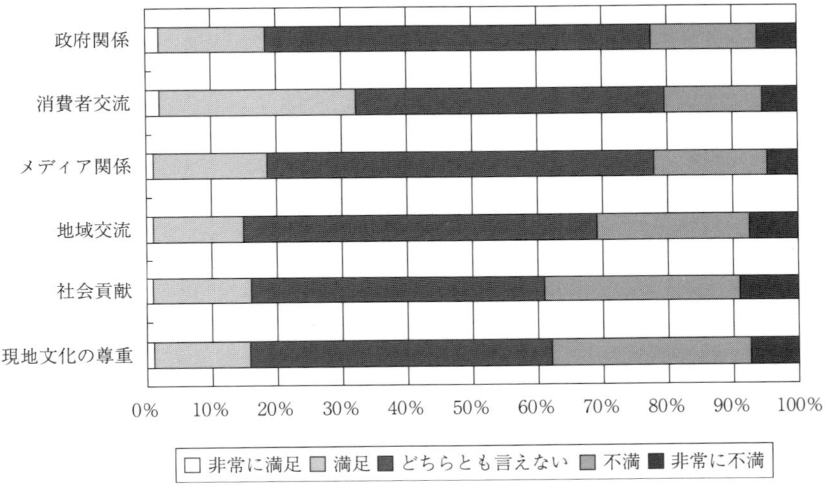

資料：図4.1に同じ。

の中国マーケティング・コミュニケーションに対する評価は全体として高くないことがわかる。「満足」では、「消費者交流」だけが30%を超え、その他の項目が20%以下にとどまっている。一方、「不満」では、「社会貢献」が39%、「現地文化の尊重」が36%、「地域交流」が29%に達していることが注目に値する（図4.11）。

ここで、特に指摘したいのは、中国に進出している日本企業の現地経営に対する評価と日本企業の中国マーケティング・コミュニケーションに対する評価において、「どちらとも言えない」の回答が非常に多いことである。５割を超えているのは「政府関係」（58%）、「メディア関係」と「地域交流」（51%）であり、４割を超えているのは「人材育成」（46%）、「市場への適応力」と「社会貢献」（45%）、「消費者交流」（44%）、「経営の現地化」（41%）である。これは日本企業の実態がよくわからないことによる結果であると考えられる。したがって、中国の中産階層の日本企業に対する評価が低い原因の一つは日本企業の中国マーケティング・コミュニケーション全体の水準が低いことにある。

6　中産階層の日本ブランド認識

それでは、中産階層は中国市場に参入している日本ブランドをどこまで認識しているのか、また、日本ブランドの中国市場におけるパフォーマンスをどう評価しているか。

「2005年中国の中産階層とその消費意識に関する調査」では、①家電製品、②自動車、③IT通信製品、④デジタル製品、⑤ソフトドリンク・酒、⑥化粧品と衛生用品の6分野について、よく知っている日本ブランドをそれぞれ3つあげてもらった。

中国の中産階層には、日本ブランドの認知度は一番高いのが家電製品分野で、これに続いて自動車分野、デジタル製品分野、IT通信製品分野であり、認知度が低いのは、化粧品・衛生用品分野とソフトドリンク・酒の分野であることが調査によって明らかになった。

6.1　家電分野の日本ブランド認知

中国の中産階層の日本の家電ブランドに対する認知度は非常に高い。日本家電ブランド名を一つあげることができる人の割合は97.7%に達し、二つが78.3%、三つが41%になっている。

日本家電ブランドの中で、認知度が一番高いのはソニーと松下であり、この二つのブランドに対する認知度は70%を超えている。これに続いて、日立に対する認知度が30%強になっている。ソニーについては、1位でそのブランド名があげられる割合が47%、2位で23%、3位で4%になっている。そして松下は、1位と2位でも35%、3位で6%になっている（図4.12）。

6.2　自動車分野の日本ブランド認知

自動車分野についての中産階層の日本ブランドに対する認知度も高い。日本の自動車ブランド名を一つあげることができる人の割合は92%、二つのブランド名をあげることができるのは61.7%で、三つが20.3%に達している。

日本の自動車ブランド名の認知では、認知度が一番高いのはホンダの76.4%

第 4 章 歴史の幽霊と現実の選択　115

図4.12　日本の家電ブランドとその認知度

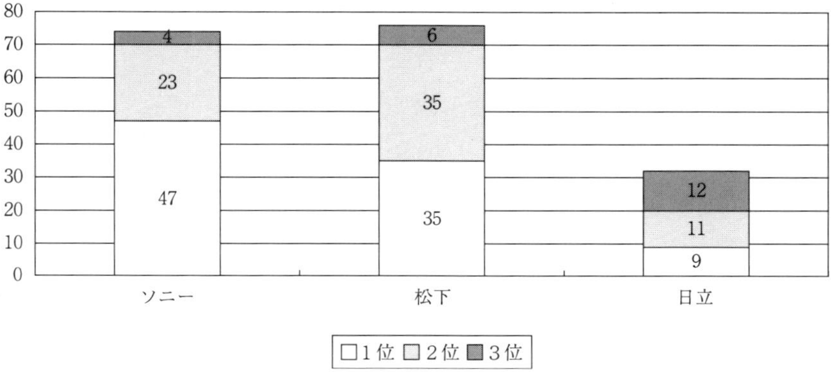

	ソニー	松下	日立
3位	4	6	12
2位	23	35	11
1位	47	35	9

□1位　□2位　■3位

資料：図4.1に同じ。

で、トヨタ（60％）を上回っている。しかも、1位でブランド名があげられる割合では、ホンダが58.7％に達しており、これもトヨタの24.3％を大きくリードしている。一方、2位でブランド名があげられる割合では、トヨタが32.7％で、本田の17％を上回っている（図4.13）。

6.3　デジタル製品分野の日本ブランド認知

　デジタルカメラを代表とするデジタル製品分野は、中産階層の日本ブランドに対する認知度が高い分野である。88.3％の人が少なくとも一つの日本のデジタル製品ブランドをあげている。二つのブランドをあげる割合が54.7％、三つが20.3％になっている。

　デジタル製品ブランド名の認知では、認知度が一番高いのはやはりソニーで、1位であげる割合が64.4％に達している。キャノンに対する認知度では、1位で16.7％、2位で10.7％、3位で3.3％となっている。デジタル製品分野における松下のブランド認知度も高く、約35％が松下のブランド名をあげている（図4.14）。

6.4　IT通信製品分野の日本ブランド認知

　中国のIT通信製品市場は日本ブランドより欧米ブランドと韓国ブランドのほうが優位に立っているにもかかわらず、中産階層のIT通信製品の日本ブラ

図4.13　日本の自動車ブランドとその認知度

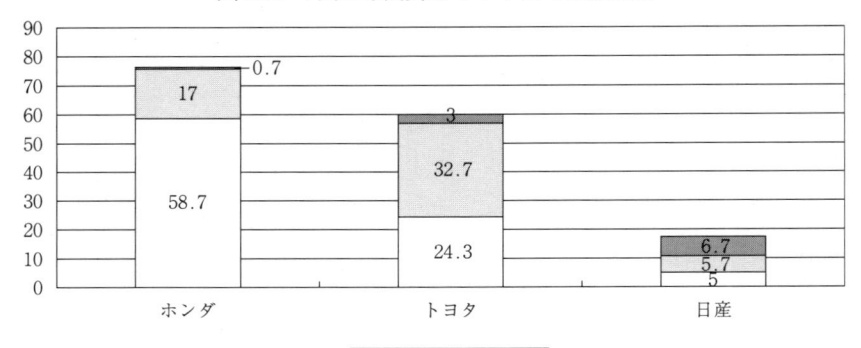

（ホンダ：58.7／17／0.7、トヨタ：24.3／32.7／3、日産：5／5.7／6.7）

□1位　□2位　■3位

資料：図4.1に同じ。

図4.14　日本のデジタル製品ブランドとその認知度

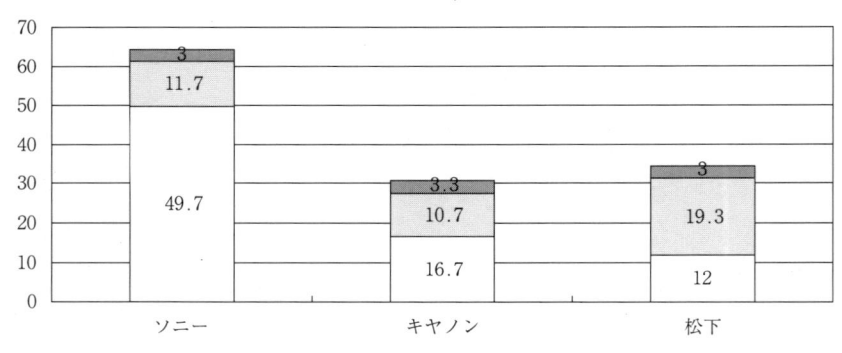

（ソニー：49.7／11.7／3、キヤノン：16.7／10.7／3.3、松下：12／19.3／3）

□1位　□2位　■3位

資料：図4.1に同じ。

ンドに対する認知が比較的高い水準にある。70％強の人が少なくとも一つの日本のIT通信製品ブランドをあげる。これに続いて、二つが50％を割り41％、三つが急減して10％になっている。

　日本のIT通信製品ブランド名の認知では、平均順位が高いほうから並べると、ソニー、松下、NECの順になっている。1位でソニーのブランドをあげる割合が約30％、松下が27％、NECが6.7％である。2位で、松下のブランド

第4章 歴史の幽霊と現実の選択　117

図4.15　日本のIT通信製品ブランドとその認知度

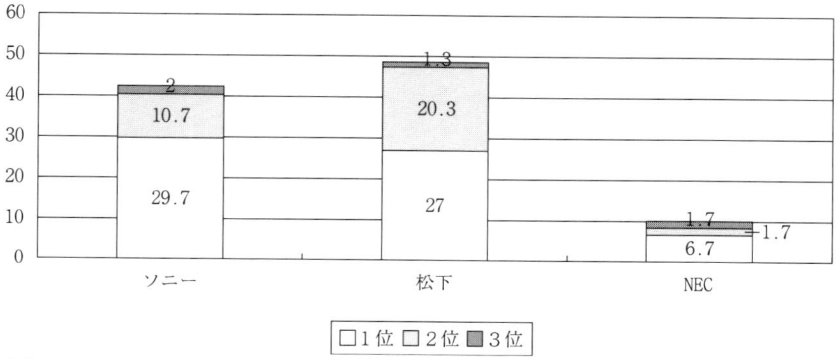

[図: 棒グラフ　ソニー: 1位29.7, 2位10.7, 3位2／松下: 1位27, 2位20.3, 3位1.3／NEC: 1位6.7, 2位1.7, 3位1.7　凡例: □1位 □2位 ■3位]

資料：図4.1に同じ。

名をあげる割合が20.3％で、一番高く、ソニーが10.7％、NECがわずか1.7％である（図4.15）。

6.5　化粧品・衛生用品分野の日本ブランド認知

　中国の化粧品・衛生用品市場は基本的に欧米ブランドに主導され、欧米ブランドと国産ブランドが激しく競争している分野であるといえる。したがって、中産階層の化粧品・衛生用品の日本ブランドに対する認知度は比較的低い。化粧品・衛生用品の日本ブランド名を一つあげる割合は50％を超えているが、二つのブランド名をあげる割合は急減して12.3％、三つがわずか2.7％である。しかも、日本の化粧品・衛生用品であがったのは資生堂だけである。

6.6　ソフトドリンク・酒分野の日本ブランド認知

　中国のソフトドリンク・酒市場は規模が大きく、最も成長が速い。この市場で、中産階層のブランドの認知度が一番高いのはコカコーラなどアメリカのブランド、あるいは「娃哈哈」など中国ブランドであり、日本のブランドの知名度は非常に低いことが調査でわかる。日本のソフトドリンク・酒ブランドを一つあげる割合が26％で、二つが10％以下の8.3％、三つがゼロになっている。また、日本のソフトドリンク・酒のブランド名の認知では、清酒、朝日ビール、キリンビールのブランド名をあげているが、その認知度について、清酒が10％

台である一方で、朝日ビールとキリンビールはいずれも10％以下にとどまっている。

7　中産階層から見た日本ブランドの魅力

　日本のブランドは1980年代、すなわち中国の改革開放の初期段階において、中国消費者の間に高い認知度をもち、脚光を浴びた時代を経験した。その後、特にWTO加盟に伴う中国市場をめぐる大競争が激化している近年、日本ブランドの魅力が中国市場で低下していると言われている。

　「2005年中国の中産階層とその消費意識に関する調査」では、中産階層から見た日本ブランドの魅力について調べるため、「『日本ブランドの魅力は中国市場で低下している』という主張がある。あなたはこの主張に賛成するか」という質問項目を設け、「賛成」か、「反対」か、「わからない」かを答えてもらっている。

　図4.16に示されているように、「日本ブランドの魅力は中国市場で低下している」という主張に対して、「賛成」が43％、「反対」が44％で、意見が分かれていることがわかる。

　これを都市別に見ると、「日本ブランドの魅力は中国市場で低下している」という主張について、「賛成」では、北京が53.3％で一番高い。これに続いて杭州が50％であり、この2都市の「賛成」はいずれも「賛成」全体の平均値（43％）を超えている。一方、「反対」では、広州が61.7％で、これに続いて上海が50％であり、広州と上海では、「日本ブランドの魅力は中国市場で低下している」という主張に反対する意見は主流になっていることがわかる。

　性別に見た日本ブランドの中国市場における魅力については図4.17に示されている。「日本ブランドの魅力は中国市場で低下している」という主張に「賛成」と答える女性が男性より多い。日本のブランドに対し中国の女性消費者における人気度が低下していることがわかる。

　さらに、これを職業別に見た。「日本ブランドの魅力は中国市場で低下して

図4.16 日本ブランドの魅力が中国市場で低下しているか

- わからない 13%
- 賛成 43%
- 反対 44%

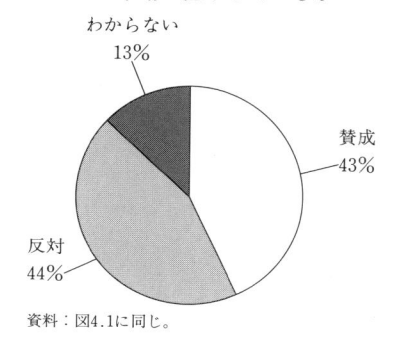

資料：図4.1に同じ。

図4.17 性別に見た日本ブランドの魅力が中国市場で低下しているか

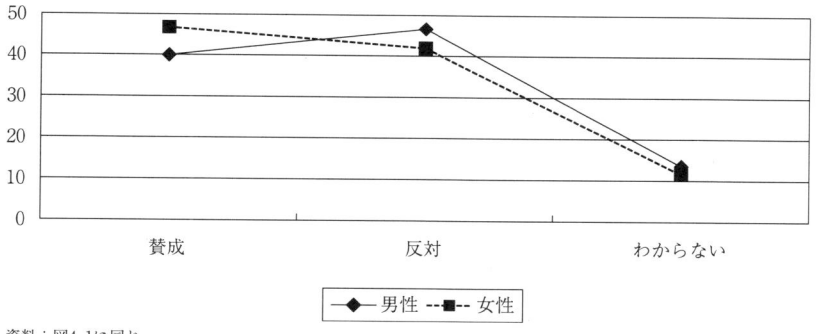

凡例：男性、女性

資料：図4.1に同じ。

いるか」について、答えの職業別の差はあまり見られていないが、「賛成」では、「私的企業経営管理者」が47.2％で、「賛成」全体の平均値をやや超えているのに対し、「反対」では、「国有企業管理職」が49.1％で、他の職業より高いことがわかる。

8　日本ブランドの魅力が低下している原因について

それでは、日本ブランドの魅力が中国市場で低下しているとすれば、その原

因は何であろうか。この調査では、その原因と思われる5つの項目について、一位から三位まで順位をつけてもらった。

1. 日本企業の競争力が低下している　　　　　　　（競争力）
2. 日本企業の中国マーケティングが遅れている　　（マーケティング）
3. 中国市場で日本ブランドがいまや世界最先端のものと見なされていない　　　　　　　　　　　　　　　　　　　　　　　（先端性）
4. 中国企業の競争力が向上している　　　　　　　（中国企業）
5. 中国の市場競争で韓国企業が日本企業より優位に立っている　　　　　　　　　　　　　　　　　　　　　　　　　　　（韓国企業）

　表4.2は5つの項目を平均順位の高いほうから並べたもので、上から「中国企業の競争力が向上している」、「中国の市場競争で韓国企業が日本企業より優位に立っている」、「中国で日本ブランドがいまや世界最先端のものと見なされていない」、「日本企業の競争力が低下している」、「日本企業の中国マーケティングが遅れている」の順になっている。「中国企業の競争力が向上している」を選んだ人が圧倒的に多いことがわかる。また、「韓国企業の優位」、及び「中国市場で日本ブランドがいまや世界最先端のものと見なされていない」ことは日本ブランドの魅力が中国市場で低下している主な原因と考えられていることが注目に値する。

　日本ブランドの魅力が中国市場で低下している原因について都市別に見たのが図4.18である。ここで注目されるのは「中国企業」と「マーケティング」が二つのキーワードになっていることである。北京では、「中国企業の競争力が向上している」と「日本企業の中国マーケティングが遅れている」を指摘している人が約80％で非常に多い。上海では、「日本企業の中国マーケティングが遅れている」と考えている人も80％を超えている。そして、広州と深圳の2都市とも、「日本企業の中国マーケティングが遅れている」を第一位の原因として挙げている。

　日本ブランドの魅力が中国市場で低下している原因について性別に見た場合、女性の答えは特に注目される。70％強の女性が「日本企業の中国マーケティン

表4.2　日本ブランドの魅力が中国市場で低下している原因について

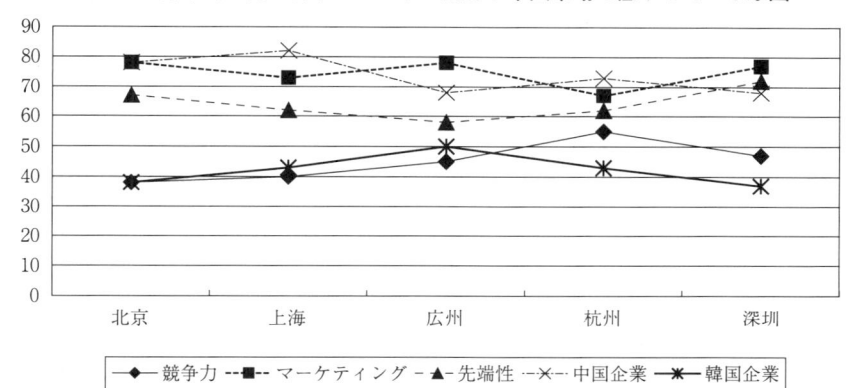

	項　目	第1の原因	第2の原因	第3の原因
1	中国企業の競争力が向上している	33.7	25.3	15.7
2	中国の市場競争で韓国企業が日本企業より優位に立っている	21.3	31.3	21.3
3	中国で日本ブランドがいまや世界最先端のものと見なされていない	21.3	22	20.7
4	日本企業の競争力が低下している	19	8.7	17.3
5	日本企業の中国マーケティングが遅れている	4.7	12.7	25

資料：図4.1に同じ。

図4.18　都市別に見た日本ブランドの魅力が中国市場で低下している原因

（横軸：北京、上海、広州、杭州、深圳　凡例：競争力、マーケティング、先端性、中国企業、韓国企業）

資料：図4.1に同じ。

グが遅れている」、「中国市場で日本ブランドがいまや世界最先端のものと見なされていない」、「中国企業の競争力が向上している」の3つを、「日本ブランドの魅力が中国市場で低下している」主な原因と考えている（図4.19）。

さらに「日本ブランドの魅力が中国市場で低下している」原因について職業別に見た。職業別の差があまりないのは「マーケティング」と「中国企業」という二つのキーワードが主な原因と考えられる。「外資系企業管理職」、「知識集約型業界管理職」、「私的企業経営管理者」、「民間企業経営管理者」とも「日本企業の中国マーケティングが遅れている」を、「日本ブランドの魅力が中国

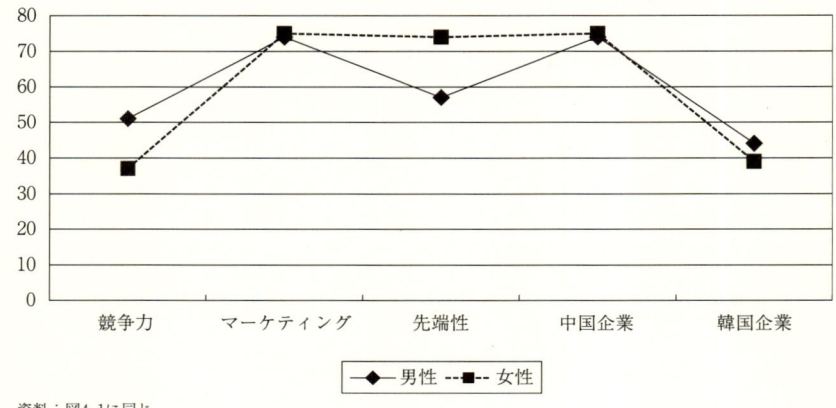

図4.19 性別に見た日本ブランドの魅力が中国市場で低下している原因

資料：図4.1に同じ。

市場で低下している」第一位の原因と考えている。

　上述した一連の分析から中国の中産階層の日本ブランド評価とその背景について、次の事実が明らかになる。即ち、中国の中産階層は日本を現在の「協力パートナー」と「見習い相手」と見なしながら、未来の「競争相手」と考えている意識が非常に強い。日中関係では、日本の政治・外交の姿勢に対して不満をもつ「憤青（怒れる青年）」が若者の中に根強く存在している。にもかかわらず、中産階層の中に、日中の経済関係、日本企業の中国ビジネスを「理性的に対応」すべきと考えている者は7割にも達し、大多数の人が政治・外交上の対立と国家プロジェクトにおける日本の技術の導入とを切り離して対応すべきであると主張している。

　一方、中国の中産階層の間では中国に進出している日本企業に対する評価が低い。日本企業の「対中投資」を評価しているが、「対中技術移転」と「人材の育成」に対して不満をもっている。

　このような背景の下で、中国の中産階層の日本ブランド認知はどうであろうか。中国の中産階層は家電、自動車、デジタル製品の日本ブランドに対する認知度が高いが、IT製品、化粧品・衛生用品、ソフトドリンク・酒の日本ブラ

ンドに対する認知度が低い。また、中国の中産階層の40％以上が中国市場における日本ブランドの魅力が低下していると考えている。さらに、日本ブランドの魅力が低下している原因について、「国有企業の競争力が向上している」、「韓国企業の優位」、「日本企業のマーケティングが遅れている」の三つの要因を挙げている。

　総じて、日中間の政治・外交上の対立が深刻化している現在、中国の中産階層の対日感情は基本的に理性的であり、日本企業に対する評価、日本ブランドの認知も客観的であるといえよう。

第5章　メディア報道と日本ブランド評価
　　　——中産階層に好まれるメディアはこう教えている

　中国の新しい消費文化はまだ形成途上にあり、中産階層は先進諸国の消費を「学習」しながら中国の消費市場の発展方向を主導している。それでは、「消費の学習」という段階で、中産階層の消費観念、消費文化と消費行為の形成に影響を与えている要素は何か。

　本書の第1章では、中産階層のコミュニケーションについての分析から次の事実が明らかになった。即ち、約8割の人々は情報取得で利用頻度が高いものとして「インターネット」、「テレビ」、「新聞」の3つを上げている。言い換えれば、インターネット、テレビと新聞は中産階層の最も重要な情報源である。では、インターネット、テレビ、新聞といったメディアは中産階層の消費観念、消費文化と消費行為の特徴の形成において、どのような役割を果たしているのか。

　中国のメディアと中産階層の消費文化、消費行為との関連を調べるため、筆者は中国のある大学系メディア調査・研究機構の協力を得て、「2005年中国の中産階層に好まれるメディア調査」を企画し、2005年春に実施した。

　この調査は、次の6つの内容から構成されている。第1に、まず新聞と雑誌に研究分析の焦点を当てて中国の中産階層に好まれるメディア（以下、中産階層メディアと略する）を分析する。そのため、発行部数から中産階層に好まれている、最も代表的な新聞と雑誌50種を研究分析の対象として選び、また分類に基づいてそれぞれの特徴を紹介し、中産階層メディアの実態を明らかにする。

　第2に、広告メディアの視点から中産階層メディアを取り上げ、代表的新聞と雑誌の2004年の広告費、広告掲載の業界別の特徴を分析する。

第3に、2004年、グローバル企業が代表的新聞と雑誌で投入した広告費のランキング（上位10位）に基づいて中産階層メディアにおける外国ブランドの宣伝の特徴を分析する。

　第4に、2004年、日本のグローバル企業が中産階層メディアで投入した広告費ランキング（上位10位）に基づいて、中産階層メディアにおける日本ブランドの宣伝の特徴を分析する。

　第5に、上述した50種の中産階層メディアから、さらに20種を選んで、その2004年における日本、日本企業と日本ブランドに関する報道の姿勢、報道の内容を調査、分析する。第6に、これによって中産階層の日本、日本企業、および日本ブランドに関するイメージの形成におけるメディアによる影響度を分析する。

1　中国の中産階層メディアとは

　中国の中産階層メディア（新聞と雑誌）は次の5種類に分けることができる。即ち、①「時尚雑誌（流行・ファッション誌）」、②生活・消費型新聞と雑誌、③都市型新聞、④経済紙と経済誌、⑤時事・社会型新聞と雑誌である（図5.1）。これらのメディアの特徴を以下分析してみよう。

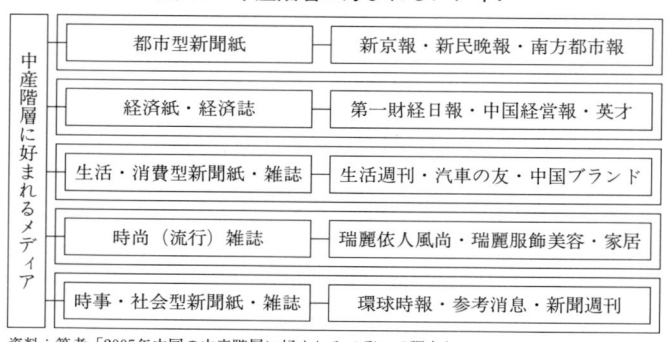

図5.1　中産階層に好まれるメディア

中産階層に好まれるメディア		
	都市型新聞紙	新京報・新民晩報・南方都市報
	経済紙・経済誌	第一財経日報・中国経営報・英才
	生活・消費型新聞紙・雑誌	生活週刊・汽車の友・中国ブランド
	時尚（流行）雑誌	瑞麗依人風尚・瑞麗服飾美容・家居
	時事・社会型新聞紙・雑誌	環球時報・参考消息・新聞週刊

資料：筆者「2005年中国の中産階層に好まれるメディア調査」。

(1) 「時尚雑誌（流行・ファッション誌）」

　中国の中産階層向けの流行・ファッション誌市場を最初に開拓したのはフランスの Hachette Filipacchi グループによって出版されている『ELLE』の中国語版『ELLE 世界時装之苑』である。Hachette Filipacchi グループの CEO である G. de Roquemaurel 氏は、『ELLE』中国語版の最大の使命は「中国の読者に近代社会の生活様式と消費文化を紹介、解説し、読者を啓発することである」と述べた。

　現在、中国の中産階層の女性向けの流行・ファッションを代表するのは『瑞麗』、『時尚』と『ELLE 世界時装之苑』の 3 雑誌である。その中、『時尚』と『ELLE 世界時装之苑』は欧米系の流行・ファッション誌であるのに対し、『瑞麗』は日本の女性ファッション誌を参考して、世界の流行と東方風土との融合による実用提案、東方の美の体現という方針に基づいて編集、出版されている。『瑞麗』は「実用と時尚（流行）」の実現を理念として中産階層の女性からの人気を獲得することに成功している。

　発行部数から見れば、『瑞麗』は全国一位の『瑞麗・服飾美容』、二位の『瑞麗・依人風尚』などのシリーズを有し、一般 OL と女性専門職に最も好まれている流行・ファッション誌である。そのうち、『瑞麗・服飾美容』は都市部の 18〜25 歳の若い女性を読者層としているのに対し、『瑞麗・依人風尚』は 25〜35 歳の OL、女性専門職と女性経営管理者を読者層とみなしている。また、中産階層の家庭をねらった『瑞麗・家居設計』も出版されている。

　一方、『時尚-先生』、『時尚-財富』、『創意』、『名牌（有名ブランド）』などの男性誌も中産階層の男性が愛読している。2004 年、海外で有名な男性誌『FHM』、『MAXIM』も中国の男性流行・ファッション誌市場に参入してきた。これらの流行・ファッション誌が中産階層の男性の生活様式と消費文化をリードしている。

(2) 生活・消費型新聞と雑誌

中国経済の市場化に伴って誕生した最初の生活・消費型新聞は北京の『精品購物指南（良品購入ガイド）』と上海の『申江服務導報』であった。現在の生活・消費型新聞の発行部数を見ると、全国一位は『上海星期三（上海水曜日）』であり、二位は中国の車社会をリードしている『汽車之友（乗用車の友）』である。生活・消費型新聞と雑誌は中産階層に生活情報、ショッピング情報といった実用性の高い情報を提供し、「生活の指南役」と「消費の指南役」になると同時に、中産階層のため、「生活の夢」を作り出す役割を果たしている。中産階層のマイホームとマイカーの夢を実現させるため、『上海星期三（上海水曜日）』のような生活新聞紙は高級マンション情報とマイホーム生活の情報を提供し、『汽車の友』、『汽車族（自動車族）』、『中国汽車画報』を代表とする車に関する雑誌は新車情報と車社会の基礎知識を提供している。

(3) 都市型新聞

日本のメディアから見れば、中国のメディアはすべて中国共産党の宣伝機関であった。20年前ならばこの認識は正しかったかもしれないが、2005年現在では状況が根本的に変わっていることを指摘したい。

従来、中国の新聞は例えば、『人民日報』、『北京日報』、『解放日報』（上海）など、そのほとんどが共産党か政府の機関紙であった。これに対し、北京の『新京報』と上海の『新聞晨報』を代表とする都市型新聞は、経済の市場化に伴って現れた市民向けの新聞である。都市型新聞には、「晨報（朝刊）」、「日報（日刊）」、「晩報（夕刊）」の3種類がある。最近、「晩報（夕刊）」の発行部数が伸び悩んでいるのに対し、「晨報（朝刊）」、「日報（日刊）」は大きく伸びている。都市型新聞の最大の特徴は全国の政治・経済と社会の重大事件、及び地域の社会ニュースに関する分析、報道で、「発出自己的声音（独自の声を出す）」ことである。例えば、『南方都市報』は2003年の「サーズ（SARS）報道」で一躍有名になった。

表5.1 中産階層に好まれるメディア：経済紙・経営誌

	新聞・雑誌名	発行部数（万部）	本社所在地
1	中国経営報	55	北京
2	21世紀経済報道	43	広州
3	第一財経日報	40	上海
4	国際商報	38	北京
5	国際金融報	30	上海
6	環球企業家（雑誌）	21	北京
7	財経（雑誌）	20	北京
8	中国企業家（雑誌）	18	北京
9	英才（雑誌）	15	北京
10	中国名牌（中国ブランド）	10	北京
11	商業週刊（雑誌）	10	北京
12	数字財富（雑誌）	10	北京

資料：図5.1に同じ。

(4) 経済紙・経済誌

現在、発行部数ランキングで上位10位以内の経済紙や経済誌は、そのほとんどが中国の対外開放と経済改革の実施に伴って創刊されたものである。例えば最近、急速に人気が高まっている『第一財経日報』は2004年の6月に創刊されたばかりである。発行部数で全国1位になっている『中国経営報』は1988年に創刊された経済紙で、「改革開放のため太鼓を叩き、経済改革の実践者のために戦略を提供する」ことを編集方針として経済界と産業界の読者からの支持を得ている。その後、広州の南方報業集団の『21世紀経済報道』が登場し、独自の視点から国際情勢の分析、中国経済の討論、業界動向の観察を行い、中国産業界の重要な新聞に成長してきている。また、『中国企業家』、『環球企業家』、『商業週刊』などの経済・経営誌は世界の新しい経営理念、ビジネスモデルを中国に紹介することで、中国の経営管理者から歓迎されている（表5.1）。

(5) 時事・社会型新聞・雑誌

コーヒーを飲みながら『参考消息』を読むことは中産階層の男性の一つの「時尚（流行）」になっているといわれている。現在、発行部数が300万部にも

達している『参考消息』は中国の国家通信社「新華社」が編集、発行している国際政治、世界経済、外国の社会と文化に関する時事新聞である。

　中産階層に愛読されているもう一つの国際時事の雑誌が『環球時報』である。『環球時報』は一部の若者が中国の対日外交の「弱さ」に対する不満から、中国外交部にカンフル剤を打とうとしたことで、中産階層の中で話題を呼んでいた。

　『参考消息』と『環球時報』といった国際時事を中心とする「官製」新聞に対し、『南方週末』、『新週刊』と『社会観察』などの「民間」新聞は「大胆」、「特別の視点」、「深度報道（深掘報道）」の手法で中国国内の時事と社会ニュースに関する分析・報道を行い、中産階層に人気がある。

2　広告掲載量から見た中産階層メディア

　「2005年中国の中産階層に好まれるメディア調査」では、中産階層メディアの外国ブランドの広告掲載状況を調べている。

　まず、中産階層メディアの広告市場規模を分析してみよう。2004年に、中国の新聞・雑誌の広告市場規模は684億人民元である。そのうち、中産階層に好まれる50種の新聞・雑誌の広告市場規模は121億元で、全体の6分の1に相当している。

　またこの50種の新聞・雑誌に掲載された広告の割合を見ると、都市型が一番高く76％に達している。これに続いて、「時尚（流行・ファッション）」型（7.6％）、時事・社会型（6.4％）、経済・経営型（6％）、生活・消費型（4.1％）の順になっている（図5.2）。広告が都市型新聞に集中的に掲載されていることがわかる。

　さらに、2004年、広告金額の伸び率が50％を超えた新聞・雑誌をみてみる。広告金額の伸び率が100％以上になっているのは『新京報』（978％）、『第一財経日報』（372％）、『青年報』（322％）、『中国名牌（中国有名ブランド）』（252％）、『生活週刊』（138％）、『汽車の友』（103％）の6新聞・雑誌である。中産

第5章　メディア報道と日本ブランド評価　**131**

図5.2　新聞・雑誌の種類別に見た広告掲載量の割合

- 都市型　76％
- 時尚（流行）型　8％
- 時事・社会型　6％
- 経済型　6％
- 生活・消費型　4％

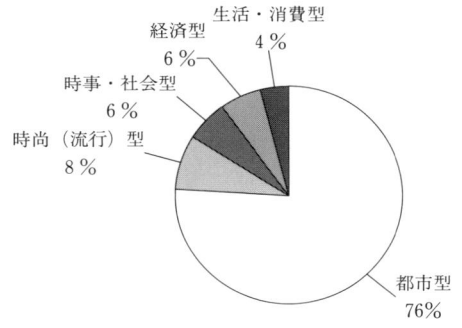

資料：図5.1に同じ。

階層の生活様式と消費行為に影響を与えるため、広告主が都市型、経済型、生活消費型の新聞・雑誌への広告掲載を拡大している傾向が読みとれる。

　続いて、5種類の新聞、雑誌の中、広告収入の上位3位をそれぞれ取ってみた。広告主の最も重視している広告メディアとして、「時尚（流行）型」には、『時尚－依人』、『瑞麗服飾美容』、『瑞麗依人風尚』の3誌であり、「生活・消費型」には、『週末画報』、『生活週刊』、『中国汽車画報』の3紙である。そして「都市型」には、『広州日報』、『北京晩報』、『南方都市報』の3紙で、「時事・社会型」には、『参考消息』、『環球時報』、『南方週末』の3紙であることがわかる。

　それでは、中産階層メディアに掲載された広告内容を分野別に見てみよう。

　上述したように、50種の新聞・雑誌の中で掲載された広告費が121億元で、分野別にその割合を見ると、一番高いのが「不動産」（20％）である。これに続いて「自動車」、「電気通信」、「コンピュータ」、「化粧品・衛生用品」、「家電」、「服装・アクセサリー」、「住宅・内装」、「旅行・レジャー」の順になっている（図5.3）。中産階層を主流とするマイカー、マイホームの消費ブームに対応して、中産階層メディアで、「不動産」と「自動車」の広告が一番多いことがわかる。ここで、特に注目されるのは、中産階層メディアの広告においては、

図5.3　分野別に見た広告のシェア

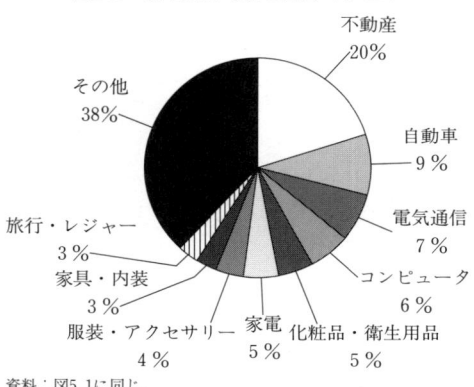

- 不動産 20%
- その他 38%
- 自動車 9%
- 電気通信 7%
- コンピュータ 6%
- 化粧品・衛生用品 5%
- 家電 5%
- 服装・アクセサリー 4%
- 家具・内装 3%
- 旅行・レジャー 3%

資料：図5.1に同じ。

図5.4　広告投入傾向の比較：メディア全体と中産階層の主流メディア

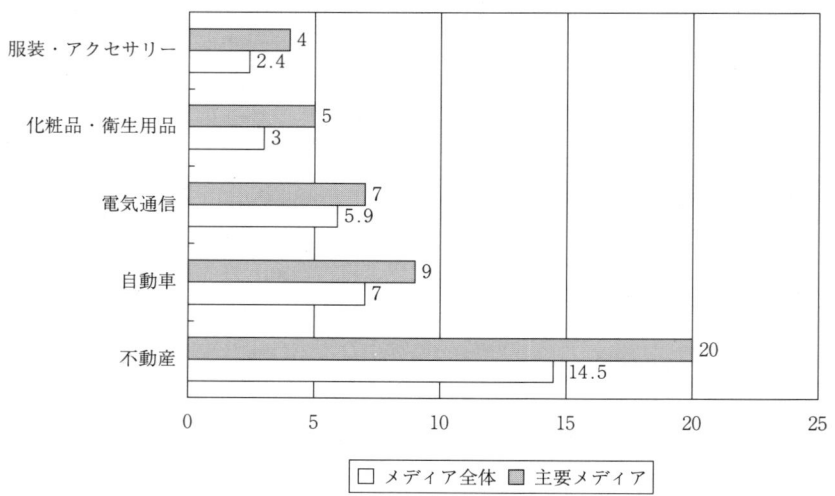

分野	メディア全体	主要メディア
服装・アクセサリー	2.4	4
化粧品・衛生用品	3	5
電気通信	5.9	7
自動車	7	9
不動産	14.5	20

資料：図5.1に同じ。

「不動産」、「自動車」、「電気通信」、「化粧品・衛生用品」と「服装・アクセサリー」の4分野が占めるシェアが全国メディア広告の全体に占めるシェアより高いことである（図5.4）。すなわち、「不動産」、「自動車」、「電気通信」、「化

粧品・衛生用品」と「服装・アクセサリー」の広告主は中産階層メディアを重視して広告を重点的に投入していることである。

中産階層メディアの広告掲載の分野別の特徴について、「都市型」の場合では、「不動産」、「自動車」、「電気通信」の広告が集中的に投入されている。「生活・消費型」では、「自動車」、「服装・アクセサリー」と「コンピュータ」であり、「時尚（流行）型」に掲載された広告では、「化粧品・衛生用品」、「服装・アクセサリー」と「家具・内装」の3分野が中心となっている。また「経済型」には、「コンピュータ」、「自動車」、「展示会」の広告が多く、「時事・社会型」では、「コンピュータ」、「自動車」、「電気通信」の広告が集中していることがわかる。

3 中産階層メディアにおける外国ブランド

中産階層市場を開拓するため、国内外の広告主は「時尚（流行）型」、「生活・消費型」、「都市型」、「経済型」、「時事・社会型」といった中産階層メディアに広告を大量に投入していることが明らかとなった。

2004年、中産階層メディアで広告による露出度アップを図っている外国ブランドが新聞・雑誌の種類によって異なる広告戦略を実施した。例えば、「時尚（流行）型」では、ロレアル（LOREAL）、ランコム（LANCOME）、ESTÉE LAUDER（エスティローダー）などの化粧品・衛生用品のブランドが中心である。これに対し、「都市型」では、大衆（フォルクスワーゲン）、BUICK（ビュイック）、ホンダをはじめとする乗用車の外国ブランドが主役である。「経済型」と「時事・社会型」の新聞と雑誌では、IBM、HP、DELL といった IT 関連の外国ブランドが集中的に競争している。

一方、「生活・消費型」の雑誌には、ブランド腕時計、デジタル製品、自動車のブランドがバランスよく掲載されているので、「ソニー」、「大衆（フォルクスワーゲン）」、「OMEGA（オメガ）」といった分野の異なる外国ブランドの露出度が高いことがわかる（表5.2）。

表5.2　2004年、中産階層メディアで露出度の高い外国ブランド

分　類	外国ブランド	広告収入額（万元）	前年比（％）
時尚（流行）型	ロレアル（LOREAL）	3,559	−12
	ランコム（LANCOME）	3,393	38.5
	ESTÉE LAUDER（エスティローダー）	2,488	199.7
生活・消費型	ソニー	1,240	23.9
	大衆（フォルクスワーゲン）	1,059	57.3
	OMEGA（オメガ）	838	12.3
都市型	大衆（フォルクスワーゲン）	4,393	−25
	BUICK（ビュイック）	4,383	301
	ホンダ	3,786	114
経済型	IBM	2,838	−19
	HP	1,705	−31
	日立	754	66.6
時事・社会型	HP	1,692	208
	DELL	1,495	1810
	ACER	1,429	98

資料：図5.1に同じ。

　2004年、中産階層メディアに掲載された広告全体から、広告金額で上位10位の外国ブランドをあげてみたのが図5.5である。この上位10社の広告費の全体に占める割合が18.2％である。分野別に見れば、「自動車」が48.5％、「家電・デジタル製品」が42.8％、「化粧品・衛生用品」が8.7％である。中産階層市場をめぐるグローバル企業の大競争はこの三つの分野を中心に展開しているといえる。

　まず、広告の投入費用から中産階層メディアにおける外国ブランド上位10社をとってみる。上位10社の外国ブランドのうち、広告費投入のトップがHPである。これに続いて大衆（フォルクスワーゲン）、BUICK（ビュイック）、サムスン、IBM、ホンダ、ロレアル、松下、AUDI、日産の順になっている。中産階層に好まれる新聞では、外国ブランドの広告費用の平均値は4500万元で、これを超えているのがHP、大衆（フォルクスワーゲン）、BUICK（ビュイック）、サムスンとIBMである。中産階層に好まれる雑誌では、外国ブランド

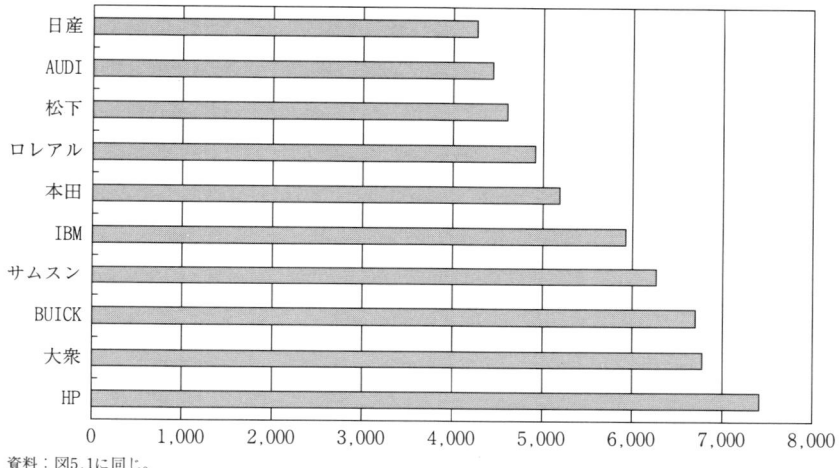

図5.5 中産階層メディアで広告金額に見た外国ブランド上位10位 （単位：万元）

ブランド	金額
日産	~4,300
AUDI	~4,500
松下	~4,600
ロレアル	~5,000
本田	~5,200
IBM	~6,000
サムスン	~6,300
BUICK	~6,700
大衆	~6,800
HP	~7,400

資料：図5.1に同じ。

の広告費用の平均値は1400万元で、これを超えているのがロレアル、大衆（フォルクスワーゲン）、BUICK（ビュイック）である。ロレアルだけは雑誌を主要な広告メディアとしている。また、外国ブランド上位10社に入っている日本ブランドの広告費用が新聞と雑誌の両方で平均値以下になっていることがわかる。

次に、広告投入回数について中産階層メディアにおける外国ブランド上位10社を見てみよう。中産階層に好まれる新聞で外国ブランドの広告回数のトップを占めているのは大衆（フォルクスワーゲン）である。これに続いてBUICK（ビュイック）、サムスン、HP、日産、ホンダ、松下の順になっている。新聞で広告投入の回数の平均値が年間550回で、これを超えているのが大衆（フォルクスワーゲン）、BUICK（ビュイック）、サムスンとHPである。

一方、中産階層に好まれる雑誌における外国ブランドの広告投入回数では、サムスンが195回でトップになっている。これに続いて大衆（フォルクスワーゲン）、HPである。雑誌で広告投入回数の平均値が年間120回で、これを超えているのがサムスン、大衆（フォルクスワーゲン）、HP、ロレアルである。

広告の投入回数では、上位10社に入っている日本ブランドが平均回数を超えたものはなかった。

上述した比較と分析により、日本ブランドの広告投入が費用と回数の両方ともに、欧米と韓国のブランドより低いことがわかる。

4　日本企業と中産階層メディア

それでは、広告費用から中産階層メディアにおける日本ブランド上位10社をとってみよう。ホンダが5186万元でトップになっている。これに続いて、上から松下、日産、キヤノン、ソニーの順になっている。これらの上位10社は基本的に自動車と家電・デジタル製品のブランドである（図5.6）。日本ブランドトップ10の広告費用の平均値が年間2750万元で、これを超えているのがホンダ、松下、日産、キヤノン、ソニーである。一方、雑誌の広告費用の平均値は650万元で、これを超えているのが、キヤノン、ソニー、日産、トヨタの4社である。

自動車分野では、日産が新聞と雑誌の両方でバランスよく広告を投入しているのに対し、ホンダが新聞を中心に広告を投入し、トヨタが雑誌を中心として

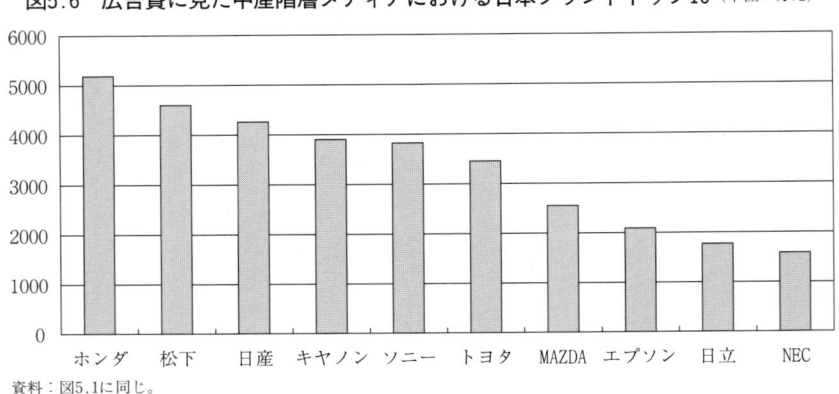

図5.6　広告費に見た中産階層メディアにおける日本ブランドトップ10 （単位：万元）

資料：図5.1に同じ。

図5.7 広告回数に見た中産階層メディアにおける日本ブランド (単位：回)

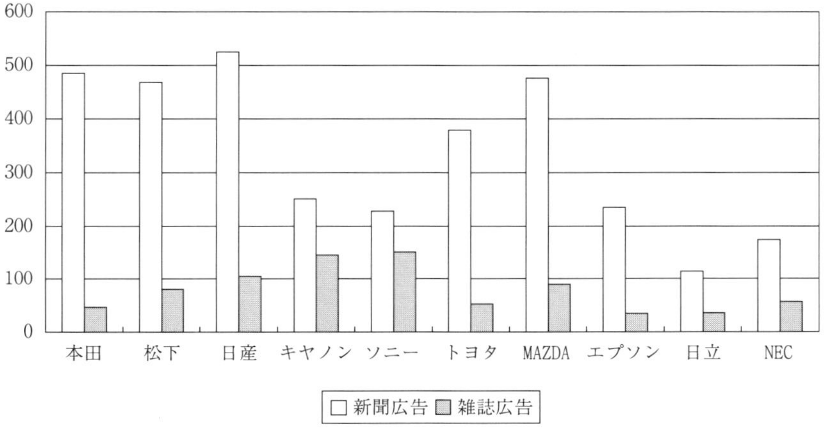

[グラフ：本田、松下、日産、キヤノン、ソニー、トヨタ、MAZDA、エプソン、日立、NEC の新聞広告・雑誌広告回数]

資料：図5.1に同じ。

広告を行っている。また、家電・デジタル製品分野では、松下が新聞広告に偏っているのに対し、キヤノン、ソニーが雑誌広告に偏っている構図が見られる。

次に、広告の投入回数から中産階層に好まれるメディアにおける日本ブランド上位10社を分析してみよう（図5.7）。

新聞広告で投入回数のトップ３は日産、ホンダ、MAZDA で、すべて自動車のブランドである。新聞広告の投入回数の平均値が年間350回で、これを超えているのがトップ３のほか、キヤノン、ソニーとトヨタである。

一方、雑誌広告の投入回数のトップ３はデジタル製品のブランドであるソニー、キヤノンと自動車ブランドの日産である。また雑誌広告の平均投入回数が年間80回で、これを超えているのがトップ３のほか、MAZDA である。

広告の投入回数から見ると、自動車ブランドは新聞を中心に、デジタル製品ブランドが雑誌を中心に、広告を投入していることがわかる。

中産階層メディアでは、外国ブランドの上位10社全体に、ホンダ、松下、日産の３つの日本ブランドがランキングされている。また、中産階層メディアの日本ブランドの上位10社では、トップ３がホンダ、松下、日産である。この結

果は中産階層の外国ブランド認知との間に深い関連がある。言い換えれば、中産階層の日本ブランド認知は日本ブランドの中産階層メディアにおける広告とその頻度に大きく影響されている。

5　中産階層メディアの日本企業報道

中産階層メディアの日本企業報道も中産階層の日本ブランド認知に影響を与える要素の一つであると考えられる。

「2005年中国の中産階層に好まれるメディア調査」により、2004年、中産階層メディアは日本ブランドを含めて日本企業をどのように報道していたかを見てみよう。

2004年、50種の中産階層に好まれる新聞と雑誌には、日本企業に関する1227の報道と記事が掲載された。報道の傾向性、即ち「中立的報道（客観的報道）」、「プラス的報道（好意的報道）」、「マイナス的報道」から、1227の報道と記事を分類して分析してみると、「中立的報道」が最も多く、全体の約70%を占めている。これに続いて「プラス的報道」が16.5%、「マイナス的報道」が一番少なく、約13.8%である（図5.8）。中産階層メディアは日本企業に関する報道は、基本的に「客観的」、「好意的」に行われているといえよう。

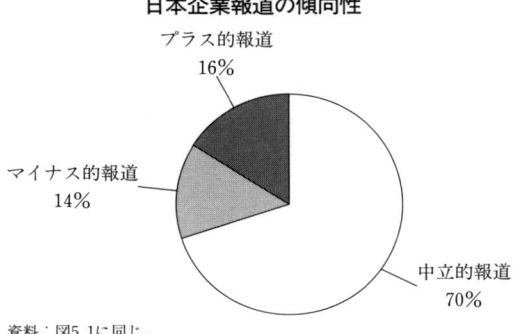

図5.8　中産階層に好まれるメディアの日本企業報道の傾向性

- プラス的報道　16%
- マイナス的報道　14%
- 中立的報道　70%

資料：図5.1に同じ。

日本企業に関する報道と記事について、「プラス的報道」の例には「広州ホンダが広州アジア大会に寄付」、「キヤノンの2003年度純利益が4割増」があげられる。また「中立的報道」の例には、「フジゼロックスが中国生産能力を強化」、「中国自動車市場をめぐる日本企業とアメリカ企業の競争が激化」が注目される。さらに、「マイナス的報道」の例では、「トヨタ問題広告事件」、「富士通とサムスンの特許侵害合戦」、「東芝の中国携帯電話事業が大幅赤字」などが読者の関心を集めた。

2004年、中産階層メディアの日本企業報道で、最もホットな話題は次の3つである。まず一つ目は「製品のリコール」であり、約20種の新聞と雑誌が日本企業の製品リコールに関する130の関連報道と記事を掲載した。次は中国市場における「日本企業の売上高が大幅増」である。三つ目は中国市場における日本企業が関わっている「知的財産権をめぐる訴訟」である。

中産階層メディアにおける日本企業の製品リコールに関する報道と記事には、「三菱ふそうが中国でトラックのリコール」を取り上げた記事と報道が一番多く、28本にも及んだ。これに続いて、「トヨタが凌志（レクサス）LS430のリコール」、「ホンダが時韵（ストリーム）11万台のリコール」、「広州ホンダが雅閣（アコード）7万台のリコール」、「京セラが携帯電話用電池のリコール」の順になっている。日本企業の製品リコールに関する報道・記事は自動車ブランドを中心としていることがわかる。

日本企業が関わっている「知的財産権をめぐる訴訟」に関する報道と記事には、中国企業が日本企業の知的財産権を侵害する事件よりも、日本企業が中国企業の知的財産権を侵害した事件が大きくとり上げられ報道された。例えば、「中国企業の朗科がソニーによる知的財産権侵害を控訴する」報道・記事が15篇もある。また、日本企業と韓国企業との間の知的財産権侵害をめぐる訴訟に関する報道と記事も多いことがわかる。例えば、松下とLG、富士通とサムスンなどの知的財産権侵害をめぐる訴訟合戦に対する報道は日本企業と韓国企業の中国市場をめぐる競争として伝えられている。

最後に、中産階層メディアの日本企業に関する「危機報道」を分析してみよ

う。ここでいう「危機報道」とは、企業の経営とマーケティングの2つの分野で現れた危機に関する報道を指している。

2004年に中産階層メディアのグローバル企業の危機報道について、欧米企業と日本企業に関する報道の実態を比較して分析した。中産階層メディアの欧米企業に関する危機報道では、危機が現れたことに関する報道と記事は全体の38％を占め、危機の処理に関する報道と記事は全体の62％に達していることがわかる。

これとは対照的に、中産階層メディアで掲載された日本企業の危機報道は240本にも及んだ。しかも、日本企業の経営とマーケティングの危機が現れたことに関する報道が全体の75％を占め、その危機の処理に関する報道は全体の25％であった。

これはメディアの報道姿勢の問題であるかもしれないが、欧米企業と日本企業の危機処理の姿勢、危機対応のコミュニケーション能力の差によるものでもあるといえよう。広告を含めたメディアコミュニケーション能力は中産階層の外国ブランドイメージに大きく影響を与えていることがわかる。

第3部　中国マーケティング・コミュニケーション

第6章　中国マーケティング・コミュニケーションの史的展開
——政府とのコミュニケーションは第一

　マーケティングの専門家フィリップ・コトラーは、消費者のパワーがますます強くなっている現在の中国市場環境において、マーケティング・コミュニケーションの展開は中国ビジネスを成功させるために必要な経営活動となっていると指摘している。特にグローバル企業にとって、有効なマーケティング・コミュニケーションを実現することは今後数年間に、中産階層にリードされる中国の消費市場で優位性を確立できるかどうかにかかわる重要な課題であるといえる。

1　グローバル企業の中国消費市場の開拓

　1980年代、ネスレコーヒー、コカコーラ、ケンタッキー・フライドチキン、マクドナルドは中国進出を相次いで果たし、市場開拓とともに中国人の食生活と生活様式に大きな変化をもたらした。1980年代初期、フランスのピエール・カルダンは北京の天壇で中国の対外開放以来、最初のファッションショーを行い、欧風の「時尚（流行）」が「人民服一色」の中国人を大きく刺激した。その後、ドイツのフォルクスワーゲンは「上海サンタナ」という合弁ブランドの車を中国社会に送り、20数年後の中国車社会の先駆となった。また、1980年代後半に、全中国初めての携帯電話端末であったモトローラ製の携帯電話端末が広州で販売され、これにより、世界一の移動通信大国の幕が切って落とされた。
　1980年代には、日本のグローバル企業は中国社会にカラーテレビなどの家電製品を送り込んだのに対し、欧米のグローバル企業は中国社会に消費文化と生

活様式の変化をもたらしたのである。

　1990年代は外国流通業が中国市場に進出し、地域市場を分割して占有する戦略を実施する時期であった。1992年に「7－11」（セブン・イレブン）は南で対外開放の先端都市深圳に中国1号店を開き、翌年、カルフールは北の天津で中国1号店をオープンさせた。そして、1996年にウオルマートは南の広州で中国1号店を開き、翌年の1997年にイトーヨーカ堂は北の北京を中国進出の拠点として中国1号店をオープンさせた。1990年代末は中国のマイホームブーム、マイカーブームのスタートした時期であり、外国の住宅金融と自動車金融業者の中国市場進出により、1998年はこの二つのブームの形成において特別な意味をもつ年となった。

　21世紀最初の5年間はいろいろな意味で中国消費市場が「潜在的巨大市場」から「現実の巨大市場」へ変わってくる重要な時期であった。移動通信市場で世界1位、インターネット市場で世界2位、自動車市場で世界3位の巨大市場の存在は現実的なものになった。2000年には、中国都市部居住民のエンゲル係数は初めて40％を下回り、消費構造の質的な変化が現れてきた。また、2003年を境として、中国の一人当たりGDPは1000ドルを超え、東部約3億人の沿海地域で3000ドルを超えたことで、中国人の消費能力の向上は消費市場の構造的変化を加速化している。さらに、2004年に、中国の社会商品小売総額が初めて5兆人民元を突破し、消費市場は規模の拡大とともに、質的な変化も見られ、乗用車、住宅は家電製品に取って変わって新しい耐久消費財の主流となっている。グローバル企業にとって中国消費市場の魅力がここに来て遂に現れてきたといよう。

　1980年から2005年までの25年間で、グローバル企業がマーケティングを通じて中国消費市場を開拓し、消費者、メディア、政府を対象にマーケティング・コミュニケーションを展開した重要な出来事を表6.1にまとめた。

2 中国マーケティング・コミュニケーションの史的展開

グローバル企業が中国市場を開拓するために、最先端のマーケティング手法を中国に導入してからすでに20数年を経たが、消費者、メディア、政府を対象とするマーケティング・コミュニケーションの本格的な展開は最近10数年間のことである。

クリス・フィルが『マーケティング・コミュニケーション』で次のように書いている。即ち、マーケティング・コミュニケーションとは、企業が戦略的なコミュニケーション活動を通じてメディアなどのコミュニケーション・ツールを活用して、消費者、一般公衆、および投資者、政府、従業員などの利益関係者との間に建設的な関係を構築し、かれらとの信頼関係と互恵関係を形成し、強化するプロセスである。

グローバル企業の中国マーケティング・コミュニケーションは中国の消費者の需要を満足し、消費者と政府、企業所在のコミュニティ、投資者などの利益関係者に企業の理念、経営目標、事業計画、マーケティング計画の信念などの情報とメッセージを送信し、かれらの企業イメージやブランドへの認知に影響を与える重要な経営活動である。

ここで、中国の「巨大市場」が「潜在的な」ものから「現実的な」ものに変わっている段階に、グローバル企業は市場開拓と市場における優位性を獲得するため、中国マーケティング・コミュニケーションをどのように展開してきたかをみてみよう。

グローバル企業の中国マーケティング・コミュニケーションは次の三つの過程を経て展開してきた。つまり①マーケティング・コミュニケーション思想と理論の中国への導入、②マーケティング・コミュニケーション手法の中国への適用、③マーケティング・コミュニケーションの実践である。

最初、マーケティング思想と理論を中国に導入したのは、改革開放の指導者鄧小平と上海市長であった汪道涵であった。1979年、鄧小平はアメリカを訪問

した。この歴史的訪問の一つの目的はアメリカが中国の中央省庁と大型国有企業の幹部を育成するため、中国に近代的な企業経営管理センターを設立することであった。レーガン大統領の特別指示で、アメリカ政府は30名の経済学と経営学の教授から構成された最強の教育チームを中国に送り込み、MBA コースによる近代的企業経営の授業を行い、中国のために約2000名の若い幹部を育成した。

1984年、当時の上海市長であった汪道涵はアメリカを訪問し、本屋でフィリップ・コトラーの『マーケティング・マネジメント』という著作を発見し、これは「宝物」だと思ってその本を買って中国に持ち帰った。汪道涵市長の指示で『マーケティング・マネジメント』が翻訳され上海で出版された。その2年後、フィリップ・コトラーは中国を初めて訪問し、激変している中国がマーケティング実践の「新天地」となることを予感した。彼は1986年から年2回、中国を定期的に訪問し、KMG（コトラー・マーケティンググループ）はグローバル企業の中国市場開拓へのコンサルティングや中国大学におけるマーケティング教育を熱心に行っている。フィリップ・コトラーは中国市場の特徴を洞察し、中国マーケティングにおける「political power（政治的パワー）」、「public relations（パブリックリレーションズ）」の重要性を特に強調する。

中国市場で、政治的パワーとパブリックリレーションズを重視するマーケティングの実践で、先駆者となったのはフランス人のドムンであった。1985年、フランス MORS 社のアジア営業担当であった25歳のドムンは会社を辞めて中国の最初の PR 会社「中仏公共関係公司」を設立し、中国市場に進出したばかりのコダック、インテル、ケンタッキー・フライドチキンのため、マーケティング活動を企画、推進していった。

1980年代、中国に進出するグローバル企業には、販売部門と広告担当者だけ置かれ、市場調査、市場戦略、消費者・メディア・政府向けのマーケティング活動を担当する部署は設置されなかった。1989年に、欧州市場協会主席ロジャー・ヒーラー（Roger Heeler）は中国を訪問し、中国に進出しているグローバル企業にマーケティング組織体制構築の必要性を指摘した。これは先見的な

ことであった。そして2000年に中国を訪問した統合的マーケティング・コミュニケーションの専門家ドン・E. シュルツ（Don E. Schultz）は統合的マーケティング・コミュニケーションの中国市場における応用を指導し、グローバル企業の中国マーケティング・コミュニケーション活動を理論の分野から推し進めた。

一方、マーケティング手法の中国への適用では、P&Gはブランドマネジメントとプロモーションの手法を中国に導入し、中国企業と中国消費者の双方に刺激をもたらした。異なる地域、異なる消費者に対応するため、IBMは最初に「市場セグメント」の概念を中国に導入し、モトローラは中国市場で「製品セグメント戦略」を実施する初めての企業となった。また、IBMは「e-Business」の中国展開を通じて統合的マーケティングを実施し、ルーセントテクノロジーは最初にGRM（顧客関係マネジメント）を中国ビジネスに導入した。

マーケティング・コミュニケーションの実践では、グローバル企業が政府とのコミュニケーション、企業市民としての社会貢献活動、スポーツ・マーケティングの三つの領域で積極的な活動を展開した。例えば、政府とのコミュニケーションで、IBM、コダック、GE、HPなどアメリカ企業は1980年代後半からも中国現地の地域本社に政府関係担当の部署あるいは専任担当者を置き、政府とのコミュニケーションを行う組織体制を構築した。また、1990年代初期、コダックやユニリバーなどアメリカ企業はトップ経営者による国家首脳とのコミュニケーション活動を行い、国家首脳との会見を通じて中国ビジネス上の難問を解決する道を開いた。さらに、IBM、HP、インテルは関係省庁との戦略的なパートナーシップの構築を通じて事業展開を図っている。

企業の社会的責任（CSR）の実践では、1990年代初期から、コカコーラ、モトローラ、P&Gはグローバル企業が中国社会の最大の公益事業である「希望工程（後進地域の子供の教育支援事業）」に寄付する先例をつくり、中国社会における企業イメージの向上に成功している。人材育成、環境保護、社会的公共衛生危機（2003年春のSARS危機）寄付など、シーメンス、IBM、モトローラ、P&G、HP、GE、松下電器、キヤノンなど有名なグローバル企業の

表6.1 中国消費市場の変化とグローバル企業の中国マーケティング・コミュニケーションの史的展開（1980～2005年）

時 期	中国消費市場の開拓（重要な出来事）	中国マーケティング・コミュニケーションの史的展開
1980年代	・フランスのピエール・カルダンは北京天壇ファッションショーを開催、2年後、ピエール・カルダン専門店1号店 ・ネスレコーヒーの中国市場販売（1980年） 1983年 ・コカコーラの中国市場販売 ・上海サンタナ（中国・ドイツ合弁生産の乗用車）市場販売 1984年 ・中国消費者協会の設立 1987年 ・ケンタッキー・フライドチキン中国1号店（北京） ・広州で中国1台目の携帯電話（モトローラ製）が発売 1989年 ・マクドナルド中国1号店（深圳）	・1979年、鄧小平訪米の成果の一つとして、アメリカが中国で近代的な企業経営管理センターを設立。アメリカ政府は30名の経済学と経営学の教授から構成された教育チームを中国に派遣、マーケティングを含めた米MBAコースによる企業経営教育を開始 1984年 ・上海市長であった汪道涵は訪米、本屋でフィリップ・コトラーの『マーケティング・マネジメント』を見つけ、その本を買って中国に持ち帰り、中国語への翻訳を指示、同書が上海でリサーチ会社エーシーセン中国進出 ・米マーケットリサーチ会社エーシーセン中国進出 1985年 ・フランス人ドムンが PR 会社「中仏公共関係公司」を設立 1986年 ・フィリップ・コトラーが訪中、中国に「6P」概念を紹介 ・IBM、HP、GE、コダックが中国政府事務担当職を設置 1988年 ・P＆Gがブランドマネジメントを中国で実施 1989年 ・欧州市場協会主席ロジャー・ヒーラーが訪中、マーケティング組織体制を中国に紹介 ・IBMが市場セグメントの概念を中国に導入 ・モトローラが製品セグメント戦略を中国で実施

時　期	中国消費市場の開拓（重要な出来事）	中国マーケティング・コミュニケーションの史的展開
1990年代	1992年 ・7－11中国1号店（深圳） 1993年 ・カルフール中国1号店（天津） ・中国消費者保護法成立 1995年 ・ATMネットワークの上海普及へ 1996年 ・ウォルマート中国1号店（広州） 1997年 ・イトーヨーカ堂中国1号店（北京） 1998年 ・住宅制度改革、住宅商品化がスタート 1998年 ・自動車市場で、個人購入の占める割合は初めて50％を超え、マイカーブームはスタートへ ・スターバックスコーヒーが中国上陸	1990年 ・P&Gがプロモーション、イベントを中国市場で展開 ・モトローラが第11回アジア大会（北京）を協賛 1993年 ・コカコーラが中国社会公益事業「希望工程」に寄付へ 1994年 ・米コダックCEOが訪中、朱鎔基副総理（当時）会見、市場開拓のため、政府コミュニケーションを展開 ・モトローラが中国社会公益事業「希望工程」に寄付へ 1995年 ・イギリス市場研究部（BMRB）が中国で消費者行為研究を実施、市場とメディアの研究データベースへ構築 ・HPと中国科学技術部が協力パートナー関係を構築 ・IBMと中国教育部が協力パートナー関係を構築、大学に寄付 ・GEが上海交通大学でGEファンド奨学金を設立 ・松下電器は中国で「松下育英基金」を設立、貧困地域学生支援 1996年 ・IBMの「e-Business」の展開により、統合的マーケティングを実施 ・P&Gが中国社会公益事業「希望工程」に寄付へ 1997年 ・統合的マーケティング・コミュニケーションが中国に導入 1998年 ・ルーセントテクノロジーがGRM（顧客関係管理）を中国に導入 ・シーメンスが中国環境保護事業に寄付 ・キヤノンが北京大学でキヤノン奨学金を設立

時　期	中国消費市場の開拓（重要な出来事）	中国マーケティング・コミュニケーションの史的展開
21世紀	2000年 ・パソコンの家庭普及、インターネットユーザー数2000万人突破、携帯電話ユーザー数１億人突破 ・マイホームブームが本格化 ・都市部住民のエンゲル係数が初めて40％を下回った 2002年 ・中国WTO加盟、全面的な市場開放へ ・「中国公民海外観光管理弁法」公表、海外旅行ブームへ 2003年 ・中国一人当たりGDPが1000ドルに達成 ・デジタル製品消費ブーム（デジタルカメラなど） ・移動通信市場が世界１位、インターネット市場は世界２位 2004年 ・「個人自動車消費融資管理弁法」公表、世界自動車市場３位 2005年 ・インターネットユーザー数が１億突破 ・中産階層のブランド消費ブームへ	2000年 ・北京五輪大会開催決定、シーメンスが開催権取得支援、スポーツ・マーケティングの概念が中国に導入 ・シーメンスがドイツと中国の文化交流事業を協賛 ・ソニーが北京大学で「マーケティング論壇」を開設 2001年 ・米KMG（コトラー・マーケティンググループ）が中国向け「成功するマーケティング」専門誌を主催 ・統合的マーケティング・コミュニケーション専門家ドン・E. シュルツ（Don E. Schultz）が中国訪問 2002年 ・GE中国大学奨学金設立 2003年 ・SARS危機中、欧米、日本、韓国のグローバル企業が中国政府に寄付 2005年 ・GE、コカコーラ、サムスン、松下電器が北京五輪マーケティング展開 ・企業の社会的責任（CSR）の中国社会における展開

行動は中国社会からの信頼を獲得することができた。一方、2000年に中国の北京五輪大会開催の決定に伴い、スポーツ事業協賛はグローバル企業の中国マーケティング・コミュニケーションのもう一つの重要な実践活動となっている。GE、コカコーラ、マクドナルド、コダック、ビザ・インターナショナル、松下電器、サムスンなど一流のグローバル企業は北京五輪マーケティングの展開により、中国社会における企業イメージアップとブランド価値強化を実現している。企業イメージアップとブランド価値強化はまた中国社会における民族主義的傾向がもたらす「事業リスク」の回避能力を強化することにつながっている。

3 中国市場：グローバル企業・外国ブランドに対する三つの評価

⑴ 社会的世論、消費者、そして政府

中国市場で、グローバル企業と外国ブランドに対して常に3つの評価が行われていることは、グローバル企業が中国で企業の社会的責任の実践を展開しなければならない重要な要因でもある。この3つの評価とは、一つ目が社会・世論からの評価であり、二つ目が市場・消費者からの評価で、そして三つ目が政府からの評価である。

現地社会と世論はグローバル企業の中国ビジネスのパフォーマンスを注目するだけでなく、企業市民として中国における社会的責任を果たしているかどうかを評価している。これに対して、市場と消費者は商品の品質と先端的な技術の導入度、サービスの信頼度から、グローバル企業と外国ブランドの中国市場におけるパフォーマンスを評価している。一方、政府は対中投資、対中技術移転、輸出拡大による外貨収入増、政府への納税額増など、経済成長と社会進歩への貢献度に基づいてグローバル企業の中国事業を評価している。

一般的に言えば、グローバル企業は自社の企業理念に基づいて事業を展開し、中国市場の進出においてもその企業理念に基づいて中国事業戦略を展開するわ

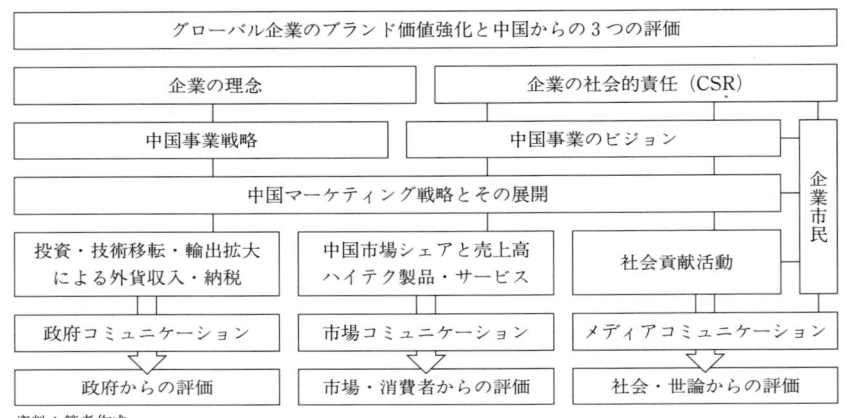

図6.1 中国市場における外国ブランドに対する3つの評価

```
┌─────────────────────────────────────────────────────────┐
│      グローバル企業のブランド価値強化と中国からの3つの評価       │
└─────────────────────────────────────────────────────────┘
┌──────────────────────┐  ┌──────────────────────────┐
│      企業の理念       │  │   企業の社会的責任（CSR）   │
└──────────────────────┘  └──────────────────────────┘  ┐
┌──────────────────────┐  ┌──────────────────────────┐  企
│     中国事業戦略      │  │     中国事業のビジョン      │  業
└──────────────────────┘  └──────────────────────────┘  市
   ┌───────────────────────────────────────────────┐    民
   │        中国マーケティング戦略とその展開          │
   └───────────────────────────────────────────────┘
┌──────────────┐  ┌──────────────┐  ┌──────────────┐
│投資・技術移転・ │ │中国市場シェアと│ │  社会貢献活動  │
│輸出拡大による  │ │売上高ハイテク  │ │              │
│外貨収入・納税  │ │製品・サービス  │ │              │
└──────────────┘  └──────────────┘  └──────────────┘
┌──────────────┐  ┌──────────────┐  ┌──────────────┐
│政府コミュニケー│ │市場コミュニケー│ │メディアコミュニ│
│ション         │ │ション         │ │ケーション     │
└──────────────┘  └──────────────┘  └──────────────┘
┌──────────────┐  ┌──────────────┐  ┌──────────────┐
│  政府からの評価 │ │市場・消費者から│ │社会・世論からの│
│              │ │   の評価      │ │    評価      │
└──────────────┘  └──────────────┘  └──────────────┘
```

資料：筆者作成。

けである。中国マーケティング戦略の展開を通じて、対中投資、対中技術移転を加速し、現地企業の輸出による外貨収入と地方に対する納税を増やすことで政府とのコミュニケーションを改善して政府からの評価を得ることができる。また、中国市場シェアの拡大と売上高の増加を実現すると同時に、中国市場にハイテク製品と高いレベルのサービスを導入し、よい市場コミュニケーションを通じて市場と消費者からの評価が得られる。さらに、企業市民として社会貢献活動を展開し、メディアやコミュニティとのコミュニケーションを通じて社会と世論からの評価を獲得することができる（図6.1）。

(2) どのようなグローバル企業が評価されているか

グローバル企業と外国ブランドに対する三つの評価を得ることは中国ビジネスを成功させるための重要な条件である。

それでは、中国で、社会世論、消費者、政府から評価を得ているグローバル企業はあるのか、あるとすればこれらの企業はどのように評価されているのか。

2005年4月25日、北京大学は「2004－2005年度、中国で最も尊敬される企業リスト（20社）」を公表した。2001年からスタートした「中国で最も尊敬され

表6.2 2004－2005年度、中国で最も尊敬される企業

ランク	企 業 名
1	中国平安保険（集団）股份有限公司
2	**中国ヒューレット・パッカード有限公司**
3	中興通信股份有限公司
4	招商銀行
5	遠大空調有限公司
6	新浪公司
7	万科企業股份有限公司
8	**上海ゼネラル・モーターズ有限公司**
9	**サムスン（中国）有限公司**
10	青島ビール股份有限公司
11	**ノキア（中国）投資有限公司**
12	聯想集団有限公司
13	華為技術有限公司
14	杭州娃哈哈集団有限公司
15	海璽集団
16	**広州本田汽車有限公司**
17	鳳凰衛視控股有限公司
18	春蘭（集団）公司
19	TCL集団股份有限公司
20	**IBM（中国）有限公司**

資料：北京大学管理案例研究センター『経済観察報』より。
注：ゴチック部分は「2004－2005年度、中国で最も尊敬される企業」にリストアップされた外資企業。

る企業」評価は、外資企業を含む企業の登龍門であり、「北京大学管理案例研究センター」に主導され、全国50のメディア、大学と研究機構が参加している中国で最も権威のある企業格付けとされている。「2004－2005年度、中国で最も尊敬される企業リスト（20社）」には、中国ヒューレット・パッカード－有限公司、上海ゼネラル・モーターズ有限公司、サムスン（中国）有限公司、ノキア（中国）有限公司、広州本田汽車有限公司、IBM（中国）有限公司の外資企業6社がリストアップされている（表6.2）。

2005年の選考調査と評価活動は、全国18の省・自治区・直轄市で、政府幹部、企業の経営管理者、大学MBAスクールの在学生を対象とするヒアリング調査を実施し、調査サンプル数が7500（うち、紙ベース4000、インターネットベ

ース2500、電話インタビュー1000）で、有効回答率が58％であった。北京大学を中心とする調査チームはヒアリング調査の結果に基づいて300社の候補企業から上位50社を最終選考企業として選び出し、また25名の専門家より構成される選考委員会がその50社から「2004－2005年度、中国で最も尊敬される企業」20社を選出した。

　北京大学管理案例研究センターの責任者は、最終選考企業に残った外資企業は「一流のグローバル企業」として中国市場に進出した「代表的な外資企業」であると高く評価している。最終選考企業のリストに入っている外資企業は欧米企業が中心となっているが、サムスン（中国）と広州本田汽車有限公司など韓国系企業と日系企業の名前も見える。

　中国で最も尊敬される企業の評価基準は次の項目から構成されている。即ち、①「人的資源」、②「財務能力」、③「企業の社会的責任（CSR）」、④「企業イメージ」、⑤「マネジメント能力」と⑥「経営管理の質」である。この6大項目から選考候補企業の実態を評価し、そして「発展の潜在力」と「イノベーション」の2大項目から企業の将来性を評価して尊敬される企業を選出している。

　2005年度には、評価される企業は次のような共通の特徴があった。まず、「利益と成長」を追求する中国事業戦略を明確に打ち出していることである。「利益と成長」を実現するため、中国市場における売上高、販売利益率と投資収益率などの「財務能力」を強化する対策を打ち出している。特に対中投資資産の収益率の最大化を実現するため、グローバル企業は20数年間にわたって「バラバラの中国進出」による製造拠点と営業拠点に対する「戦略的な統合」を行い、「流血している」赤字企業、「睡眠中」の企業といった不良資産を売却し、成長性のない事業から「勇敢に」撤退した。ノキアの中国現地企業の統合、IBMのパソコン事業の売却、およびシーメンスの携帯電話端末事業の売却などがその例である。

　評価された6社の外資企業はすべて中国政府に公表された「2004－2005年、中国最大500社外資企業売上高ランキング」の上位50社の中に入っている。

2004年、中国に進出している外資企業は中国経済の高成長（9.5%）がもたらす恩恵を大きく受けた。中国最大500社外資企業の売上高は2兆人民元（約30兆円）で、前年比37.9%増となった。また500社の平均売上高は42億人民元（約630億円）で、前年比37.91%増である。そのうち、売上高が15億人民元（約225億円）を超えた外資企業は420社、前年比で106社増えた。情報通信、電子機器、自動車という三つの市場分野を中心に、外資企業が中国経済の持続的成長と市場拡大から多大な利益をあげていることがわかる。

評価される企業の2つ目の共通の特徴はマーケティング投資を対中投資の重点としていることである。近年、代表的グローバル企業は中国における注力事業とその市場ポジション戦略を明確に打ち出し、注力事業の市場シェアの最大化を実現するため、地域本社内マーケティング組織の拡大、統一した営業プラットフォームの構築、中国籍マーケティング人材の登用、企業イメージアップとブランド価値強化への投資を戦略的に行っている。

最後の共通の特徴は、企業市民として中国における企業の社会的責任を果たし、注力事業と関連性のある社会貢献活動を戦略的に展開していることである。これは外資企業が中国社会で信頼され、評価されるもう一つの要因である。中国では、一部のグローバル企業は社会貢献活動をマーケティング戦略の一環と捉えている。中国「零点市場調査公司」のある調査によると、約65%の人が「社会貢献活動を常に行う企業の製品とサービスは信頼できる」と答えている。もちろん、社会貢献活動を通じて企業イメージ向上の効果も大きく期待できる。ヒューレット・パッカード、シーメンス、ノキアとサムスンの中国における「戦略的な社会貢献活動」は、企業の社会的責任を果たしていると同時に、中国市場における競争力を向上する有力な武器の一つにもなっている。

4 社会的責任と公益マーケティング

(1) 「人性化（人間性）」のコミュニケーション

「跨国公司走下神壇（グローバル企業よ、祭壇から降りなさい）」。これは近年、中国メディアでグローバル企業の中国ビジネスに関する報道・記事からよく見られているタイトルである。これはまた中国社会における「グローバル企業崇拝」の時代がすでに終ったことを物語っている。

このような新しい環境で、グローバル企業は中国消費者・メディア・政府との間に新しい信頼関係をいかに形成していくか。中国マーケティング・コミュニケーションの視点から考えれば、その新しい信頼関係を構築するためのもっとも効果的な方法は企業の社会的責任を果たし、「人性化（人間性）」のコミュニケーションを行うことである（図6.2）。

近年、中国市場で、「人性化（人間性）」コミュニケーションは企業の社会的責任を果たすための一つの重要な鍵である。「人性化（人間性）」コミュニケー

図6.2　企業の社会的責任と「人性化（人間性）」コミュニケーション

企業イメージ・ブランド価値と「人性化」コミュニケーション

- 事業の特徴・企業イメージの確立
- 広告による企業イメージ向上、ブランド価値強化は限界。中国市場で広告投入の有効率は30%（フィリップ・コトラー分析）

企業の社会的責任・企業市民の行動

社会貢献・「人性化」公関
- 貧困地域教育事業支援
- 自然災害救援
- 社会公共衛生危機対応
- 環境保護
- 教育・人材育成支援
- スポーツ振興事業支援

親近感・親和度の形成・維持・向上
- 企業イメージ向上
- ブランド価値強化
- 中国市場におけるパフォーマンスの改善・向上

グローバル企業にとって社会貢献活動による企業イメージ向上は特に有効

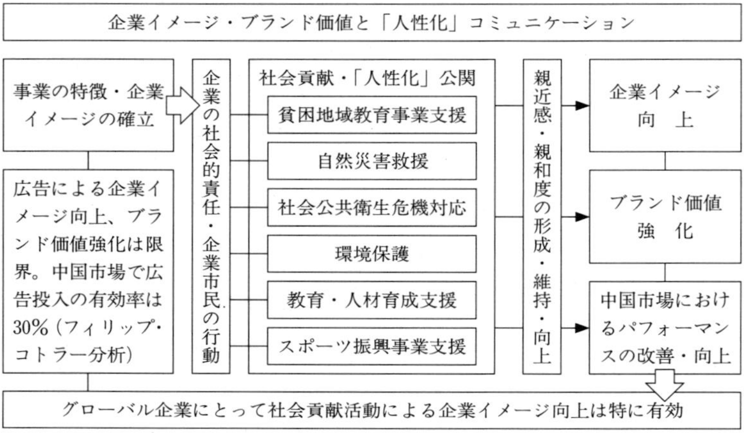

資料：筆者作成。

ションとはマーケティング・コミュニケーションの展開において、人間性の側面を重視し、消費者とグローバル企業、消費者と外国ブランドとの間に「親近感」と「親和度」を形成し、それを増強していくことである。グローバル企業は中国における貧困地域の教育事業への支援、自然災害・社会公共衛生危機への救援活動、環境保護運動、人材育成事業への支援などの社会公益活動を通じて企業市民として社会的責任を果たし、これにより企業と消費者、メディア、政府とのコミュニケーションの距離を縮小して中国の現地社会に関心をもち、社会進歩に積極的に協力していく新しい企業イメージを確立し、ブランド価値を強化することができる。

実は、グローバル企業にとって、社会公益活動は一つの社会的慈善活動であるよりも、むしろマーケティング活動である。言い換えれば、社会公益活動はマーケティング・コミュニケーションの重要なツールである。中国市場では、社会公益活動の参加は数年前から「公益マーケティング」として認識され、グローバル企業の総合的競争力の要素となっている。なぜなら、社会公益活動への参加は企業イメージアップとブランド価値強化にプラスになるだけでなく、ブランド品の市場シェアを守り、そのシェアを拡大させる効果もある。この意

表6.3 2005年グローバル企業中国慈善寄付上位10社リスト （単位：万元）

	寄付企業名	寄付先	寄付金額
1	HSBCグループ	中華慈善総会	250
2	米シティグループ	中国金融情報化技術教育プロジェクト	173.7
3	イギリスBPグループ	中国科学院グリーンエネルギー研究プロジェクト	827
4	米ウォルマート・ストアーズ	清華大学経済管理学院	827
5	米アムウェイ・コーポレーション	清華大学、復旦大学など12の大学	310
6	米ファイザー	①中国衛生部「関節炎治療教育計画」 ②中華健康快速列車基金会	200 80
7	米コカコーラ	中国青少年発展基金会「健康の旅」	100
8	イギリス/オランダ・ロイヤル・ダッチ・シェル	中国環境と発展研究所	83
9	米P&G	中国青少年発展基金会	400
10	ソニー（日本）	ソニー「愛心助学プロジェクト」	100

資料：『フォーブス・チャイナ・リサーチ（Forbes China Research）』2005年5月号より。

図6.3 グローバル企業の中国における社会貢献活動：その1

社会貢献活動1：貧困地域教育事業、自然災害救援、環境保護			
	モトローラ	シーメンス	
中国貧困地域（内陸部）教育事業への支援活動	・「希望工程」に2400万人民元を寄付、全国25の省で55の希望小学校を建設	①「希望工程」へ25万人民元寄付 ②西部地域貧困障害者子弟500人に対する5年間援助計画実施（2002－2006年）	
	モトローラ	シーメンス	三星
自然災害救援社会公共衛生危機への救援活動	①長江流域水害で3000万元寄付 ②西部地域井戸掘り事業に200万元 ③SARS危機中、1180万元通信設備と資金を寄付	2003年、SARS危機中、700万人民元相当の呼吸機器など寄付	2003年SARS危機中、中国衛生省に100万人民元を寄付
	モトローラ	GE	サムスン
環境保護事業	「緑中国運動」を実施、中国の6大都市で廃棄携帯電話と廃棄電池回収運動	GE Elfun 北京、上海、広州分会が環境保護、社会貢献活動を展開	2003年、「中国・韓国・未来指導者友好植樹」活動協賛

資料：筆者作成。

味で言えば、中国で、グローバル企業の社会公益活動はすでに一般的な金銭の寄付活動のレベルから公益事業への投資というより高いレベルに発展しており、戦略的視野から行われている。

(2) グローバル企業と中国の貧困地域の教育支援事業「希望工程」

社会公益活動で活躍しているグローバル企業の先行者は中国社会からの高い評価を得ている。2005年5月、『フォーブス・チャイナ・リサーチ（Forbes China Research）』誌は「2005年グローバル企業中国慈善寄付上位10社」のリストを公表した（表6.3）。また、2004年12月、中国・欧州工商管理学院と『21世紀経済報道』社は「2004年中国最もよい企業市民賞」の選考結果を共同で公表し、GE、モトローラ、シスコ、フォード自動車、ノキア、イギリスBP、キヤノンなどのグローバル企業が受賞した。

グローバル企業の中国における社会貢献活動は主に①貧困地域の教育事業へ

図6.4　グローバル企業の中国における社会貢献活動：その2

社会貢献活動2：大学・人材育成の支援活動	
企業名	教育事業、人材育成への支援活動
IBM	①IBM中国「教育と大学合作部」を設立、25の大学にIT教育の協力事業を実施、②中国教育分野への寄付金額累計1億ドル（2003年末まで）、③IBM遠隔教育基金活動、④中国内陸地域を重点に児童早期知力開発プロジェクトを展開
HP	①HPビジネススクールによる中国政府中堅幹部研修1400人、②HPのIT管理学院による中国政府、企業CIO育成600人、③全国12の省の「校校通（すべての小中学校オンライン化プロジェクト）」に1000万人民元を投資
GE	①「GEファンドイノベーション賞」の中国大学生賞（毎年約50名）、②北京、上海の大学で奨学金を設立、③西部地域の大学で奨学金を設立
モトローラ	①「モトローラ奨学金」清華大学、北京大学など12の大学に1200万人民元を寄付、②国有企業改革の人材協力（5年間、1000社）
シーメンス	①北京で「シーメンス大学連絡部」を設立、毎年、全国の大学に300人分の奨学金を提供、②「シーメンス中国学院」による人材育成協力
サムスン	①中国の17の大学で貧困地域出身の大学生を対象に奨学金を設立、数百万ドルを寄付、②貧困地域出身の清華大学大学生に冬休みの帰省経費を寄付

貧困地域の子供の学校復帰支援「希望工程」、自然災害救援活動、環境保護は、グローバル企業の中国社会貢献活動の主要な内容である。	中国の未来を担う有名大学のエリート学生への援助、政府と国有企業の若手幹部育成への協力は、社会貢献活動の一つの内容となりながら、中国事業の展開にもプラスとなる

資料：筆者作成。

の支援、②自然災害や社会的公共衛生危機への救援活動、③環境保護、④人材育成支援、⑤スポーツ事業への協賛という5大分野で行われている。モトローラ、GE、シーメンス、サムスンが貧困地域の教育事業への支援、自然災害救援、環境保護の分野で積極的に貢献している（図6.3）のに対し、IBM、HPなどが大学への寄付、人材育成支援の分野で実績を上げている（図6.4）。

自然災害・社会的公共衛生危機の救援活動もグローバル企業が中国で社会貢献活動を展開する重要な内容である。この分野で、特に評価されているのは2003年春、中国のSARS危機の中、多くのグローバル企業が中国政府、地域社会へ寄付活動したことである。SARS危機中のグローバル企業の対中寄付一覧は図6.5、6.6、6.7のとおりである。

図6.5　2003年春、SARS危機中、グローバル企業の対中寄付活動：その1

	SARS危機中、グローバル企業の対中寄付活動1			
欧米企業1				
	寄付企業名	寄付内容	金額（人民元）	寄付先
1	Siemens Ltd., China 西門子（中国）有限公司	呼吸器（17台）携帯電話（200個）	700万元	北京市防疫センター、上海、深圳市役所
2	中国ヒューレット・パッカード（中国恵普）	コンピュータ設備と専門医学映像の入力・診断ソフトと関連サービス	265万元	中国疫病予防控制中心
3	P&G (China) Ltd. 宝潔（中国）有限公司	P&G衛生・消毒製品、物品	350万元	中国衛生部
4	ノキア（中国）有限公司	医療設備（5台）、携帯電話（200台）	280万元	中国衛生部
5	モトローラ（中国）有限公司	業務用無線通信設備、防護服	250万元	中国衛生部
6	北京P&G（北京宝潔公司）	P&G衛生・消毒製品	200万元	北京のSARS専門医院
7	GE (China) Co., Ltd. 通信電気（中国）有限公司	心臓監護設備	100万元	中国衛生部
8	GE (China) Co., Ltd. 医療グループ	Pro1000患者監護器（20台）	100万元	北京市衛生局
	通用電気中国医療系統	最新の診断設備の設置、保守サービス	約20万元	小湯山医院
9	Ericsson (China) Co., Ltd.	病院応急通信システム	120万元	中国衛生部
10	PepsiCo Investment (China) Limited 百事（中国）有限公司	寄付金	100万元	北京新聞社
11	Maersk (China) Shipping Co., Ltd.	寄付金	100万	中国衛生部
12	Du Pont China Co., Ltd. 杜邦（中国）	寄付金	100万元	中国衛生部

資料：調査により筆者作成。

　ここで、特に注目すべきことはグローバル企業の「希望工程」への参加である。「希望工程」とは1990年代初期から、中国共産主義青年団系の「中国青少年発展基金会」を中心に全国範囲で展開されてきた国家レベルの社会公益活動であり、その目的が貧困地域の教育事業への支援を通じて農村地域における教育環境の改善を促進し、貧困で学校から離れた子供の学校への復帰と義務教育の達成を実現することである。「希望工程」への寄付によって建設される小学校は「希望小学校」と呼ばれる。1990年代、鄧小平氏は自ら「希望工程」への

図6.6 2003年春、SARS危機中、グローバル企業の対中寄付活動：その2

	SARS危機中、グローバル企業の対中寄付活動2			
欧米系企業2				
	寄付企業名	寄付内容	金額（人民元）	寄付先
13	Kodak (China) Company Ltd. 柯達（中国）	X線設備と部品	100万元	中国衛生部
14	米Genetec医療会社 美国Genetec医療公司	BeyondRx（SARS用新薬）（1000ガロン）	約82万元	北京市防疫センタ
15	Nokia (China) Investment Co., Ltd. NOKIA（中国）と北京モバイル／諸基亜（中国）和北京移動	携帯電話（100台） SIMカード（100枚）	約35万元	北京市衛生局
16	Nokia (China) Investment Co., Ltd. 諸基亜（中国）公司	携帯電話（190台）	25万元	北京市防疫センタ
17	Sinar Mas Paper (China) Investment Co., Ltd. 金光紙業（中国）投資有限公司	消毒ハンドペーパーと現金	500万元（物品） 500万元（現金）	団体寄付
18	Bayer (China) Limited	薬品	50万	団体寄付
韓国系企業				
	寄付企業名	寄付内容	金額（人民元）	寄付先
1	北京現代汽車（北京現代汽車）	自動車（10台）	約150万元	北京市防疫センタ
2	LG電子（中国）有限公司	寄付金 洗濯機、電子レンジ、掃除機	10万（現金） 約100万元（物品）	朝陽区政府（現金） 第一線の医療人員（物品）
3	三星（中国）有限公司	携帯電話（150台）、空調機（150台）	100万元	北京市衛生局

資料：調査により筆者作成。

寄付を行い、国家指導者から一般市民までの全社会の「希望工程」事業への関心を呼びかけた。コカコーラ、モトローラ、P&G、ノキアなど欧米グローバル企業は1990年代から「希望工程」事業に参加し始め、2005年現在、これらのグローバル企業の寄付で建設された「希望小学校」数については、ノキアが101校で一番多く、続いて、P&G（90校）、モトローラ（72校）、コカコーラ（56校）の順になっている（表6.4）。

近年、サムスン、ソニーなどの韓国と日本のグローバル企業も企業イメージアップとブランド価値強化のために、「希望工程」事業を社会貢献活動の有望

図6.7　2003年春、SARS危機中、グローバル企業の対中寄付活動：その3

	SARS危機中、グローバル企業の対中寄付活動3			
日系企業				
	寄付企業名	寄付内容	金額（人民元）	寄付先
1	松下普天通信設備 北京松下普天通信設備有限公司（MCB）	寄付金	100万元	中国慈善総会
2	Matsushita Electric (China) Co., Ltd. 松下電器（中国）有限公司	ノート型パソコン（20台）・プリンター（20台）・ファクシミリ（200台）	92万元	中国疫病防止センタ
3	松下モバイル（松下移動通信公司）	GD88携帯電話（20台）	20万元	北京青年報社
4	広州本田	寄付金	100万元	広州市紅十字会
5	Sony (China) Limited 索尼（中国）有限公司	寄付金	50万元	中国衛生部
6	Omron (China) Co., Ltd.（欧姆龍（中国）有限公司）	体温計（6000本）耳式体温計（100台）	72万元	中国衛生部
7	日立（中国）有限公司	移動式レントゲン機器（7台）	約500万元	中国衛生部
8	Itochu (China) Holding Co., Ltd. 伊藤忠商事	医用防護服（1800着）マスク（2500個）寄付	約21万元	北京市防疫センタ
9	Toshiba (China) co., ltd. 東芝（中国）有限公司	寄付金	10万元	中国衛生部
10	Fuji Xerox (China) Limited	データ機（1台と1年の無料保修サービス）	13万元	中国衛生部
11	Fuji Photo Film (China) 富士胶片（中国）	放射診断儀・医用エックス線フィルム	100万元	中国衛生部

資料：調査により筆者作成。

事業として位置づけて積極的に取り組んでいる。しかも中国の富豪階層をターゲットとし、中国市場で300台の販売実績をもつ英国の高級車ベントレーの親会社も2004年12月、「希望工程」への寄付を行い、企業イメージのアップを図っている。

　「希望工程」への投資は公益マーケティングの性格をもつ活動である。周知のとおり、貧富格差は中国の経済発展における重要な社会問題の一つであり、格差の縮小が中国政府の重要な課題でもある。貧困地域の教育事業への支援は

表6.4 グローバル企業の中国貧困地域教育支援事業「希望工程」への参加

企業名	寄付金額	学校数（受益生徒数）	展開の特徴
コカコーラ	3500万元	56校（6万人）	「健康の旅」PJにより、貧困地域にいる生徒と教師2万人の①飲食栄養の改善、②飲み水の水質改善、③薬品の提供、④基礎衛生知識の普及などを行っている。
モトローラ	375万ドル	72校、数万人	①貧困地域の小学校教師の教育訓練支援、②貧困地域の子供の高校、大学進学支援、③貧困地域の遠隔教育学校6校の設備とソフト提供
P&G	約2000万元	90校、数万人	毎年400万元寄付でP&Gの希望小学校数を増加
マイクロソフト	—	9校（うち、遠隔教育学校4校）	①貧困地域小学校の教師のIT知識教育訓練、②Office XPソフト 8000セット提供
GE	約8万ドル	—	①貧困地域小学校でGE図書館建設、②貧困地域教師訓練支援、③GE志願者による貧困地域教育支援など
ノキア	2020万元	101校	「長征助学」活動を展開
サムスン	900万元	15校（2007年に45校）	「希望工程サムスンAnycall基金」の設立による貧困地域教育支援事業の展開
ソニー	100万元	30校	今後、毎年、寄付を行う
東芝	40万元	2校	2005年から毎年2校増加へ

資料：中国青少年基金会、各社のホームページより筆者作成。

貧富格差を縮小させる重要なプロセスであるといえる。したがって、「希望工程」への参加は企業市民として中国の社会問題への関心を示し、中国政府が抱えている問題の解決に積極的協力していくことでもある。これにより、政府とのコミュニケーション、メディアとのコミュニケーションも改善されることになる。

　公益マーケティングには、企業の知名度を向上させる一つの方法として「注目度が高い、コストが低い」という利点があり、それは消費者の企業に対する認識を変え、企業イメージを向上させ、競争の激しい市場分野で企業とそのブ

ランドに競争優位をもたらす有力な手段にもなる。アメリカのBSR機構（Business for Social Responsibility）は「企業の公益活動がブランド価値強化、企業のイメージと利益の向上に対する貢献度を定量的にはかることができる」、そして、「3分の2のアメリカの消費者が公益活動を行う企業が信頼できると考えている」と指摘している。公益マーケティングの展開は「誠実」、「信頼性」の企業イメージを形成するための一つの選択肢となっている。

公益マーケティングはまた、企業のリスク・マネジメントの手段にもなる。消費者保護意識の向上、政府法律機構の検査、メディアと世論の監督、同業他社の非難・攻撃など、企業にとってリスクとなる種はあまりにも多い。この場合、公益マーケティングは企業の「自己防衛」の手段となる。中国で公益活動を行って社会に評価されているグローバル企業は外部からの「非難、攻撃」を防衛する能力が一般の企業より高い。2005年3月に、虚偽広告で提訴されたP&Gはブランド危機を乗り越えるため、4月1日、中国の貧困地域の教育事業を支援する公益活動である「希望工程」に400万人民元の追加寄付を発表すると同時に、広州にある地域本社で、P&Gの公益事業標識を消費者に公表する大型イベントを行い、市場の発展に貢献し、社会的責任を果たす「P&G公益モデル」を掲げ、これによって危機を乗り越えた。したがって、P&Gは中国で、公益マーケティングを「自己防衛」の手段として活用した成功者であるといえよう。

5　政府とのコミュニケーションは第一

(1)　マーケティング・コミュニケーション：中国の特徴

一般的に言えば、中国マーケティング・コミュニケーションには、二つの主要な目的がある。一つは企業イメージの確立であり、もう一つはブランド価値強化である。企業イメージの確立は主に政府とのコミュニケーション、メディア・コミュニケーションを通じて、企業の経営理念、中国事業とそのビジョン、

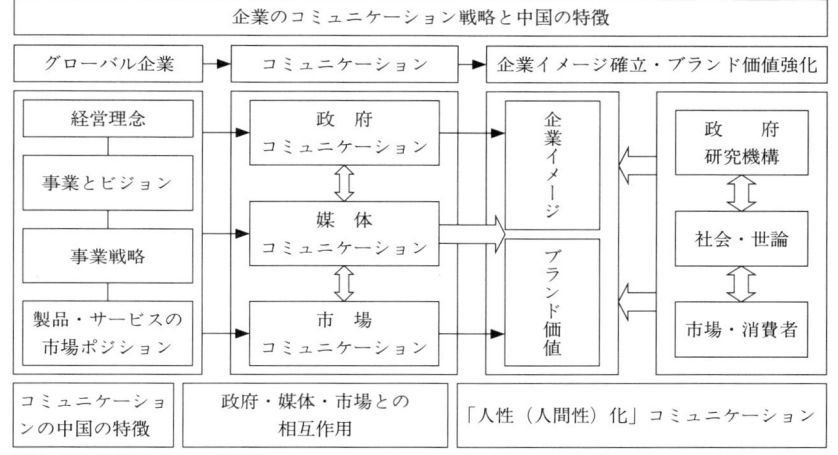

図6.8 マーケティング・コミュニケーション戦略と中国の特徴

企業のコミュニケーション戦略と中国の特徴			
グローバル企業	→ コミュニケーション →	企業イメージ確立・ブランド価値強化	
経営理念／事業とビジョン／事業戦略／製品・サービスの市場ポジション	政府コミュニケーション ⇅ 媒体コミュニケーション ⇅ 市場コミュニケーション	企業イメージ／ブランド価値	政府・研究機構 ⇅ 社会・世論 ⇅ 市場・消費者
コミュニケーションの中国の特徴	政府・媒体・市場との相互作用	「人性（人間性）化」コミュニケーション	

資料：筆者作成。

事業戦略とその展開の実態といった企業情報を開示し、政府、メディアからの理解と協力を得てはじめて実現される。一方、ブランド価値強化は主に市場コミュニケーションを通じて製品とサービスの特徴、製品とサービスの中国市場におけるポジション戦略、及び製品の信頼性を市場と消費者によく伝えることにより、消費者からの認知と支持を得て実現される（図6.8）。

(2) 政府とのコミュニケーションは第一

中国に進出しているグローバル企業は中国市場の魅力を注目すると同時に、中国が社会主義市場経済の道を歩いている国であることも忘れてはいけない。したがって、「政府とのコミュニケーションは第一」ということは中国マーケティング・コミュニケーション戦略を成功させる基本である。言い換えれば、政府との間に良好な関係をもっているかどうかは、グローバル企業の中国市場におけるパフォーマンスに関わる重要な問題である。

中国零点集団は中国に進出しているグローバル企業と中国政府、中国メディアとの関係について調査を実施した。その結果によると、グローバル企業と政

府との関係の良好度では、欧州企業に対する評価が一番高く、続いてアメリカ企業、香港企業、韓国企業、台湾企業、日本企業の順となっている。また、グローバル企業と中国メディアとの関係の良好度では、やはり欧州企業がトップで日本企業はアメリカ企業、香港企業、韓国企業より低いことがわかる。

　中国市場にとって、政府は外資政策、産業政策、知的財産権や独占禁止法など市場関連の法制度の策定者であると同時に、これら政策と法制度を実施する推進者でもある。グローバル企業にとって、対中投資プロジェクトの許認可、市場参入のライセンスの取得などでは、政府がビジネス交渉の相手でもある。また、グローバル企業にとって政府は非常に重要な顧客でもある。中国政府による「政府調達」の金額は膨大なものであり、政府はまた北京－上海間高速鉄道プロジェクトや社会インフラ整備などの大型開発プロジェクトの投資者でもある。さらに、最も重要なのは企業のリスク・マネジメントで政府が重要な役割を果たしていることである。例えば、中国市場における外国ブランド危機で、メディアの過熱報道、消費者の過剰反応に対し、政府関係省庁がどのような態度表明を行うかは事態打開のキーポイントとなる。要するに、グローバル企業が中国で事業を展開し、中国市場におけるブランド価値を強化し、またビジネスリスクを回避するには、政府の支持と協力が必要である。したがって、政府との有効なコミュニケーションチャネルの構築と維持はグローバル企業の中国マーケティング・コミュニケーション戦略の重要な課題である。

　「中国で最も尊敬される企業」と評価されている外資企業は中国マーケティング・コミュニケーションの展開において、一つの共通の特徴をもつ。それは「政府とのコミュニケーションを第一」としていることである。シーメンス、IBM、HP、GEは政府とのコミュニケーションを円滑的に行うために有能な中国人を政府とのコミュニケーション担当の副社長に任命している。また、これらのグローバル企業は本社のトップ経営者、中国地域本社の経営管理者、中国地域本社の中国人政府関係担当者という三つのレベルから対中国政府のコミュニケーション活動を戦略的に展開している。

　まず、グローバル企業本社のトップ経営者は中国・北京を定期的に訪問し、

国家首脳との会見を行っている。近年、GE、HP、マクロソフト、モトローラ、インテル、エリクソンなど欧米企業のトップ経営者は自ら中国政府とのコミュニケーションで第一線に立ち、中国・北京の定期的訪問、政府要人との会見、関係省庁への寄付、有名大学での講演を通じて自社の企業理念、中国事業戦略、製品開発と市場開拓の計画をアピールして中国政府からの理解と支持を取り付けている。グローバル企業の本社のトップ経営者は中国中央省庁との間に「戦略的パートナーシップ」を構築するため、北京、上海など主要都市の市長顧問と面接するなど、政府とのコミュニケーションを円滑に行うためのさまざまな手段を講じている。

次に、グローバル企業の中国地域本社の経営管理者が政府とのコミュニケーションを最も重要な仕事内容とすることがある。中央省庁、地方政府はもちろん、現地の経営管理者と中国の主要な業界団体、政府系シンクタンクとの交流も頻繁に行っている。一部の地域本社の経営者は政府系業界団体の役員も担当している。例えば、シーメンス（中国）の社長は中国政府系の「外商投資性公司（傘型企業）工作委員会」の会長を担任し、政府とのコミュニケーションチャネルを拡大している。

6　中国マーケティング・コミュニケーション：戦略と体制

政府、メディア、消費者を対象とするマーケティング・コミュニケーションを戦略的に展開するためには、効率的な組織体制が必要となる。中国のWTO加盟とそれに伴う市場開放に対応して、IBM、モトローラ、シーメンス、サムスンなどのグローバル企業は対中国マーケティング投資の重要な一環として中国地域本社にマーケティング・コミュニケーション部門を設置しており、そこには一つの共通の特徴が見られる。それはメディア・コミュニケーション、企業宣伝などを担当する専門部門とは別に、政府とのコミュニケーションを担当する専門部門である「政府事務部」を設置していることである。

ここでは、グローバル企業の中国マーケティング・コミュニケーション体制

のモデルとして、IBM（中国）有限公司とサムスン（中国）有限公司を例にとって見てみよう。

　IBM（中国）有限公司には政府、メディア、市場、社会貢献の4つの分野にそれぞれ対応する専門の担当部署が設置されており、統合したマーケティング・コミュニケーションが戦略的に展開されている。そのうち、「政府事務部」は政府、業界団体とのコミュニケーション活動を企画、推進し、「公共関係部（日本企業の「広報・宣伝部」に相当する組織）」はメディア対応、企業イメージの宣伝と広告の業務を担当している。「大学合作部」は中国の大学への寄付活動、社会貢献活動を企画して実施する。そして「マーケティング部」は各事業グループの製品・サービスブランドの宣伝・広告活動を行う。これに対し、サムスン（中国）有限公司では「企画部」が政府とメディア対応を担当し、「人的資源部」が社会貢献を担当している。具体的に言えば、「企画部」の下には、さらに「渉外・政府関係部」、「広報部」と「情報部」が設置されている。「渉外・政府関係部」はサムスン（中国）有限公司及びサムスングループの対中国政府のコミュニケーション活動を担当している。「広報部」はメディア・コミュニケーションを担当する。「情報部」は政府系シンクタンクやコンサルティング会社とのコミュニケーション業務を担当する。また、「人的資源部」はサムスングループの中国地域における社会貢献活動の企画、実施を担当する。

　IBM、モトローラ、シーメンス、サムスンといった欧米と韓国のグローバル企業の中国のマーケティング・コミュニケーション体制には、もう一つの共通の特徴がある。それはPR会社との長期的な契約関係をもっていることである。即ち、PR会社の専門的な知識とノウハウを活用して政府、メディア、消費者3者とのコミュニケーションを推進することである。

　中国国際公共関係協会によると、2004年12月現在、中国で事業活動を展開しているPR会社は約1500社で、そのうち、北京を本拠地として全国範囲でPR事業を展開している会社が一番多く286社である。続いて上海142社、広州95社、成都50社の順となっている。北京のPR市場は全国の40％も占めている。

　中国で事業を展開しているPR会社はまた本土系PR会社と外資系PR会社

図6.9　中外PR会社売上高ランキング（トップ10）

中国における企業コミュニケーションとPR会社

中国PR会社（本土系、外資系）トップ10（2004年）		
順位	本土系トップ10	外資系トップ10
1	藍色光標公関顧問	APCO Worldwide
2	広通偉業公関策略	Burson-Marsteller China
3	中国環球公関	Edelman China
4	迪思公関顧問	Fleishman Link Consulting
5	時空公関顧問	Hill & Knowlton China
6	海天網聯公関顧問	Ketchum Newscan
7	嘉利公関顧問	Ogilvy Worldwide
8	帕格索斯伝播機構	PRAP Consultants
9	博誠智傑公関顧問	RuderFinn Beijing
10	上海哲基公関	Weber Shandwick China

- 2003年、中国コンサルティング市場開放
- 中国PR会社（外資系）トップ10の中、6社は独資
- 外資系PR会社の強み
  ・PRの経験とノウハウ・イベント企画
  ・戦略的コンサルティングなどの総合サービス
- 本土系PR会社の強み
  ・政府コミュニケーション・（危機）事件対応
  ・マスメディア媒体コミュニケーション
  ・市場コミュニケーション（特に製品関係）
- 外資系PR会社と本土系PR会社の戦略的提携
- PR会社のサービス分野は情報・通信、大衆消費品、自動車から医療・健康、不動産、金融、文化・スポーツ、都市公共事業などへ拡大している（2004年）。

- 全国のPR会社1500社（うち、北京286社、上海142社、広州95社、成都50社）。
- 中国PR会社（本土系、外資系）トップ10の本社所在地は殆ど北京にある。
- 北京のPR市場の全国PR市場に占める割合は40％強。
- 売上高伸び率：本土系30％、外資系18％（03年）

資料：筆者作成。

に分けることができる。中国国際公共関係協会は2004年度PR会社の売上高ランキングに基づいて「本土系PR会社トップ10」と「外資系PR会社トップ10」を公表している（図6.9）。

　上述したように、中国の市場開放と中産階層を原動力とする消費市場の拡大に伴い、グローバル企業はマーケティング投資を対中投資の重点としている。グローバル的規模で活躍している有名なPR会社がこの市場環境の変化に対応して中国への進出を加速化している。現在、中国のPR会社は外資系PR会社の占める割合で60％にも達しているという。

　一方、2004年度では、中国PR業界の売上高の伸び率で見ると、本土系PR会社が30％に達しているのに対し、外資系PR会社は18％である。外資系PR会社が経験とノウハウ、イベントの企画、及び戦略的コンサルティングなどの

総合的サービスで優位性をもっているのに対し、本土系PR会社は政府、業界団体との強いチャネルをもち、政府とのコミュニケーション、事件対応を含めたリスク・マネジメントの分野で優位性を確立している。実は、グローバル企業はマーケティング・コミュニケーションの必要性に伴い、外資系PR会社と本土系PR会社の両者とも活用し、長期的な契約関係をもっていることがある。

　「政府とのコミュニケーションは第一」。グローバル企業はマーケティング・コミュニケーションの戦略と体制によって、政府とのコミュニケーションを速やかに実現しなければならない。そのため、中国本土系PR会社の資源を有効的に活用することが重要なのである。一部の欧米企業が中国国家通信社である新華社系の「中国環球公共関係」の協力を受け、中国政府とのコミュニケーション活動を効果的に展開していることはその好例である。

第7章　企業イメージ向上への挑戦
　　　――グローバル企業の中国メディアコミュニケーション戦略

1　中国のメディアコミュニケーション戦略の展開

　中国の消費市場の潮流をリードする主役は中産階層である。この新しい社会階層は消費観念、消費文化と消費行為の形成でインターネット、テレビ、新聞といったメディアからの影響を大きく受けていることは、本書の前半部分で分析した。

　クリス・フィルはマーケティングコミュニケーションの展開はまず、消費者の所在地域のコミュニケーションの環境をよく理解しなければならないと指摘している。

　今日の中国はすでに世界でも有数な情報密度と経済性をもつ国となり、さまざまなメディアを介して繰り返し伝えられる情報は、社会的に共有化され、政治や経済、企業活動と消費者の消費意識に大きな影響を及ぼしている。したがって、中国市場を開拓しているグローバル企業にとっては、中国の多様にわたるメディアの理解と刻々と変わる動向を把握し、中長期のメディアコミュニケーション戦略を企画、立案することは重要な経営課題となっている。要するに、グローバル企業は中国市場における企業イメージとブランド価値を向上させるためには、中国メディアとのコミュニケーションを戦略的に行う必要がある。なぜなら、メディアはグローバル企業の中国マーケティング・コミュニケーションのツールになることもできるし、グローバル企業のイメージとブランドを崩壊させる「攻撃的武器」にもなる。

中国の企業界には、「防火・防盗・防記者（防火、盗難を防止、記者を警戒）」の俗語がある。中国では、メディアの「マイナス的」、あるいは「攻撃的」報道がもたらす企業イメージとブランド価値に対する「破壊力」を十分に認識せずに、ビジネスリスクをこうむる例はあまりにも多い。特に、中国のメディア環境、メディア行動と欧米、日本のそれとの差は大きい。近年、中国のコミュニケーションの環境をよく理解できず、対応不当で危機に巻きこまれた日本企業は多い。

　グローバル企業はメディアとのコミュニケーションの主導権を握って、中国メディア戦略を企画し、立案するため、まず中国メディアとその特徴、メディアの種類と普及率、改革開放に伴う中国メディア業界の構造（資本関係、所有関係、政府による媒体コントロール）変化の傾向、及び技術革新によるメディアへのインパクトを把握しなければならない。

　グローバル企業の中国マーケティング・コミュニケーションの環境を研究し、特に中国メディアとその環境を分析するため、2004年に、筆者が中国約600種の新聞・雑誌を対象とした「グローバル企業の中国メディアコミュニケーション戦略に関する調査」を企画し、ある大学系メディア調査・研究機構の協力を得て実施した。ここで、調査結果を説明する前に、中国メディアとその環境を分析しておく。

2　中国メディアの「百花斉放」と外国メディアの上陸

　新聞・雑誌、テレビ・ラジオ放送、インターネットは今日の中国メディアの主流を構成している。これらのメディアはグローバル企業の中国マーケティング・コミュニケーションの重要なツールとなっている。

　ここで、改革開放に伴う中国メディアの変容、WTO加盟によるメディア市場開放と外国メディアの中国進出、インターネットの普及に伴うニューメディアの登場など側面から、中国メディアの全容を解明しておく。

(1) 中国マスメディアの変容:「官製」から「民営化」へ

2004年12月、中国の若者に強い影響力をもち、中国2大新聞紙の一つである『北京青年報』は香港証券市場で正式に上場し、「中国新聞界の第1株」となった。『北京青年報』の経営母体である「北青伝媒」はこの上場を通じて1億ドルの資金を調達し、北京を本拠地とするメディア王国の構築を図ろうとしている。これは中国のメディアが「官製」から「民営化」へ変容する象徴的な出来事である。

社会主義計画経済時代における、中国メディアの主な特徴は「官製」と「管制」という二つの用語で表現することができる。「官製」とは新聞紙、雑誌、テレビ・ラジオ放送など主流的メディアが原則として共産党と政府の行政費による給付方式で設立、運営されることを指し、「管制」とはメディアの運営方針、宣伝の内容と形式に関する共産党による集中的な管理を指している。改革開放、社会主義市場経済を実施してから約30年の間に、中国メディアの「管制」という特徴はあまり変わっていないが、「官製」という面では大きく変容している。『北京青年報』の香港上場に代表されるように、中国メディアの資本構造は従来の党と政府の行政費による給付という単一のものから広告費収入、証券市場上場、国内民間資本と外国資本導入による資金調達へと、多元化してきている(図7.1)。2005年5月現在、香港を含めた証券市場に上場している中

図7.1 「官製」から「民営化」へ:中国マスメディアの変容

「官製」から「民営化」へ:中国マスメディアの変容
マスメディアの所有・投資主体の変化,マスメディアのコントロール体制の変化

党・政府の行政費用による設立・運営	⇒ 広告収入・証券市場上場・民間資本と外資導入による資金調達	行政管理から市場化運営へ
		巨大媒体集団の登場
	⇒ 証券市場上場媒体企業12社 民間資本・外資出資参加8社	新しい全国新聞集団の誕生・差別化・多様化・大競争

中国マスメディア業界の「合従連衡」

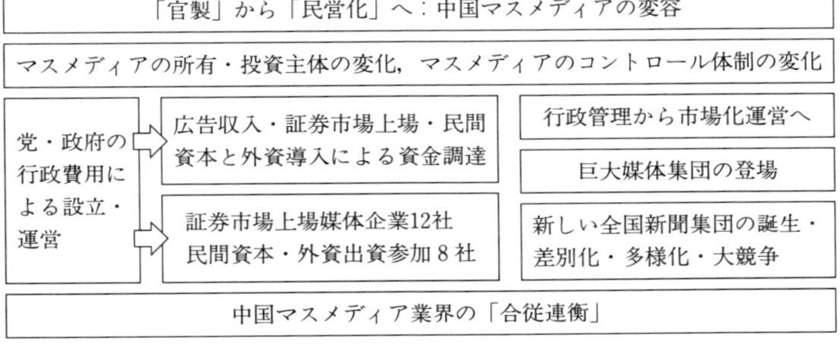

資料:筆者作成。

図7.2　中国における新聞の分類

中国新聞の分類	都市紙	新京報、新聞晨報、南方都市報、羊城晩報等
	党・政府機関紙	人民日報、北京日報、解放日報、広州日報等
	経済紙	第一財経日報、21世紀経済報道、経済観察報
	生活・消費紙	中国市場報、週末画報
	業界紙	中国汽車報、計算機世界、中国電子報など
	その他	中国足球報、中国健康報

資料：筆者作成。

国のメディア企業は約20社、民間資本と外国資本による出資参加の中国メディアは10数社に達している。

　こうして中国メディアは改革開放に伴い「官製」から「民営化」、「市場化」への変化を遂げてきている。メディアの「民営化」と「市場化」の進行につれて、メディアの投資と所有の主体も大きく変わってきた。しかもマスメディアの投資と所有主体の変化は必然的に中国メディアのもう一つの特徴である「管制」、すなわち党と政府によるメディアのコントロール体制、権力とメディアとの関係に大きな衝撃をもたらしている。

　新聞の分化は中国メディアが「官製」から「民営化」へ変容しているもう一つの象徴的な出来事である。ここでいう新聞の分化とは、中国共産党機関紙『人民日報』を代表とする中央や各地方の党・政府の機関紙の発行部数が激減し、『新京報』(北京)、『南方都市報』(深圳)に代表される都市型新聞の発行部数が急増していることである。中国における新聞の分類は図7.2のとおりである。

　新聞の分化傾向は新聞広告市場にも現れている。例えば、2004年の新聞広告市場には、都市型新聞の市場シェアが67.3％にも達しているのに対し、党・政府の機関紙の市場シェアはわずか14.1％であり、新聞の広告収入ランキングでは『人民日報』は80位以下にとどまっている。中国メディアの「官製」色は段々と薄くなっていることがわかる。

(2) 「政策・方針の宣伝的報道」から「社会・経済の現実問題の批判的報道」へ

　党・政府の機関紙が「政策・方針の宣伝的報道」に力点を置くのに対し、「民営化」の都市型新聞、生活・消費型雑誌は社会・経済、文化と消費生活などの報道に力点を置いている。これは都市型新聞、生活・消費型雑誌が中産階層の読者から人気を集め、急速に成長している主な原因の一つである。特に、『南方週末』を代表とする都市型新聞紙は「批判報道」の手法で「不正と腐敗」など社会と経済生活における現実の問題を大胆に取り上げ、読者の関心と共感を呼び、新聞としての知名度とブランド価値を向上させることに成功している。

(3) 巨大メディア集団の登場とメディア競争の激化

　近年、中国メディアの「民営化」は急速に進行し、メディアの「市場化」と「企業化」経営も大きく推進されてきている。民間資本と外国資本は強い資金力を武器として中国メディア業界に参入し、メディア業界における地域の枠、新聞・雑誌とテレビ・ラジオ放送といったメディア種類の枠を超えた「合従連衡」も頻繁に展開されている。これに伴い、地域の枠を越えて新聞、雑誌、テレビ、ラジオ放送といった4大メディアを統合することに成功した巨大メディア集団が登場してきた。2005年5月現在、広州日報報業集団、上海文広新聞メディア集団、北京放送影視集団を代表とする巨大メディア集団は39に数えられる。

　2005年5月現在、中国全土で2137種の新聞、9029種の雑誌、320のテレビ局、282のラジオ放送局、200以上のインターネット情報サイトが中国のメディア勢力図を構成している（図7.3）。

　改革開放と市場開放がメディアに「百花斉放」の局面をもたらしている。一方、今後3～5年間の間に、資本の原理による「合従連衡」と「市場化」の論理による競争、運営を通じて中国のメディアは最終に100ぐらいの巨大メディア集団に統合されるであろうと、メディア研究の専門家は予測する。中国のメディアは経営の多様化、競争の差別化の時代を迎えているといえよう。

図7.3 中国メディアの構造

中国マスメディアの「百花斉放」		
新　聞：2137種 ・全国紙：212種 ・省レベル新聞紙：771種 ・市レベル新聞紙：893種 ・県レベル新聞紙：261種	マスメディア・新聞出版集団 ・放送・映画・TV　47グループ ・出版集団　　　　　8グループ ・媒体発行集団　　　5グループ ・新聞集団　　　　　39グループ	中国媒体の「空母」 中国放送影視集団 （CCTV、中央ラジオをコアとする総合媒体集団）
雑　誌：9029種 ・月刊誌：3094種 ・隔月刊誌：2790種 ・季刊誌：2378種	全国経済紙 ・経済観察報 ・21世紀経済報道 ・第一財経新聞	ニューメディアのパワー 3大インターネット企業（ナスダック上場） ① Sina.com ② sohu.com ③163.com （インターネットユーザ数：約1億戸）

資料：筆者作成。

　一方、市場化の環境におけるメディアのビジネス運営とメディア間の競争の激化は中国メディアの公信力（信頼性）という問題をもたらしている。ビジネス運営のため、一部のメディアは読者や視聴者の需要よりも広告主の要請を重視する傾向がある。また、同業間競争のため、一部のメディアは報道のスピーディさを追求して報道記事の真実性を犠牲にする傾向がある。さらに、読者と視聴者を刺激し、注目度を集め、「悪いことがよいニュースになる」ことで報道の倫理性を無視するメディアも一部にある。「拝金主義」もメディアの運営に悪影響を与えている。例えば、一部の新聞・雑誌は「有償ニュース（ニュースと記事の形で企業イメージの宣伝、広告文章の発表を有料で行うこと）」の「ビジネス」を行っている。これらの現象は中国メディアの健全的発展を阻害するものになっている。

　人民日報と新華社をはじめとするメディアはみずからの公信力を維持、向上させるため、「自律公約」を自発的に行い、全国約30のインターネットニュース業者は有害ニュースに反対し、真実を追求する業界「自律宣言」を公表した。また、中国のマスメディア業界も全国の新聞紙・雑誌に対する公信力評価を行い、メスメディアの健全的な発展を図ろうとしている。

(4) 外国メディアの上陸とそのインパクト

中国のWTO加盟に伴うメディアの市場開放と外国メディアの中国進出は中国メディア業界に大きなインパクトを与えている。WTO加盟公約によると、中国は2006年までに、図書の出版・発行、新聞と雑誌の発行、テレビ番組の制作・流通、広告の全額外資による経営を全面的に開放する。実際、2005年2月時点で、アメリカの主力メディアはすでに中国に進出し、巨大市場を開拓している。

例えば、米タイムズ・ワーナー社は中国本土で『フォーチュン（FORTUNE）』と『フォーブス（FORBES）』両誌の中国語版を発行しており、米マグロー・ヒル（McGraw Hill）社は合弁の形で『ビジネスウィーク（BUSINESS WEEK）』の中国語版を発行している。また、米のメディア大手Viacom社は中国中央テレビ局、上海テレビ局、広州テレビ局と協力してMTVの番組を放送し、マードックニュース（Murdoch News）社は上海、広州など地域でスターテレビの番組を放送している（図7.4）。

アメリカメディアは中国のWTO市場開放公約に従って、まずインターネット、次にテレビ、そして最後に新聞と雑誌という順番で中国メディア市場へ

図7.4 中国マスメディア市場の開放と外国メディアの上陸

中国マスメディア・広告業界の開放と外国媒体の上陸		
『Fortune』『Forbes』中国語版　米タイムズ・ワーナー社	WTO加盟と媒体・図書・広告市場開放	『世界時装之苑』『ELLE』仏 Hachette Pilipacchi Medias
『BusinessWeek』中国語版　米 McCraw Hill 社　中国対外経済貿易出版社	2002年：図書・新聞・雑誌の小売 2004年：媒体発行・流通市場開放 広告市場：外資マジョリティ可 （2004.3，外資系広告会社450社） 2005年末、広告市場の外資独資可	STAR TV（上海・広州）星空媒体＋湖南TV Murdoch News Corp.
MTV（音楽TV番組・広州）米 Viacom Inc. 社（メディア娯楽集団）	2004年、中国広告業界の「国際化元年」。広告市場規模は1000億人民元へ。（2003年中国広告業界売上高150億ドル）	

資料：筆者作成。

の参入戦略を次々と展開している。これに対し、世界38カ国に進出している欧州のメディア巨人、フランスのHachette Filipacchiグループは上海の出版社との共同出版という形で、『ELLE』の中国語版『世界時装之苑』を発行した。『ELLE』の中国語版『世界時装之苑』(1988年創刊)、『時尚（時流）』(1993年創刊)、『瑞麗』(1995年創刊)は中国の中産階層の女性を対象に欧米の生活様式と消費文化を紹介する流行誌の代表となっている。

2004年9月、Hachette Filipacchiグループの主席兼CEOのG. de Roquemaurel氏は北京で「消費型雑誌の使命」と題とした講演を行い、同グループの中国進出の最大の使命は「中国の読者に近代社会の生活と消費の傾向を解説し、読者を啓発することである」と指摘した。Hachette Filipacchiグループは現地の雑誌を買収する手法で日本進出に成功した。同グループは市場の潜在力と魅力から、同様な手法で中国市場を開拓し、中国の読者に適したローカル・ブランドを構築したいと、今後の事業戦略を展望している。

欧米メディアの上陸による中国社会への最大のインパクトは、表面的には欧米社会の最新の情報による衝撃であるが、深層的にはG. de Roquemaurel氏が期待しているとおり、「中国の読者に近代社会の生活と消費の傾向を解説し、読者を啓発する」ことを通じて、欧米の社会的理念、生活様式、消費文化を中国社会、特に中産階層へ浸透させるということである。

(5) インターネットメディアの台頭：巨大な影響力と攻撃力

2005年3月、中国のインターネットユーザー数は1億人を突破することになった。これと同時に、インターネットニュースは新聞紙・雑誌、テレビ・ラジオ放送といった伝統的メディアに取って代わり、中国の若者が情報を受信する第一のメディアとなりつつある。2004年5月、中国『新聞記者』社は上海市の6大学の学部生と院生1000人を対象に「上海市大学生のマスメディア接触状況調査」を実施し、971人の有効回答を得た。その調査結果によると、上海市の大学生は、インターネットを使う時間が1日121分間で、ラジオ放送の52分間、テレビの51分間、新聞・雑誌の34分間よりはるかに多い。しかもインターネッ

ト接触の主な目的が社会・経済、時事ニュースと生活情報の取得であることがわかった。大学生はインターネットメディアを、世界と中国国内の「突発事件」を知るための第一手段として選んでいることが注目される。

新聞紙や雑誌など伝統的なメディアと比べると、インターネットメディアの最大の特徴はスピーディな報道、リアルタイム（同時報道）などの「速報性」にある。例えば、2000年、アメリカ9.11テロ事件に対するスピーディな報道、及びシドニーオリンピック大会におけるリアルタイムな報道はインターネットメディアが中国若者にとって情報受信における重要な位置を占めることになった。技術イノベーションの発展により、インターネット・マルチメディアは「網友（インターネットで知り合いになった仲間たち）」と情報提供者との間、また複数の「網友」の間に「互動式」あるいは「共同式」のコミュニケーションの「場」を提供し、「網友」は重大なニュース、突発事件に関する討論、意見を発表しあうことによって、一種の社会的圧力として「インターネット世論」が形成されるようになった。例えば、北京－上海間高速鉄道プロジェクトの採用技術をめぐるインターネット上の大論戦は中国鉄道省の技術導入の意思決定に大きな影響を与えている。現在、中国では、メールや「ネットフォーラム」の形式でニュースと社会のホットな話題に関して討論と交流を行うことは一般化している。影響力、注目度ともに高い「ネットフォーラム」としては、国家通信社である新華社に運営されている「新華ネット」上の「発展フォーラム」と「青年話題」、人民日報の「人民ネット」上の「強国フォーラム」、および「千龍ネット」上の「京華フォーラム」がある（図7.5）。

「人民ネット」上の「強国フォーラム」は1999年5月、米軍機が中国の駐ユーゴ大使館を爆撃したことを強く抗議する「網友」のために開設された「米軍の暴行を強く抗議するBBSフォーラム」から発展してきたもので、「網友」の意見と感情を表すための重要なチャネルでもある。インターネット・マルチメディアは「開放性」、「網友」参加の「自発性」、意見発表の「爆発性」といった特徴から、興論と社会的圧力の形成では無視できない巨大なパワーを形成しているし、インターネット上の「非理性的考え方」や「攻撃的発散」もよく

図7.5　インターネットメディアの台頭とそのパワー

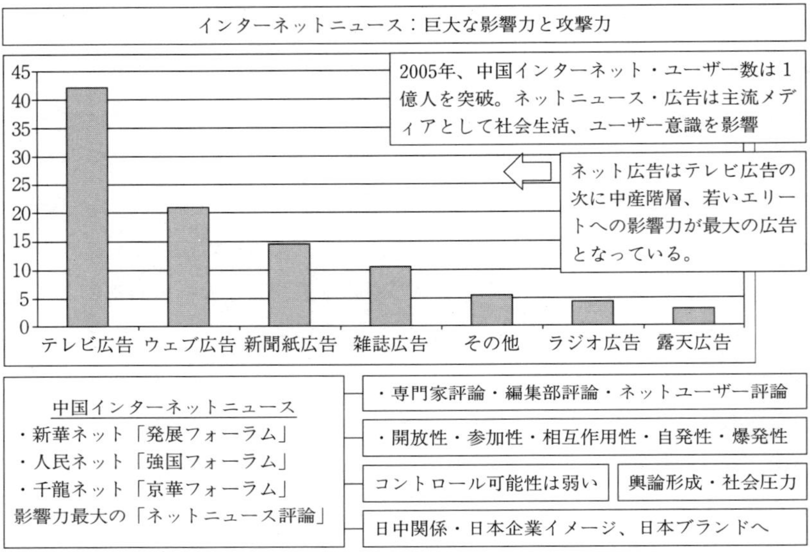
インターネットニュース：巨大な影響力と攻撃力
2005年、中国インターネット・ユーザー数は1億人を突破。ネットニュース・広告は主流メディアとして社会生活、ユーザー意識を影響
ネット広告はテレビ広告の次に中産階層、若いエリートへの影響力が最大の広告となっている。
45
40
35
30
25
20
15
10
5
0
テレビ広告
ウェブ広告
新聞紙広告
雑誌広告
その他
ラジオ広告
露天広告
中国インターネットニュース
・新華ネット「発展フォーラム」
・人民ネット「強国フォーラム」
・千龍ネット「京華フォーラム」
影響力最大の「ネットニュース評論」
・専門家評論・編集部評論・ネットユーザー評論
・開放性・参加性・相互作用性・自発性・爆発性
コントロール可能性は弱い
輿論形成・社会圧力
日中関係・日本企業イメージ、日本ブランドへ

資料：筆者作成。

あるので、党と政府から見れば、新聞やテレビなどの伝統的なメディアよりはるかにコントロールしにくい面がある。

3　中国メディアのグローバル企業報道

(1)　中国のウォール・ストリート・ジャーナルの登場とそのインパクト

中国経済の高度成長はメディアの変容を加速させるもう一つの要因となっている。本書の第1章で分析したように、中産階層は個人の将来と事業の発展のため、経済政策の動向、金融、投資、産業、ビジネスと企業動向に高い関心を抱いている。全国の総合経済紙と専門の経済誌、及びテレビの経済専門チャネルなどのメディアは中産階層が経済情報を取得する最も重要な手段である。読者の高い関心と情報需要を満足させるため、これらの経済メディアは経済報道

を最重要の課題として取り上げ、激しい市場競争を繰り返している。2004年11月、『第一財経日報』の誕生はその出来事である。同紙は北京青年日報社、上海文広新聞メディア集団、広州日報報業集団という北京、上海、広州3大地域の有力メディアグループにより合弁設立された「地域の枠とメディア種類の枠を超えた、権威ある、中国の主流的総合経済紙」として、中国の「最も決断力のある者、最も消費力のある者、最も影響力のある者」を読者層としてターゲットにしている。

中国のウォール・ストリート・ジャーナルを目指している『第一財経日報』は北京・天津の華北地域、上海を中心とする華東地域、広州を中心とする華南地域という中国経済を牽引している3大地域のメディア集団の「合従連衡」により創られたものである。その誕生は近年、中国経済成長の波に乗って急速に成長してきた中国経済紙の「三強」といわれる『21世紀経済報道』、『経済観察報』と『中国経営報』に強い衝撃をもたらした。従来の経済紙3強は激しい市場競争で勝ち残るため、それぞれの経営特徴を鮮明に打ち出し、ブランド価値を強化して、これに対抗しようとしている。

中国では、マクロ経済、金融、投資、ビジネス、市場動向、企業動向などの情報提供において、総合経済紙だけが重要な位置を占めているわけではない。都市型新聞紙、経済誌、テレビの経済専門のチャネルも読者や視聴者にリアルタイムな経済ニュースと市民の生活に密接に関連する経済、金融の情報を提供して注目を集めている。中国の経済紙、テレビの経済専門チャネルの経済報道は、グローバル企業の対中国直接投資、グローバル企業の中国市場活動などを一つの重要な報道内容としている。主要の経済紙、経済誌とテレビ経済チャネルには、「跨国公司在中国（中国におけるグローバル企業）」の特集やシリーズ報道がある。これらの報道は消費者、政府、業界団体などの利害関係者のグローバル企業に対する認識、態度の形成とブランド認識に影響を与えるだけでなく、消費者の消費行為も左右している。したがって、メディアコミュニケーションを戦略的に行うことはグローバル企業の中国マーケティングの無視できない課題であるといえる。

(2) 「崇拝的」から「批判的」へ：中国メディアのグローバル企業の報道姿勢

　改革開放の初期、特に中国が外資を熱心に導入していた1980年代後半と1990年代では、中国メディアはグローバル企業に関する「好意的」な報道が多く、グローバル企業の経営やマネジメント、外国の有名な創業経営者の成功物語、対中投資と中国市場開拓の経験などを大きく取り上げ、その報道姿勢は一言で表現すれば、「崇拝的」なものであった。

　しかし、近年、中国の経済力の向上、特に国有企業の競争力の上昇に伴って中国市場における国有企業とグローバル企業との競争が激化しており、インターネットを含めた中国メディアのグローバル企業報道の姿勢は段々と厳しくなり、「技術力による市場独占」、「国境を越えた脱税」、「営業活動中の賄賂行為」、「知的財産権による中国企業の封じ込め」、「中国社会・伝統文化の無視」、「中国消費者の軽視」など、グローバル企業に対する「批判的」報道が増えてきている。

　このような傾向に対して、中国国内の有識者は「民族主義的な反応は外資誘致やグローバル企業の中国における正常な運営に有害だ」、「グローバル企業を客観的に見るべきだ」と指摘し、メディアの報道姿勢に対する読者や視聴者の「民族主義的、感情的な反応」を牽制している。一方、最近、メディアが主催したり、あるいはメディアが参加したさまざまな企業イメージ評価、企業知名度評価、ブランドランキング評価とその結果を報道するニュースとそれを分析する記事も増え、読者の企業イメージとブランド認識に影響を与えている。

(3) 中国メディアのグローバル企業報道

　「グローバル企業の中国メディアコミュニケーション戦略に関する調査」はある大学系のメディア研究機構が観測している全国約600種の新聞・雑誌を研究と分析の対象として2003年における中国メディアのグローバル企業に関する報道状況について統計分析を行った。この調査は、中国メディアが欧米企業（GE、IBM、HP、シーメンスの4社）、日本企業（松下電器、日立、ソニー、

キヤノンの4社)、韓国企業（サムスンの1社）などの代表的なグローバル企業をどのように報道しているかを重点的に調べた。ここで、調査結果を分析しながら紹介してみよう。

2003年に、中国メディアのグローバル企業に関する報道には、報道の量（報道数）を見てみると、HP、IBM、サムスンがトップ3となっている。また、「企業報道」と「製品報道」という報道の内容から見ると、IBM、GE、ソニーに関する報道には「企業報道」が多く、これに対してHP、サムスン、シーメンス、キヤノン、松下電器については「製品報道」がメインとなっている。

グローバル企業のマーケティング・コミュニケーション活動も中国メディアによる報道の重要な内容となっている。HP、IBM、サムスンはこのようなコミュニケーション活動を積極的に展開しているので、報道される頻度も特に高い。マーケティング・コミュニケーション活動に関する報道内容を見ると、社会貢献活動に関する報道にはシーメンスの記事やニュースが多く、新製品発表会とプロモーションなどの市場コミュニケーションの報道では、サムスンが多い。そしてHP、IBMに関して市場コミュニケーションと技術セミナーなど関連の報道が多いことがわかる。

また、メディアコミュニケーション活動に関する報道数を分析すると、IBMが一番多い。例えば、2003年2月の中国の春節（正月）前後、IBMは全国の主要都市で「もう一つのIT革命：需要に対応して変化する電子商取引」をテーマとする「春節記者招待説明会」を開催した。この全国的に展開したメディアコミュニケーション活動に対し、全国の28のメディアが32の報道記事や関連ニュースを集中的に掲載した。

(4) 増えつつあるグローバル企業に関するマイナス報道

上述したように、中国メディアのグローバル企業報道は「崇拝的」姿勢から「批判的」傾向へと変わっている。また、情報化とグローバル化の進展に伴い、グローバル企業の中国における経営動向だけでなく、その母国あるいは世界各国・地域における経営動向と企業に関わる事件などもリアルタイムに中国メデ

ィアに報道されている。例えば、2003年、IBMについて、アメリカ本社の粉飾決算が発覚した事件、韓国のビジネスにおける賄賂行為が発覚して摘発された事件に対し、中国メディアはアメリカと韓国のメディアとほぼ同時に大きく報道した。メディアの過熱報道はIBMに良好な企業イメージをもつ中国読者を驚かせ、ガスナー会長を尊敬している中国の企業経営者たちにも失望とショックを与えた。

「グローバル企業の中国メディアコミュニケーション戦略に関する調査」は2003年、中国メディアのグローバル企業に関するマイナス報道、危機報道を分析している。その結果、次の実態が判明した。すなわち、マイナス報道と危機報道数が一番多い企業はIBM、サムスン、HPの3社である。一方、マイナス報道率（ある企業に関する企業報道総数に占めるマイナス報道の割合）を取ってみると、ソニー、モトローラとノキアは上位3社となっている。

ソニーに関するマイナス報道は「DSC-P1デジタルカメラ」、「Vaio PC」、カラーテレビなど製品の品質問題とこれらの製品のリコール行動に集中している。IBMについては、問題のあるディスプレーのリコール、アメリカ本社の粉飾決算、韓国での賄賂行為、さまざまなビジネス訴訟などが報道された。ヒューレット・パッカードについては、欠陥のあるパソコンに関する政府調査を阻止、中止させるための賄賂行為が報道されている。また、サムスンの「製品密輸」とアフターサービスに対する消費者の苦情なども中国メディアに大きく取り上げられた。

(5) 2003年中国SARS危機期間、メディアのグローバル企業報道

2003年はSARS危機が中国を襲った年である。メディアはグローバル企業がこの危機で、中国政府、中国社会に対してどのような行動を取っているか、対中国投資の姿勢と中国市場に対する期待に変化があるかなどについて、特に関心をもって大きく報道した。

2003年の中国SARS危機期間に、欧米、日本、韓国などの代表的なグローバル企業は企業の社会的責任の一環として、中国政府、中国社会に支援活動と

寄付活動を行った。中国政府と中国社会はメディアの報道を通じてこれらの支援、寄付活動の実態を知ることになる。この時期におけるメディアのグローバル企業報道で、特に注目されるのは、モトローラ、ノキア、シーメンス、サムスンといった欧米と韓国のグローバル企業に関する報道が圧倒的に多く、日本企業の支援、寄付活動に関する報道が少ないことである。

SARS危機期間中、グローバル企業の対中支援、寄付金額を見てみると、シーメンスは700万人民元で最大の支援、寄付企業となったことが分かった。しかし、メディアのグローバル企業の支援、寄付活動に関する報道数を分析すると、モトローラはトップとなり、42のメディアがモトローラの支援、寄付活動について52の報道記事や関連ニュースを掲載した。これらのニュースと報道記事の大半は2003年5月にモトローラの会長がSARS危機の最中に北京訪問した時の活動に集中している。例えば、モトローラの会長が中国政府に寄付を行い、政府要人と中国メディアに対し、対中投資の戦略と方針は変わることがなく、今後さらに拡大していく意思表明を行ったこと、また、会長のモトローラ中国現地企業の従業員を慰労することなどがホット記事として大きく取り上げられた。モトローラはSARS危機という特別の時期に、中国政府、中国社会、そして中国メディアに対するマーケティング・コミュニケーションを戦略的に展開して効果を最大限にあげたといえよう。

4 中国メディアの日本企業報道

中国メディアの日本企業報道の実態を分析するため、2004年、筆者は「2003年中国経済関係メディアの日本企業報道の実態に関する調査」を企画し、北京にあるメディア研究機構の協力で実施した。同調査は中国112種の経済紙と経済誌、及び20のインターネットメディアの経済チャネルを対象に、2003年における松下電器、ソニー、キヤノン、NEC、東芝、日立、トヨタ、ホンダなど日本の代表的グローバル企業20社に関する報道について、報道数、報道内容、報道傾向（プラス的、マイナス的、中立的）、およびマイナス報道の内容を調

べ、中国経済関係メディアの日本企業報道姿勢に関して次のような事実を明らかにした。

　2003年に、調査対象となった中国の112種の経済紙と経済誌は日本企業に関して505の報道と記事を掲載した。報道内容を分析してわかったのは次のことである。即ち、中国経済関係メディアにおいて、日本企業に関する報道で最も関心を持っている事項が日本企業の経営動向である。2003年の時点で、経済がマイナス成長している日本で日本企業の事業リストラ、経営改革とその中国ビジネスへの影響、日本企業の対中投資などの動向に関する報道は特に多く、経営動向関連の報道数は日本企業報道全体の67％に達した。次に大きく報道されたのは日本企業の経営危機であり、その報道数は報道数全体の16％である。また、中国『汽車の友』という自動車関係の専門誌で掲載されたトヨタの「問題広告事件」、トヨタの自動車販売代理店選考における「不正疑惑事件」などをはじめとする日本企業の中国における経営危機も、大きく取りあげられた。

　日本企業の関する報道の姿勢を見ると、一般の都市型新聞や週刊誌と比べて、経済関係のメディアは基本的に日本企業を客観的に報道している。報道の内容を「プラス的」、「中立的」、「マイナス的」に分類して中国経済関係メディアの日本企業報道を分析すると、次のような結果が明らかとなった。即ち、日本企業に関する505のニュースや記事の報道で、「中立」報道は一番多く、全体の49％に達している。それに続いて、「プラス」報道（29％）、「マイナス」報道（22％）の順になっている。「同調査」はまた、次の事実を明らかにしている。即ち、日本企業の中国における経営危機はそのほとんどがマーケティング・コミュニケーション的危機である。

　近年、中国経済関係メディアの日本企業報道は基本的に「政冷・経熱」という日中関係の背景で行われることで、日中間の政治・外交関係の「冷熱」からの影響を受けやすい。したがって、日本企業が中国ビジネスで経営危機が一旦生じると、中国メディアによって「マイナス的」視点から集中的に報道されることがある。一般的に言えば、経営危機がメディアに集中的に報道されると、企業イメージとブランドイメージに悪影響をもたらすことは間違いない。この

場合、メディアとの有効なコミュニケーションを通じて「消火」活動を「最優先」に行う必要がある。しかし、中国におけるマーケティング・コミュニケーションを戦略的に展開している日本企業は少なく、メディアとの間に友好な関係をもちながら有効なコミュニケーションを行うことができていない状況にある。したがって、日本企業の経営危機に関する報道では、「危機の発生」に関する報道が圧倒的に多く、危機の真実は何か、日本企業が経営危機にどう対応しているかといった報道が極めて少ない。

グローバル企業にとって、現地のメディアはコントロールできないが、有効なコミュニケーションを通じて影響を与えることができるはずである。日本企業は自社に関する危機報道への対応が遅れ、あるいは「静観」をすると、「傲慢的態度」と解釈され、中国消費者の「民族主義的」反応を引き起こすことがある。このような事態が日本企業の中国市場におけるパフォーマンスに打撃を与える事例もあった。

5　メディアコミュニケーションと中国市場におけるパフォーマンス

(1) 無視できないメディアパワー

「メディアのマイナス的、攻撃的報道は100年の時間をかけて構築してきた企業イメージとブランドを一夜に崩壊させることができる」。メディアのパワーに関するこの表現は言いすぎかもしれないが、メディアの報道とその報道姿勢がグローバル企業の経営とそのパフォーマンスに大きな影響を及ばすことは否定できない。したがって、グローバル企業の中国事業と中国マーケティング戦略にとって、メディアコミュニケーションを重要視しなければならない。

国際マーケティング・コミュニケーションには、現地文化とメディア環境はグローバル企業にとってコントロールできない要素であるといえる。したがって、現地文化をよく理解し、現地のメディアとのコミュニケーションを改善することこそ、グローバル企業の国際マーケティングを成功させる道である。メ

ディアに対して企業情報を積極的に開示し、またメディアを通じて企業情報を消費者と利益関係者に正しく伝えることは重要な仕事であることはいうまでもないが、中国ビジネスでは、すべてのグローバル企業がこれをよく認識し、またこれを戦略的に実践しているとはいえない。メディアコミュニケーションを戦略的に行っているかどうかは、中国市場におけるパフォーマンスにおいては、格差が出てくるだけでなく、社会的評価も異なってくる。

2004年5月、中国零点研究集団は北京、上海、広州3都市の政府機関職員、メディア関係者と中産階層の消費者1000人を対象に「グローバル企業の中国社会浸透度調査」を実施し、グローバル企業を評価する要素として何を特に重視するかを分析した。その結果から次のような傾向がわかった。即ち、「対中国の投資規模が大きい」や「投資企業の出身国に好感をもつ」といった要素よりも、政府機関職員とメディア関係者は①「企業状況はよく分かる」、②「知名度は高い」、③「信頼性は高い」、④「製品は良い」という順で、企業情報の開示を最も重視している。これに対し、中産階層の消費者は①「知名度は高い」、②「製品は良い」、③「信頼性は高い」、④「企業状況はよく分かる」という順で企業の知名度を特に重視している（図7.6）。政府機関職員、メディア関係者と中産階層の消費者がグローバル企業の評価にあたって、重視する要素はその順番が違うが、最初に考えている項目は基本的に一致している。これらの要素はすべて企業のマーケティング・コミュニケーション活動を通じて満たされるものであり、メディアとのコミュニケーションを通じて政府機関職員と中産階層の消費者に関連情報を発信することができる。したがって、グローバル企業とメディアとの関係は非常に重要なのである。

では、グローバル企業と中国メディアとの関係は実際、どうなっているのか。中国零点研究集団が行った上述の調査は次のような結果を明らかにしている。即ち、政府機関職員、メディア関係者と中産階層の消費者とも、グローバル企業と中国メディアとの関係について、一番評価しているのは欧州企業である。これに続いてアメリカ企業、香港企業、韓国企業、日本企業、台湾企業の順になっている。日本企業と中国メディアとの関係は良好度で韓国企業よりも低い

第7章 企業イメージ向上への挑戦 **189**

図7.6 グローバル企業を評価する際に重視される要素

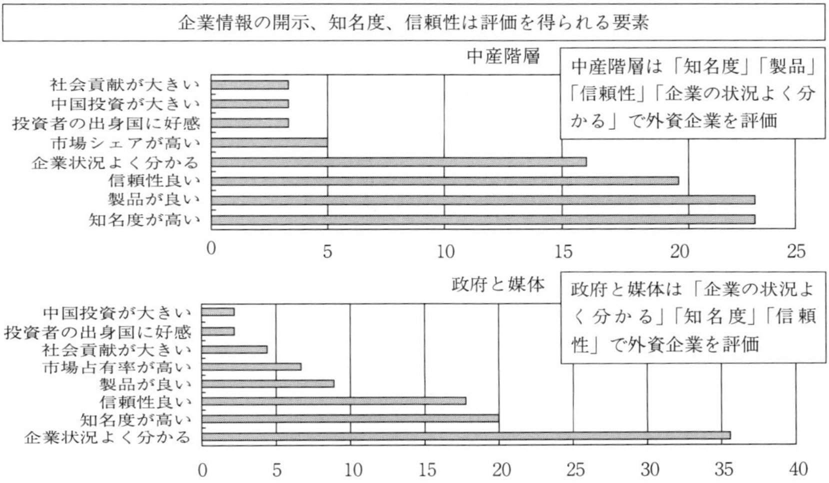

企業情報の開示、知名度、信頼性は評価を得られる要素

中産階層

社会貢献が大きい	
中国投資が大きい	
投資者の出身国に好感	
市場シェアが高い	
企業状況よく分かる	
信頼性良い	
製品が良い	
知名度が高い	

中産階層は「知名度」「製品」「信頼性」「企業の状況よく分かる」で外資企業を評価

政府と媒体

中国投資が大きい	
投資者の出身国に好感	
社会貢献が大きい	
市場占有率が高い	
製品が良い	
信頼性良い	
知名度が高い	
企業状況よく分かる	

政府と媒体は「企業の状況よく分かる」「知名度」「信頼性」で外資企業を評価

資料:中国零点研究集団資料より作成。

ことがわかる(図7.7)。

この調査結果は日本企業と中国メディアとの関係の実態をよく示していると認めざるを得ない。日本企業と中国メディアとの関係に対する評価の低さは日本企業の中国マーケティング・コミュニケーション戦略と体制の両方とも弱いことによるものであるといえる。

まず、マーケティング・コミュニケーションの中国展開において、日本企業は欧米企業より遅れている。中国ビジネスにおいて、欧米企業と比べ、「日本企業は事業戦略があり、市場戦略がなく」、「営業があり、マーケティングがない」と、中国のマーケティング専門家雪原は分析している。例えば、中国に進出している日本企業は、その中国現地における広報・宣伝の体制があっても、中国語を話せず、中国文化への理解と中国メディアの実態もよくわからない日本人駐在員と通訳兼事務の現地従業員の2〜3人から構成されている。

企業関係のニュース発信やメディアからの問い合わせへの対応など、対中国メディアのすべての業務は現地の日系PR会社に任せている。当然、その日系

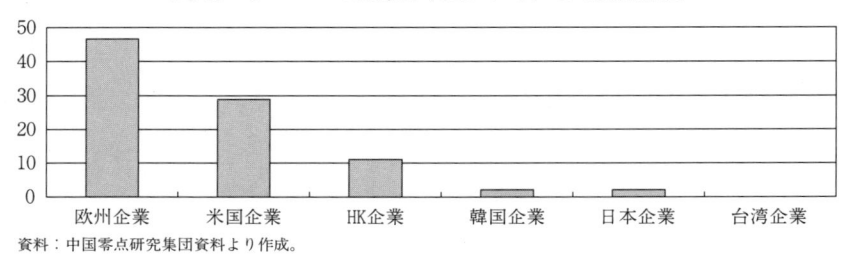

図7.7　グローバル企業と中国メディアとの関係評価

欧州企業	米国企業	HK企業	韓国企業	日本企業	台湾企業
46	29	11	2	2	0

資料：中国零点研究集団資料より作成。

PR会社は多くの日本企業から中国メディア関係の依頼業務を引き受けているので、専任対応は現実に確保できない状況である。したがって、体制上の貧弱さは日本企業と中国メディアとの関係の弱さに繋がっている。また、その関係の弱さは必ずその企業のリスク対応力の弱さへと導くことになる。日本企業は中国事業拡大から中国市場におけるパフォーマンス向上へ戦略的な転換を図ろうとすれば、メディアコミュニケーションを戦略的に考えなければならない。

6　「軟広告」：グローバル企業の中国メディアコミュニケーション戦術

(1)　中国の「軟広告」とは

「軟広告」とは新聞記事や報道の形による企業イメージの宣伝、製品宣伝を行う「記事広告」を指す。中国新聞業界では、「軟広告」を「公関文章（パブリック・リレーション文章）」とも呼ぶ。一般的に言えば、「軟広告」は企業が独自で作成し、あるいはPR会社によって作成して新聞社あるいは雑誌社に代金を払って掲載してもらうものである。したがって、「広告」と言っても、「軟広告」は「無料の晩餐会がない」の同様、「有償新聞（お金を払って掲載してもらうニュース）」あるいは「槍文（文章のうまい人を雇って書いてもらった文章）」と呼ばれることもある。

「軟広告」の内容は主に企業の経営トップ、あるいは企業の部門責任者に関

する紹介記事（企業の経営トップ、あるいは部門責任者は企業の経営戦略や新製品とサービスの特徴を語る内容を中心とするもの）、企業の経営理念、新しい事業戦略（特に中国事業戦略）、マーケティング活動、新製品と新しいサービスの説明や紹介などから構成される。

「グローバル企業の中国メディアコミュニケーション戦略に関する調査」は代表的グローバル企業の「軟広告」の活用状況について次のような結果を明らかにした。

まず、「軟広告」の掲載文章数から代表的グローバル企業は三つのグループに分けられる。第一グループは年間の「軟広告」の掲載文章数が2000以上の企業であり、IBMとHPがこのグループに入っている。第二グループは年間の「軟広告」の掲載文章数が1000〜2000の間にある企業で、サムスン、ノキア、モトローラ、シーメンスがこれに該当している。そして第三グループは年間の「軟広告」の掲載文章数が700以下の企業であり、ソニー、松下電器とキヤノンなどの日本企業がそれに当たる。「軟広告」の活用では、欧米企業と韓国企業は日本企業よりはるかに積極的に行われていることがわかる。

次に、各社がどのような内容の宣伝で「軟広告」を活用しているかを分析してみた。IBM、HP、モトローラなどのアメリカ企業は「トップ経営者の中国訪問」、「経営者対談」、「経営者人物紹介」、「企業文化」、「社会貢献・公益活動」、「事業再編」、「業績評価」といった内容の宣伝で「軟広告」を積極的に活用しているのに対し、サムスン、松下電器、ソニーとキヤノンなどの日韓企業は「製品情報」、「新製品発表会などの市場活動」の紹介で「軟広告」をよく活用している。要するに、「軟広告」の活用では、欧米企業は企業イメージアップをより重視し、日本企業は製品紹介を重視している。両者の特徴はそれぞれの異なったコミュニケーション戦略によるものであると考えられる。

さらに、「軟広告」の掲載紙面について、各社の特徴を分析した。IBM、HP、モトローラ、シーメンスとサムスンの5社は「ニュース」、「経済」の紙面で「軟広告」をよく出して「ニュース」の効果を最大限に追求している。これに対し、松下電器、ソニー、キヤノンの日本企業3社は「産業」、「商品」と

いった紙面で「軟広告」を出している。

　最後に、各社の「軟広告」の地域戦略を見よう。代表的グローバル企業の中国メディアコミュニケーションの中心は北京にあり、その「軟広告」の打ち出しも上海、広州よりも、北京で重点的に行われていることがわかる。

第8章 ブランド価値強化へのチャレンジ
―― グローバル企業の中国広告メディア戦略

　フィリップ・コトラーは中国市場におけるグローバル企業のブランド戦略について、次のように指摘している。「消費者のパワーが強くなっている中国市場の環境の中で、マーケティング・コミュニケーションによるブランド価値強化の手法はより広範囲に適用されている」。

1　「中国で最も価値のある消費品ブランド」ランキング

　近年、中国でさまざまなブランド価値評価が行われている。そのうち、最も権威のある評価は北京大学管理案例研究センターと香港大学中国管理研究センターが共同で実施している「中国で最も価値のある消費品ブランド」評価である。2004年12月20日、北京大学と香港大学は「2004年中国で最も価値のある消費品ブランド」ランキングを公表した。サムスンは447.37億人民元のブランド価値で第1位を勝ち取った。

　「中国で最も価値のある消費品ブランド」ランキングは、58名の調査研究者が10カ月かけて、中国の32の省・自治区と直轄市で30以上の業界分野における320のブランドを対象に、企業の財務データ分析と消費者アンケート調査を通じて、4万8368枚の有効アンケート調査に基づいて総合評価を行った結果である。

　リストアップされている100の最も価値のある消費品ブランドのうち、中国本土系ブランドが59、欧米ブランドが25、日本ブランドが9、韓国ブランドが2、その他が5となっている。韓国ブランドが「中国で最も価値のある消費品ブランド」評価のチャンピオンとなり、欧米ブランドが中国市場で圧倒的な人

表8.1　中国最も価値のある消費品ブランド上位10位

ランク	有名ブランド	業界分野	ブランド価値（億元）
1	サムスン	エレクトロニクス	447.37
2	ハイアール（海尓）	家電	338.27
3	ノキア	エレクトロニクス	317.98
4	上海フォルクスワーゲン	自動車	291.25
5	モトローラ	IT通信	258.90
6	TCL	家電	240.97
7	一汽フォルクスワーゲン	自動車	210.65
8	ソニー	エレクトロニクス	158.55
9	ヒューレット・パッカード	エレクトロニクス	152.51
10	Lenovo（聯想）	エレクトロニクス	134.96

資料：北京大学『北大商業評論』2004年12月より。

気を有している。これに対し、ソニー、ホンダ、東芝、エプソン、キヤノン、リコー、三菱、松下、マツダなど日本ブランドも「中国で最も価値のある消費品ブランド」にリストアップされている。これらの日本の代表的ブランドが中国消費者に人気が高いことがわかる（表8.1）。

「中国で最も価値のある消費品ブランド」ランキングを業界別に見ると、エレクトロニクス分野で最も価値のある消費品ブランドのベスト3はサムスン、ノキア、モトローラで、外国ブランドが優位を確立しているのに対し、家電分野は中国ブランドに制覇されている。自動車分野では、フォルクスワーゲンが1位と2位を占めているのに対し、ホンダが3位となっている。しかも自動車分野で最も価値のあるブランドが外国ブランドの本土化による新しいブランドであることがわかる。飲み物分野では、コカコーラが1位で、中国本土系の「娃哈哈」と台湾系の「康師傅」が2位と3位となっている。そしてカメラとフイルム分野では、オリンパスとリコーの日本ブランドが1位と2位を占めているのに対し、コダックが3位となっている。中国消費品市場の6大分野における18の代表的ブランドのうち、外国ブランドが12で、圧倒的な優位を示している。一方、エレクトロニクス、家電、自動車といった日本企業が優位性をもつ業界分野では、日本ブランドの優位が見られていないことがわかる。

「なぜ、チャンピオンはサムスンなのか」。「中国で最も価値のある消費品ブ

図8.1 2004年主要グローバル企業の中国新聞・雑誌広告分析 (単位：万人民元)

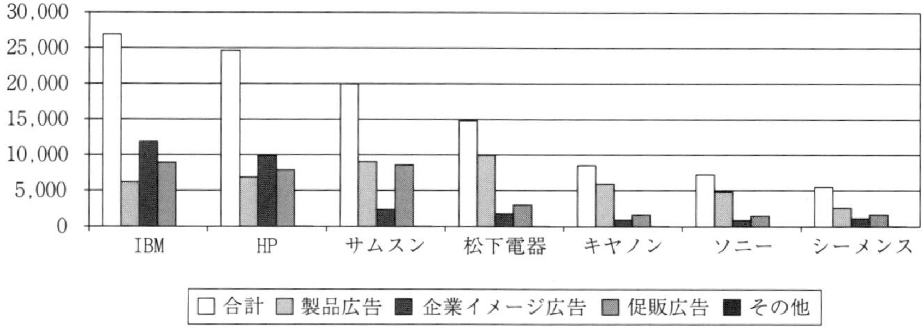

□合計 ■製品広告 ■企業イメージ広告 ■促販広告 ■その他

資料：筆者「グローバル企業の中国メディアコミュニケーション戦略に関する調査」。

ランド」評価の結果が意外だと思う人は少なくない。これはサムスンが中国でマーケティング・コミュニケーション戦略を展開した成果であると、中国のマーケティング専門家雪原は分析している。

「グローバル企業の中国メディアコミュニケーション戦略に関する調査」は2004年に、欧米、日本、韓国の代表的なグローバル企業が中国の主要な新聞、雑誌に投入した広告の金額を分析した。その結果から、サムスンは製品広告、企業イメージ広告、拡販広告ともトップ3に入ったことがわかる（図8.1）。

また、中国の主要な新聞・雑誌の欧米、日本、韓国の代表的ブランドに関する報道数をとってみると、サムスンもトップ3となっていた。さらに、2005年1月、中国中央テレビ系の市場調査企業である「CRT市場研究」は2004年の中国移動通信業界における広告金額ランキングを発表した。その結果によると、サムスンの広告金額は2003年より87％増でノキアに次いで第2位となった。「CRT市場研究」は中国150の都市における580のテレビチャネル、400種の新聞、24の都市の露天広告に対する観測を通じてこの調査結果をまとめたのである。したがって、サムスンが中国メディアというマーケティング・コミュニケーションのツールを有効的に活用し、中国の消費者と政府、業界団体などの利益関係者に影響を与え、中国におけるサムスンの企業イメージアップとブランド価値強化に大きく成功しているといえよう。

2　中国：世界2位の広告市場へ

(1)　年間伸び率30%の中国広告市場

　中国市場における企業イメージアップとブランド価値強化をはかるため、中国広告市場をめぐるグローバル企業の競争も激化する一方である。

　2004年11月、中国中央テレビ局（CCTV）の「2005年ゴールデンタイム広告入札」が行われ、P&Gは3.9億人民元（約60億円）を投じて2005年CCTVゴールデンタイム広告入札の「標王（落札の王）」となった。CCTVは1995年からゴールデンタイムの広告入札を実施し、2004年が第11回目となる。これまで実施された10回の入札では、「標王」はすべて中国の国産ブランドに独占されているが、2005年に初めて外国ブランドに制覇されたのである。広告業界の専門家はP&Gの落札結果を「中国広告市場を襲う外国ブランドの嵐」と喩えている。2005年のCCTVの広告入札総額で、世界ブランドが占めた割合は前年度の4%から15%に拡大した。外国ブランドの中国市場参入は中国広告市場の拡大を推し進めている。

　中国経済の持続的高成長は広告市場で平均年間20%の伸び率をもたらしている。そして、欧米の広告研究機構は中国広告市場が2008年の北京オリンピック大会の開催を原動力としてさらに高成長を遂げ、アメリカに次いで世界2位の市場となると予測している。

(2)　中国広告市場の構成

　中国広告市場はテレビ広告、新聞・雑誌広告、露天広告、ニューメディア（インターネット、携帯電話）広告から構成されている。2004年に中国広告市場の規模は2614億人民元、前年比32%増となった。「CRT市場研究」が2005年2月に「2005年大中華区広告市場の分析と展望」報告書を公表した。それによると、テレビ広告は最大のメディア広告市場として2004年の中国広告市場に占

図8.2 2004年中国広告市場：テレビ広告はシェアが一番、露天広告は成長が一番
（億人民元、％）

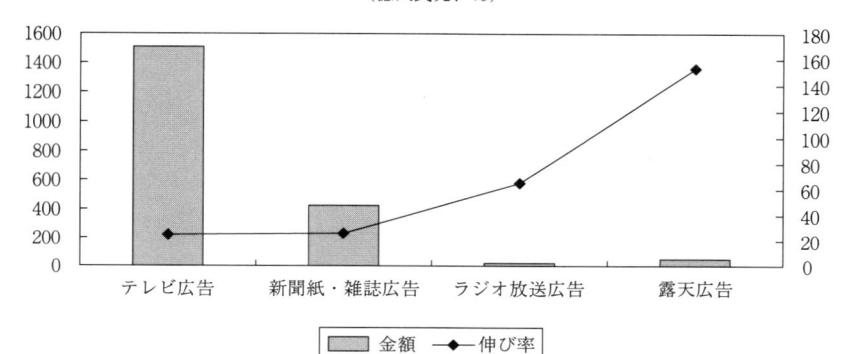

資料：「CTR市場研究」「2005年大中華区広告市場分析展望」より。

図8.3 2004年中国広告市場で広告費上位5位の業界広告主
（億人民元、％）

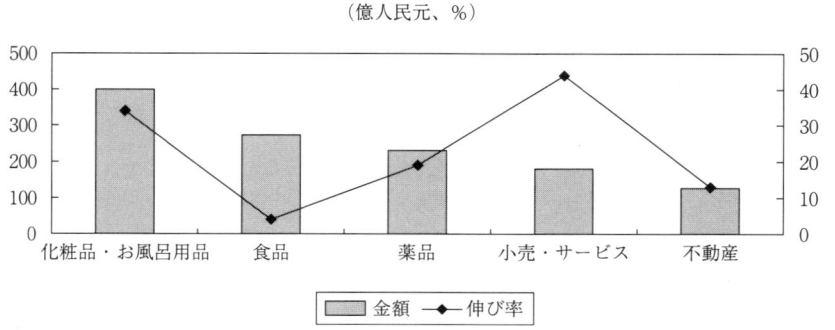

資料：図8.2に同じ。

める割合が76％に達し、広告金額は1500億人民元で一番多い。一方、市場の伸び率をとってみると、露天広告は150％強の伸び率で中国広告市場における成長の一番高い分野となっている（図8.2）。

　広告ユーザの構成については、2004年の中国広告市場で広告費の上位5位の業界ユーザは①化粧品とお風呂用品、②食品、③薬品、④小売とサービス、⑤不動産である（図8.3）。広告市場で伸び率が一番高い5大業界ユーザは①娯

楽・レジャー、②個人用品、③小売・サービス、④自動車、⑤OA機器と事務用品である。広告市場は景気と消費市場の「天気予報図」であるといわれている。中国広告市場における広告ユーザの勢力構図は中間階層を主力とする中国消費市場の動向をよく反映しているといえよう。

3 競争が激化している中国メディア広告市場

中国広告市場は現在の世界第5位の市場から数年後の世界第2位の大市場を目指し急成長している。これに伴い、広告メディアの市場シェアをめぐる競争は激化しており、各メディアとも強い競争圧力を受けている。「CTR市場研究」の報告書によると、広告メディア間の競争では、テレビ広告とラジオ広告は新聞広告からの競争圧力度が一番高く、約70％に達している。また同種類のメディア同士間の市場競争では、新聞メディア同士、雑誌メディア同士の競争圧力度とも80％以上で、テレビメディア同士の競争度も70％以上となっている。

市場競争は広告業界の勢力地図の塗り替えを促し、各メディアが急成長中の市場からシェアを最大限に獲得するように広告経営を革新している。近年、テレビ、ラジオ放送、新聞、雑誌など各メディアの広告収入の伸び率はいずれも20％以上となり、特に雑誌の広告収入の伸び率は最も高く、60％以上である（図8.4）。ここで、各メディアの広告経営の実態を分析してみよう。

(1) テレビ広告市場

テレビ広告市場は2004年の中国広告市場で76％のシェアを占め、中国広告業界では最も重要な市場である。中国のテレビ広告市場は①全国レベルの中央テレビ（CCTV、16チャンネル、2006年1月からハイビジョン2チャンネル増加）、②省・自治区レベルの各省・自治区のテレビ、③市レベルの都市テレビの三つの部分から構成され、各部分の中国テレビ広告市場に占めている割合はそれぞれ15％、55％と30％となっている。省・自治区レベルのテレビ広告市場は中国テレビ広告市場の主力で、そのうち、広東省、浙江省、江蘇省といった

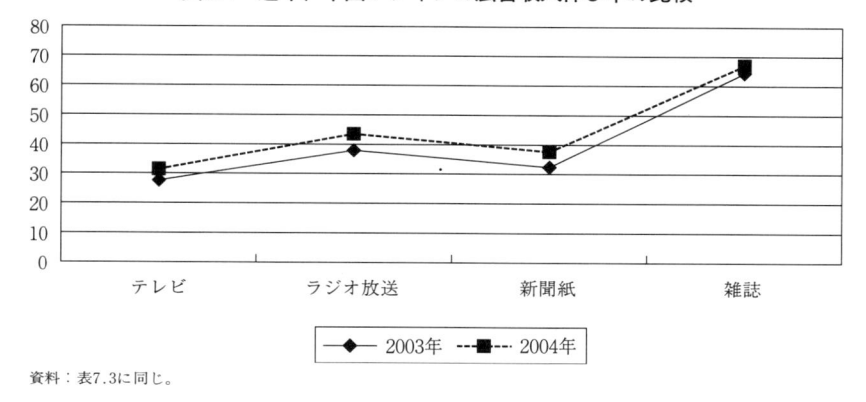

図8.4 近年、中国メディアの広告収入伸び率の比較

資料：表7.3に同じ。

経済が発達している地域のテレビ広告収入が非常に高い。一方、都市レベルのテレビ広告収入では、北京市、上海市、重慶市がトップ3となっている。

2004年、中国テレビ広告市場の主要な業界広告主は①化粧品・お風呂用品、②食品、③薬品、④小売・サービス、⑤飲み物である。また、「CTR市場研究」の調査によると、2004年のこの5大業界ユーザのテレビ広告費用の伸び率は化粧品・お風呂用品で一番高いことがわかる。

(2) 新聞・雑誌広告市場

中国広告業界では、新聞と雑誌をテレビやラジオ放送、露天広告、インターネットなどのメディアと区別して「平面メディア」と呼んでいる。広東省を含めた一部の経済発達地域で、「平面メディア」広告は連続数年間、広告市場に占めるシェアがテレビ広告より高い。

本書の第7章で分析したように、中国の新聞は主に①都市型新聞、②党・政府機関紙、③生活・消費型新聞、④経済紙、⑤業界紙、⑥その他（スポーツ紙、時事・社会紙など）の6種類から構成されている。2004年に、中国新聞広告市場には、都市型新聞広告の新聞広告市場に占める割合が75％であり、次に党・

図8.5　2004年中国新聞広告市場の構成

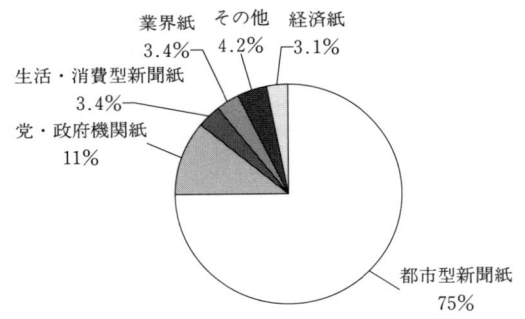

業界紙　その他　経済紙
3.4%　4.2%　3.1%
生活・消費型新聞紙
3.4%
党・政府機関紙
11%

都市型新聞紙
75%

資料：中国慧聡メディア研究センターのデータより作成。

政府機関紙が11%、生活・消費紙が3.4%、経済紙が3.1%となっている（図8.5）。

　一方、中国の雑誌は主に①「時尚雑誌（ファッション情報誌）」、②経済誌、③生活雑誌、④自動車雑誌、⑤業界誌、⑥時事・社会誌、⑦その他の7種類に分けられる。2004年に、各種雑誌の広告金額の中国雑誌広告市場に占める割合は次のとおりである。即ち、「時尚雑誌（ファッション情報誌）」が38%で一番高く、経済誌が17%、生活雑誌が10.1%、自動車雑誌が5.2%などとなっている（図8.6）。「CTR市場研究」の調査によると、2004年に、中国「平面メディア」、即ち新聞と雑誌の広告市場で、上位5位の業界広告ユーザは①不動産、②自動車、③小売・サービス、④電気通信、⑤薬品である。経済の高度成長に伴う中産階層の収入増はマイホーム、マイカーのブームを呼び起こし、消費市場が確実に拡大していることが、急増している「平面メディア」の広告量から読みとれる（図8.7）。

⑶　インターネット広告の急増

　中国情報産業省の予測によると、2005年に中国のインターネットユーザ数は1億3千万を突破し、ユーザ数の伸び率が25%に達する。インターネットメデ

図8.6 2004年中国雑誌広告市場の構成

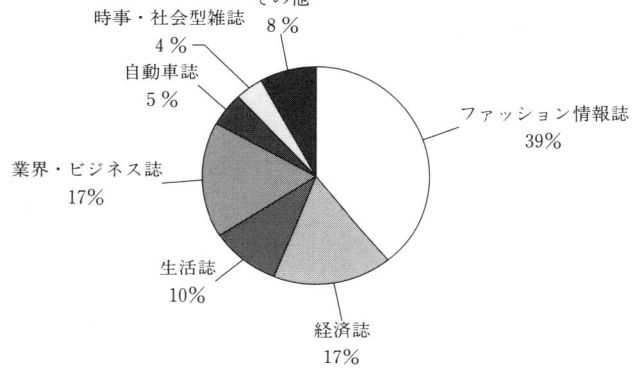

- ファッション情報誌 39%
- 経済誌 17%
- 生活誌 10%
- 業界・ビジネス誌 17%
- 自動車誌 5%
- 時事・社会型雑誌 4%
- その他 8%

資料：図8.5に同じ。

図8.7 2004年中国新聞・雑誌広告市場の上位5位業界広告主

（億人民元、％）

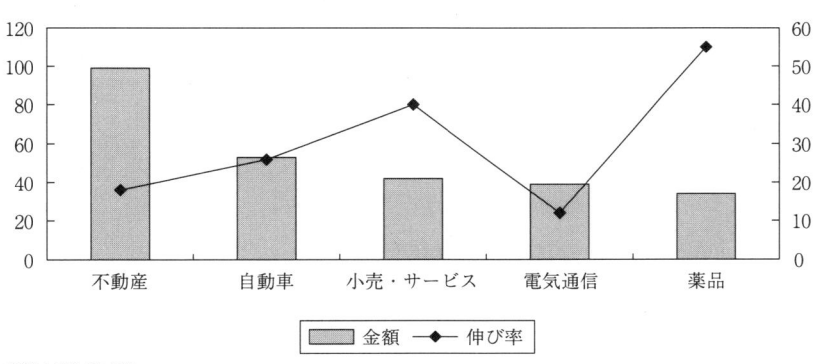

（不動産、自動車、小売・サービス、電気通信、薬品の金額と伸び率のグラフ）

凡例：金額／伸び率

資料：図8.5に同じ。

ィアはすでに中産階層の主要な情報取得源となり、インターネットユーザの注目を引くため、主要な広告主によるインターネット広告市場への投入金額も急増している。中国のインターネット広告に詳しい「IRsesarch 英瑞市場コンサルティングデータ」によると、2004年、中国インターネット広告市場の市場規模は19億人民元であった。また、同社は中国インターネット広告市場の市場規

図8.8　中国インターネット広告市場の規模と伸び率

（億人民元、％）

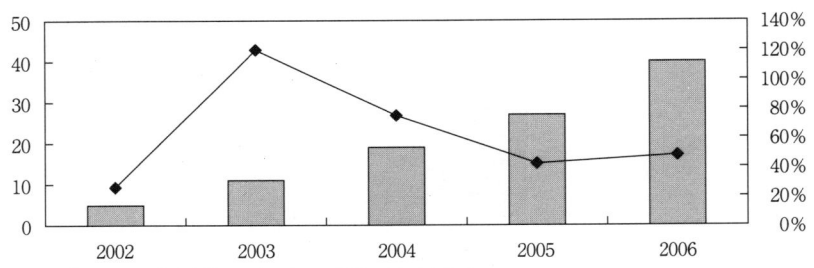

資料：「IRsesarch 英瑞市場コンサルティングデータ」より作成。

図8.9　2004年第4四半期、中国インターネット広告の10大広告主（万人民元）

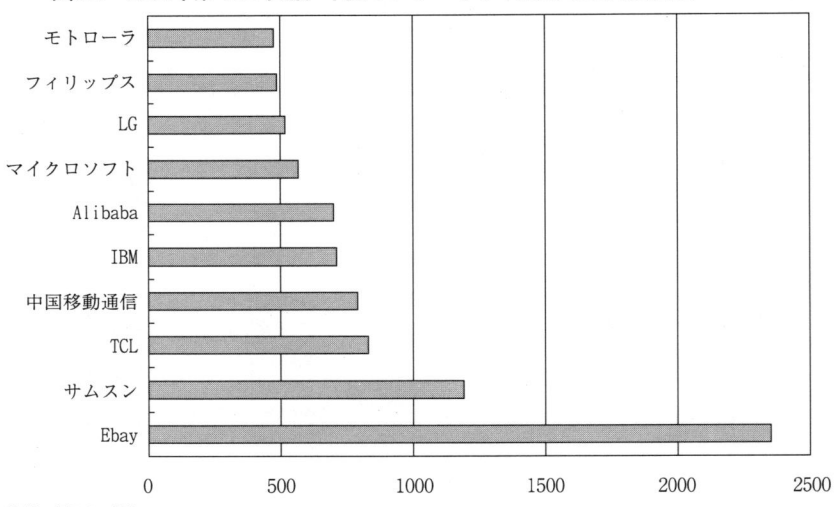

モトローラ
フィリップス
LG
マイクロソフト
Alibaba
IBM
中国移動通信
TCL
サムスン
Ebay

資料：図8.8に同じ。

模が2005年と2006年に、それぞれ27億人民元と40億人民元に達すると予測している（図8.8）。

「IRsesarch 英瑞市場コンサルティングデータ」は2004年第4四半期における中国の90のインターネットサイトの広告収入に関する調査に基づいて、Ebay、サムスン、TCL、中国移動通信、IBM、Alibaba、マイクロソフト、

LG、フィリップス、モトローラが最大のインターネット広告ユーザであることを報告している（図8.9）。

4　グローバル企業の中国メディア広告宣伝戦略

「グローバル企業の中国メディアコミュニケーション戦略に関する調査」はアメリカ企業3社（IBM、HPモトローラ）、欧州企業2社（シーメンス、ノキア）、日本企業4社（松下電器、ソニー、キヤノン、日立）と韓国企業1社（サムスン）を対象に、代表的グローバル企業が企業イメージ向上とブランド価値強化をはかるため、「平面媒体」広告をいかに戦略的に展開していたかについて調査を実施した。この調査は北京、上海、広州の3大都市を調査地域として、調査対象となる「平面メディア」数が973であり、うち新聞が524、雑誌が449である。ここで、調査の結果に基づいて代表的グローバル企業の中国における「平面媒体」広告戦略の実態を分析してみよう。

(1)　グローバル企業の広告メディアの選別戦略

上述したように、都市型新聞の広告費は2004年に中国新聞総広告費の75％を占めている。また、調査は次の事情を明らかにしている。即ち、2003年、新聞広告掲載量ランキングの上位10はいずれも都市型新聞紙であり、トップ3が「広州日報」（全国新聞総広告費に占めるシェアが3％）、「北京晩報」（同2.6％）、「北京青年報」（同2.4％）である。このトップ3のうち、北京が2紙、広州が1紙である。また、上海の都市類新聞が第7位の「新民晩報」と第10位の「新聞晨報」である。都市型新聞とはいえ、「広州日報」と「北京青年報」は全国に面する全国紙であるのに対し、「新民晩報」と「新聞晨報」は上海のローカル新聞である。これは新聞の総広告費では、北京と広州の新聞は上海の新聞より多い原因の一つである。欧米、日本と韓国の代表的グローバル企業が北京、広州、上海という順で企業イメージ広告と製品広告を出す原因もそこにある。

では、IBM、HP、シーメンス、松下電器とサムスンといった代表的グロー

バル企業は企業イメージ広告と製品広告を効果的に出すため、中国の広告媒体をどのように選別しているか。広告（新聞）メディアの選別戦略では、これらの企業は一つの共通性が見られる。それは中国の中産階層に強い影響力をもつ「北京青年報」を最重要の広告メディアと位置づけ巨額な広告費を費やしていることである。また、各社とも「広州日報」、「北京晩報」といった都市型新聞に重点を置き広告を出している。各社の特徴といえば、IBMとHPはIT業界の専門紙「計算機世界」、「中国計算機報」に膨大な広告費を費やしているのに対し、シーメンスと松下電器は中産階層に愛読されている生活・消費紙「週末画報」に巨額な広告費を使っていることである。

(2) **企業イメージ広告 vs. 製品広告**

2003年、代表的グローバル企業が中国新聞・雑誌広告市場で投入した広告費と掲載された広告出稿数を比較した結果は図8.10のとおりである。投入した広告費では、IBM（2億7千万人民元）、HP（2億5千万人民元）とサムスン（約2億人民元）はトップ3であり、掲載された広告出稿数では、上位3社はサムスン（7754）、HP（7570）、IBM（5965）である。

グローバル企業の中国新聞・雑誌広告宣伝は主に企業イメージ広告、製品広告、販促広告の3種類に分けられる。各グローバル企業の広告宣伝戦略を分析すると、どの種類の広告内容を中心に広告を打ち出しているかにより、グローバル企業を3つのパターンに分けることができる。即ち、IBMとHPのアメリカ企業は企業イメージ広告を中心として出稿しているパターンである。これに対し、松下電器、キヤノン、ソニーなどの日本企業は製品広告を重点的に打ち出しているパターンである。一方、サムスンは製品広告と販促広告の両方を重視して広告を出すパターンである（図8.11）。

新聞・雑誌広告で、企業イメージ広告を重視するパターンをとるか、あるいは製品広告を中心とするパターンをとるか、これはグローバル企業のマーケティング・コミュニケーション戦略によって違っているし、企業の特徴にもよって違っている。IBMとHPなどのアメリカ企業は企業イメージの向上を通じ

第8章 ブランド価値強化へのチャレンジ 205

図8.10 2003年、代表的グローバル企業の中国新聞・雑誌広告宣伝

(単位:万人民元)

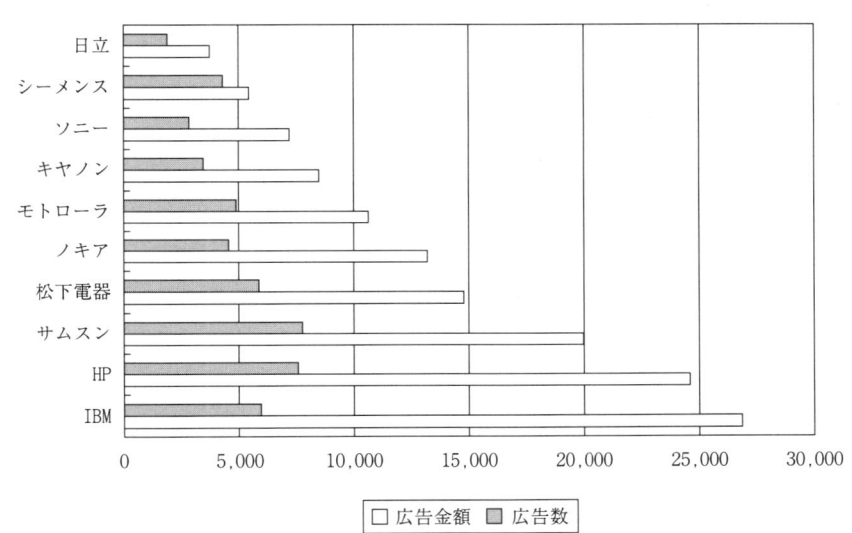

□ 広告金額　■ 広告数

資料:図8.1に同じ。

図8.11 グローバル企業の新聞・雑誌広告の内容構成

(単位:万人民元)

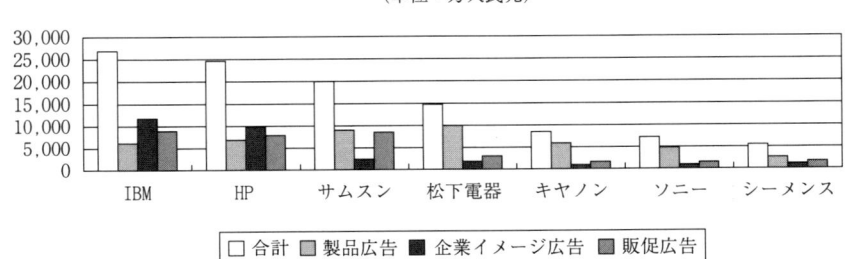

□ 合計　■ 製品広告　■ 企業イメージ広告　■ 販促広告

資料:図8.1に同じ。

て、消費者や企業・政府ユーザの自社製品とサービスへの信頼感を獲得する点を特に得意とする。これに対し、松下電器、キヤノンとソニーなどの日本企業は「モノづくり」を得意としているが、マーケティング・コミュニケーションの手法を活用して企業イメージの宣伝を行うことが苦手でもあり、企業イメージの宣伝より製品の宣伝に勝負をかけている。

(3) 北京 vs. 上海：グローバル企業の新聞・雑誌広告宣伝の地域戦略

中国の新聞・雑誌広告市場では、北京、上海、広州の3大都市の占める割合は約40％に達している。北京、上海、広州は中国の最も重要な新聞・雑誌広告市場であるといえよう。一方、3大都市では、北京市の新聞・雑誌広告市場の規模が全国の22％にも達し、上海の3倍、広州の2倍強に相当している。中国のメディア業界には、北京の「全国性」、上海、広州の「地方性」という地域的特徴がある。中国全土をカバーする新聞や雑誌の約7割は、その本社が北京にあり、また中国大手の広告会社やPR会社もほとんど北京に本社を置いている。したがって、北京の全国市場への影響力は大きい。

2003年に、欧米、日本と韓国の代表的グローバル企業は北京の新聞・雑誌に投入した広告費と北京の新聞・雑誌で掲載された広告出稿数とも上海と広州より2～5倍多かった。特に企業イメージ広告を重視するIBMとHPは北京の新聞・雑誌で掲載された広告出稿数は上海と広州よりはるかに多かった。両者がB to Bのビジネスを主要な事業内容とすることで、中央政府の各省庁、中央レベルの業界団体、重点大学と国家科学技術研究機関といった大口ユーザを対象として企業イメージの確立に力を入れている姿勢が鮮明となっている（図8.12）。

一般的に言えば、北京は政治の中心で、上海は商業の中心である。したがって、グローバル企業の地域戦略では、対中央政府各省庁の窓口としての政府関係の機能を北京に置いて、市場開拓の機能を上海に置くべきであり、市場開拓に深く関わる広告宣伝を含むマーケティング・コミュニケーション活動も上海を中心に展開されていると思われている。しかし、実際には代表的グローバル

図8.12　北京を重要な市場とするグローバル企業の広告宣伝戦略

（新聞・広告数）

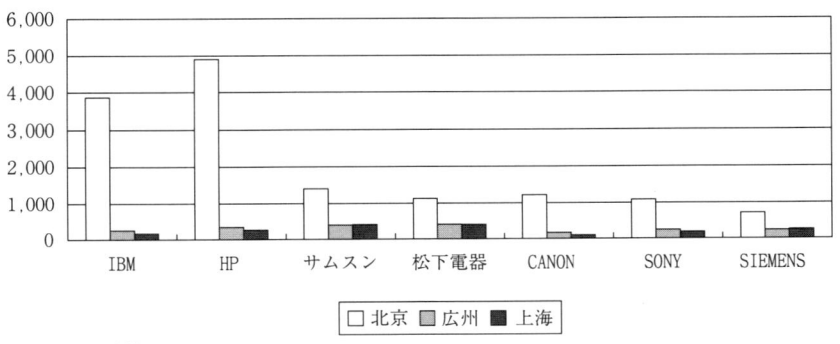

[棒グラフ：IBM、HP、サムスン、松下電器、CANON、SONY、SIEMENSの北京・広州・上海における広告数を示す。凡例：□北京　■広州　■上海]

資料：図8.1に同じ。

　企業は政府コミュニケーション、メディアコミュニケーションだけではなく、広告宣伝といった市場開拓と販促のマーケティング活動の重心も北京に置いている。「グローバル企業の中国メディアコミュニケーション戦略に関する調査」に明らかにされたように、欧米、日本と韓国の代表的グローバル企業は、企業イメージの宣伝広告を北京を中心に出している。これだけではなく、製品広告も北京を最重要の地域として位置づけ、北京、広州、上海という順で出している。

5　中国市場の地域によるセグメンテーションと北京重視の広告宣伝戦略

　なぜ、グローバル企業の広告宣伝は商業の中心といわれる上海ではなく、政治中心の北京を最重要の地域として展開しているのか。この問題を解明するには、まず中国市場の地域によるセグメンテーションから分析しなければならない。

(1)　「一線市場」のグローバル企業 vs.「二、三線市場」の中国企業

　中国の市場規模を説明する際、「13億人の巨大市場」という表現がよく使わ

れている。しかし、現実には地域間の経済格差、都市部と農村部の経済格差が存在しているので、中国市場は均一的、統一的な大市場ではない。グローバル企業にとって、中国市場は複雑なセグメンテーションを求められるのである。中国マーケティングで、よく取り上げられるセグメンテーションは市場を地域で分ける方法である。

　中国のマーケティング専門家は中国市場を「一線市場」と「二線市場」、「三線市場」に分けている。ここで、「一線市場」とは北京、上海、広州、天津、深圳、大連、青島をはじめとする直轄市、沿海都市、及び一部の省庁所在都市、合わせて約30の大都市から構成される市場を指している。「二線市場」とは一部の内陸地域の省庁所在都市、「地級都市（ローカルのセンター都市）」、約270の大中規模都市から構成される市場を指している。そして「三線市場」とは全国の2000の県、2万以上の「小城鎮（町）」を含む農村市場を指している（図8.13）。また、一部の中国マーケティング専門家は「一線市場」を「成熟市場」と定義し、「二線市場」と「三線市場」をそれぞれ「発展途上市場」と「成長する市場」と呼び、市場の性格から中国市場をセグメントしている。

　グローバル企業と中国企業との間で展開されている中国市場をめぐる大競争は熾烈化し、その結果、次のような勢力地図が構成されている。即ち、グローバル企業と外国ブランドは北京、上海、広州といった「一線市場」で競争優位を確立しており、中国企業と国産ブランドは「二線市場」と「三線市場」で競争的優位を有している。例えば、P&G、IBM、HP、松下電器、ソニー、サムスンとも「一線市場」の中産階層消費者をターゲットして膨大な営業利益を獲得している。

　一方、家電メーカの「TCL」と「長虹」、空調メーカの「格力」、携帯電話メーカの「波導」、飲物メーカの「娃哈哈（ワハハ）」などの中国企業と国産ブランドは内陸部の都市や農村地域といった「二、三線市場」をカバーしている膨大な販売ネットワークによる優位を維持しながら、販売量で勝負している。中国企業と国産ブランドが「二、三線市場」で取り上げている販売量は「一線市場」で優位をもつグローバル企業の同業ライバルよりはるかに高い。例えば、

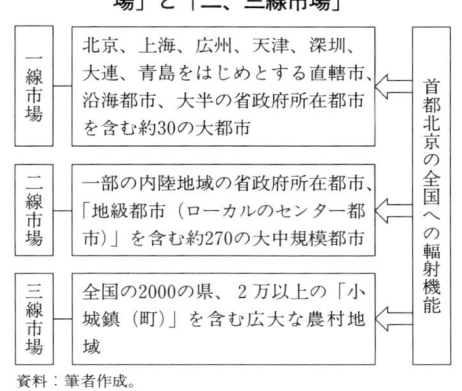

図8.13 中国市場のセグメント：「一線市場」と「二、三線市場」

一線市場	北京、上海、広州、天津、深圳、大連、青島をはじめとする直轄市、沿海都市、大半の省政府所在都市を含む約30の大都市	首都北京の全国への輻射機能
二線市場	一部の内陸地域の省政府所在都市、「地級都市（ローカルのセンター都市）」を含む約270の大中規模都市	
三線市場	全国の2000の県、2万以上の「小城鎮（町）」を含む広大な農村地域	

資料：筆者作成。

2002年に、中国市場における飲み物販売量をとって見ると、「娃哈哈」は183トンで、これがコカコーラの161トン、ペプシの76トンより多いことがわかる。

(2) グローバル企業は「二、三線市場」の開拓へ

　近年、中国企業は競争力の向上を背景にハイエンドの「一線市場」に猛烈な市場攻勢をかけている。一方、グローバル企業は市場開拓の戦線を「二線市場」と「三線市場」へ延長しようとしている。例えば、コカコーラ、P&Gとも「二、三線市場」の開拓を今後数年間の最重要の課題として位置づけ、「二、三線市場」に対するマーケティング投資を拡大している。また、IBM、HP、マイクロソフトは「二線、三線市場」を開拓するためのマーケティング計画を実施している。そのマーケティング計画の一つの重要な特徴は「一線市場」である北京の「二、三線市場」への輻射機能を重視することである。

　北京は全国をカバーする中央テレビ（CCTV、16チャンネル）、250の全国紙と雑誌の本社所在地があることで、中国の最も重要な情報発信の基地として、ビジネス情報、マーケット情報分野で、その「二、三線市場」への輻射機能は非常に強いわけである。一方、上海を本社所在地とする全国的新聞と雑誌がほとんどなく、上海のテレビもローカルTVだけなので、ビジネス情報とマー

ケット情報の発信では、上海はあくまでも上海とその周辺地域に限られるローカル市場で、その輻射エリアはぜいぜい華東地域だけである。これは欧米、日本と韓国の代表的グローバル企業は上海ではなく、北京を最重要の情報発信基地として企業イメージの宣伝広告と製品広告を出す主な原因である。

6　マーケティング・コミュニケーションの失敗：「問題広告」

(1) 中国広告業界：「市場拡大」と「市場規制」

近年、中国広告市場の新しい動向は「市場拡大」、「市場規制」、「問題広告」の3つのキーワードで分析することができる。

まず、「市場拡大」では、①広告市場の外資への開放、②中央テレビ（CCTV）のゴールデンタイムのCM枠入札総額の高騰、③F1グランプリの上海開催に伴うグローバル企業の中国における広告戦の熾烈化、④第39回世界広告大会の中国開催などの事件や話題が特に注目される。

WTO加盟の公約に基づいて中国政府は2005年12月10日から外資による全額出資の広告会社設立を許可する。しかし、2004年7月、メディア王であるルパード・マードックのニュース・コーポレーショングループは香港を経由して中国の初めての外資による全額出資の広告会社を設立した。また、2004年9月に「突破：現在から未来へ」をテーマとする広告業界のグローバル大集会ともいえる「第39回世界広告大会」が北京で開催され、世界2位の広告市場へ急成長を遂げている中国の広告市場は世界から大きく注目されることになっている。

2004年、中国広告市場の拡大はまた「第5メディア」広告の台頭、移動テレビ広告の登場、デジタルテレビ広告の形成などによって推し進められている。2005年2月、中国の携帯電話ユーザ数は3億人を突破して、13億人のうち、4人に1人が携帯電話を持っていることになっている。ショットメッセージ（SMS）の使用量は2004年に2177.6億件となった（図8.14）。それに伴い、「第5メディア」広告として携帯電話SMS広告市場も急成長してきている。また、

図8.14 中国ショット・メッセージ・サービス（SMS）送信件数推移

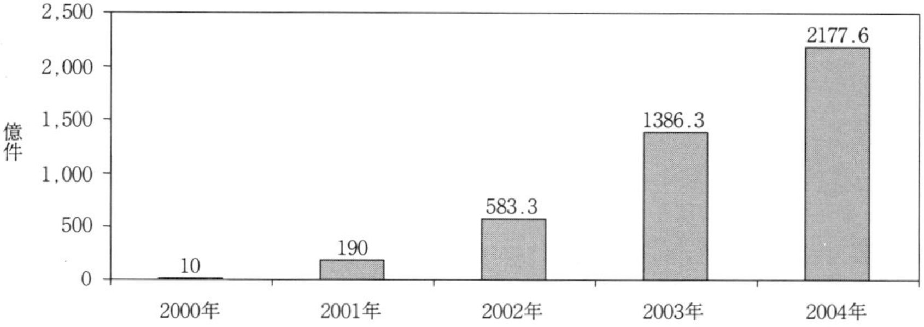

年	億件
2000年	10
2001年	190
2002年	583.3
2003年	1386.3
2004年	2177.6

資料：中国電信科学研究所データより作成。

2004年、上海文広メディア集団は中国内の最初の移動テレビ広告業務をスタートさせた。同集団は上海市で走っている4000台のバスにテレビを据え付けている。これに次いで、北京の北広伝媒移動テレビ公司も北京市の数千台のバス内にテレビを据え付けて広告を流している。超高層ビル内の液晶テレビ広告、地下鉄内のテレビ広告なども広告主からの注目を集めている。

次に「市場規制」では、2004年1月、中国政府は広告業界に第17号令と呼ばれている「ラジオ・テレビ広告に関する暫定管理方法」を公表、実施し、テレビ局が夜19:00～21:00の時間帯で、一つの番組でCMの流す時間は9分間以内に押さえるよう規定している。また、中国国家工商管理総局はテレビの短いドラマの形で医療広告を流すことを一律に禁止する通知を出してこれに違反する広告主とテレビ局を厳しく処罰することを実施している。これに関連して、上海当局は有名人によって医療サービスや薬品、健康食品、医療機器を推薦する広告を禁じる方針を打ち出している。さらに、北京市当局は「北京市露天広告管理規則」を公表、実施し、天安門広場地域、長安街の一部で交通広告（車体に広告がある自動車の規制地域での移動）を禁じることにした。こうして、2004年は中国広告業界にとって「規制の年」であり、市場の健全化を図ろうとする年であると言える。

(2) 中国広告市場における「問題広告」

近年、中国広告市場のもう一つの新しい動向は「問題広告」の増加とそれに伴う消費者の感情的反応が社会的問題になっていることである。2004年は中国の「問題広告の年」といわれている。2005年2月、「中国広告雑誌」社と上海・華東師範大学コミュニケーションスクールは広告業界の専門家、メディア関係者、大学の広告専門の学部生を対象に「2004年中国広告業界10大ニュース調査」を実施し、その結果を公表した。10大ニュースのうち、2つは「問題広告」である（表8.2）。

「2004年中国広告業界10大ニュース調査」で取り上げられた「問題広告」は一つがトヨタの「覇道車広告（獅子がプラドに向け敬礼、叩頭している広告）」であり、もう一つがナイキの「恐怖的戦いルーム広告」である。これに加えて、日本ペイントの「龍篇広告（ドラゴンが柱から滑って落ちた広告）」も「問題広告」として批判された。これらの広告はいずれも商業広告の効果ばかり追求して中国の伝統文化への配慮が不足し、中国人消費者の「民族感情」を刺激して激しい反発を引き起こした事件になった。

2004年11月、中国国家放送映画テレビ総局はナイキによる出稿の新しいバスケットシューズのテレビCMに対し、放送停止命令を出した。理由は同CMが中国の「ラジオ・テレビ広告放送管理暫定規定」に違反し、中華民族と中華文化を侮辱しているというものである。ナイキの問題広告では、「彼は進攻する、狙って、頭に向けて痛快に攻撃！」というキャッチコピーがあり、NBAのスター選手ジェームスは中国武術の大師、中国古代天女、及び中国文化を代表する龍を「恐怖せず、勇敢に」次々と撃退、打ち倒した。このCMがテレビに流れた直後、民族感情が刺激された中国視聴者からの抗議が殺到したが、これに対し、ナイキは「この広告は若者が恐怖に直面して勇敢に前進していくことを激励することで、中国消費者の感情を阻害するつもりはない」との声明を発表し、謝罪と放送中止の意向を示さなかった。ナイキの対応が「傲慢、強行的態度」として理解され、中国人の反感を強めることになった。ナイキの問

第8章　ブランド価値強化へのチャレンジ　213

表8.2　2004年中国広告業界の10大ニュース

ランク	重大ニュース
1	広告市場は外資に開放すること（2004年7月ルパード・マードックのニュース・コーポレーショングループは中国の初めての外資による全額出資の広告会社を設立した。中国政府は2005年12月10日から外資による全額出資の広告会社設立を許可すること）。
2	中央テレビ（CCTV）のゴールデンタイムのCM枠入札の総額は50億人民元を突破、P&Gは落札額が最大の「標王（落札の王様）」となること
3	トヨタ「覇道車」問題広告事件（2003年末、2004年初めごろ、トヨタが「獅子がプラドに向け敬礼、叩頭している」自動車広告を出したことは中国人の民族感情を刺激し、インターネット上に抗議が殺到。結局、トヨタと広告代理店は謝罪したこと）。
4	アテネ五輪、F1グランプリの上海開催により、グローバル企業の中国における広告大戦が熾烈化したこと。
5	公共場所でコンドームの公益広告を行うことが可能となったこと。
6	ナイキの問題広告を放送することを禁じる事件（ナイキの問題広告の中、ジェームスが中国武術の大師、二人の中国古代美女、中国文化を代表する龍を次々と撃退、倒した。中国政府は「中国文化の尊重、民族文化伝統を不敬にした内容を禁止する」理由で同問題広告の中国における放送を禁じた）。
7	第39回世界広告大会は2004年9月に中国で開催（世界2位の広告市場へ急成長している中国の広告市場は世界から注目され、「突破－現在から未来へをメインテーマとする広告業界のグローバル大会が北京で開催されたこと」。
8	テレビの短いドラマの形で医療広告を流すことを一律に禁止すること。
9	北京の屋外広告管理規則の公表（天安門広場地域、長安街の一部で交通広告を禁じること）。
10	上海当局は有名人が医療サービスや薬品、医療機器を推薦する広告を禁じること。

資料：中国営銷網「2004：中国広告業界の新しい動向」より作成。

題広告は「アメリカ文化が中国の伝統文化を打ち負かした」ことを宣伝していると指摘している評論家もあり、12月3日、中国国家放送映画テレビ総局はこの問題広告の放送停止を命じた。問題の深刻さを認識したナイキは慌ててPR会社を通じて中国視聴者に謝罪せざるを得なかった。

(3) 日本企業の「覇道車」「龍篇」広告と刺激された中国消費者の民族感情

　トヨタの「覇道車」広告は「2004年中国広告業界10大ニュース調査」で、10

大ニュースの第3位に選ばれたことから、事件がトヨタの謝罪により過去のことになったわけではなかった。また2004年9月の『国際広告』で掲載された「龍篇」をタイトルとする日本ペイントの問題広告は中国広告業界と消費者に新しい衝撃をもたらした。

　トヨタの「覇道車」広告では、中国の古い豪邸の正門前にすわっている獅子が覇道車（プラド）に向けて敬礼し、獅子の頭に近い場所で「覇道には、尊敬せざるを得ない」といったキャッチコピーが目立つように書かれている。この問題広告は中国伝統文化の象徴でもある獅子の至上な尊厳を踏みにじって日本商品「覇道車（プラド）」の凄さを表現するデザインであると解釈された。また、プラドを「覇道」と訳すこともさまざまな連想を引き起こし、民族感情と自尊心が傷つけられた中国消費者は強く反発し、北京市工商管理局も真相究明のために同広告を掲載した『汽車の友』雑誌社に対し聞き取り調査を行うと同時に関係書類の提出を命じた。

　「覇道車」広告の騒ぎはまだ沈静化していないうちに、今度は、もう一つの日本企業の問題広告が、消費者の新しい抗議活動を引き起こした。2004年9月の『国際広告』は日本ペイントの「龍篇」広告を掲載した。この広告の画面上、中国の古典式の建築物「亭」があり、その二つの柱の上にそれぞれ龍が巻き付いているが、左側の柱の色が暗澹で、龍がしっかりと巻き付いている。これに対し、右側の柱がピカピカに塗り直され、巻き付いた龍が滑り落ちた。この広告のデザインは龍が滑り落ちたことで、日本ペイントの塗料の凄さをアピールしようとしている。なぜ、日本製品の宣伝広告で中国の象徴である龍をばかにするのか、こういった疑問をもつ中国消費者の反応は非常に厳しい。

　日中の政治・外交関係が「冷戦」のような状況に陥った背景の下で、日本企業の問題広告が獅子と龍といった中国の象徴、あるいは中国伝統文化の象徴をばかにして「日本製品の凄さ」を表現しようとすると、中国人消費者の民族感情による猛反発は避けられないであろう。中国に進出している日本企業は、このようなリスクを十分に意識しなければならない。

7　ブランド危機のコミュニケーション

　アメリカの広告専門家ラウラ・リーズ（Laura Ries）は「もし広告に吸引力だけあって、購買行為を誘発させる力がなければ、それは無意味な広告でしかない。もしその広告が社会的反感を引き起こすとしたら、それは失敗である」と指摘している。中国市場では、商業広告が社会的な抗議を導くものとなると、それは失敗の広告だけではなく、経営の危機をもたらす広告となることがある。

　「2004年中国広告業界10大ニュース調査」でトヨタの「覇道車」広告が10大ニュースの第3位に選ばれたことから、問題の影響度は非常に大きいことがわかる。おそらく、この広告がナイキの「恐怖の闘いルーム」広告、日本ペイントの「龍篇」広告とともに、これからも中国の伝統文化を侮辱した外国企業の「問題広告」の代表例として、また外国企業の中国におけるマーケティングコミュニケーションの失敗例としても取り上げられ分析、批判されるであろう。

　「問題広告」の広告主側は消費者の不満や抗議に対し、「不本意」とか「配慮不足」とかで説明したが、中国消費者の「民族感情による反応はあまりにも過激で、敏感すぎるのではないか」という不満を抱いているかもしれない。これに対して、次の問題を指摘したい。即ち、「問題広告」は商品の凄さを表現し、刺激を与えることを追求し、またはわざわざ反伝統的、反現地文化的効果を追求する意図がある一方、広告のメッセージを受信する側が、どのような文化的環境でそのメッセージを理解し、またどのような連想を起こすかを考慮していない。要するに、広告メッセージの発信プロセスばかりに専念して、広告メッセージの受信プロセスを考えていない。したがって、グローバル企業の「問題広告」は中国マーケティング・コミュニケーションの失敗例である。しかもこの失敗はグローバル企業のマーケティング・コミュニケーションの「ローカル化」の遅れ、マーケティング・コミュニケーション体制の弱さに帰因する。

　まず、マーケティング・コミュニケーションの「ローカル化」では、「Both

Think and Act Locally（考え方とアクションのローカル化）」を強調しなければならない。すなわち、広告宣伝をはじめとするマーケティング・コミュニケーションの展開には、現地文化、現地消費者の意識構造に対する理解という努力が必要となる。広告の創意はすばらしいかもしれないが、現地消費者が広告のメッセージをどのように理解して、広告の創意がどのように解釈されるかを考える必要がある。要するに、広告の創意、広告の送信といったプロセスだけを重視し、広告メッセージの受信、広告創意の解釈というプロセスを無視すると、問題が起こることがある。広告の創意で、現地文化の要素、例えば、中国の龍、獅子といった伝統文化の象徴的な要素を使う場合、商品と伝統文化要素の組合せによる広告のメッセージに対し、特定の歴史背景と民族感情、政治・文化の環境において、現地の消費者がどう受け止めるかを考えなければならない。現地の伝統文化を理解せずに、伝統文化の要素を使って新しい創意を追求する広告は罠に陥ることがある。

次に、マーケティング・コミュニケーションの体制の問題をみてみよう。実は、これもマーケティング・コミュニケーションの「ローカル化」に深く関係している問題である。一部のグローバル企業のマーケティング・コミュニケーション体制には二つの問題がある。一つ目の問題は企業内の「公共関係部」あるいは「広報・宣伝部」の責任者がローカル化されていないことである。特に中国に進出している日本企業には、中国語を話さない、中国文化への理解も深くない日本人出向者が「公共関係部」や「広報・宣伝部」の責任者となって、その下にコミュニケーションの知識もあまりない、日本語学科から卒業されたローカルスタッフが通訳兼事務として働いていることが多い。またメディア関係と広告関係の仕事をすべて外資系PR会社に委託している。当然、委託業務は「お任せ」で、出稿された広告、宣伝物に対する社内のチェック体制もなく、ローカルの視点からのチェックプロセスもほとんどない。このような体制は広告宣伝をはじめとするグローバル・マーケティング・コミュニケーションのリスクをまったく想定していないので、広告の罠に陥ると、広告は逆にブランド価値に致命的な打撃をもたらすことになる。

広告に対し、現地消費者は審査、チェックの権利はないが、インターネット、新聞などのメディアを通じて意見を発表し、抗議を行うことができる。インターネットをはじめとするローカルのメディアはグローバル企業の広告の媒体になれる一方、その広告を「審査、評価、批判」し、さらにその広告によって宣伝されるブランドを破壊するパワーをもっていることも、忘れてはならないであろう。

経済発展と市場の急拡大に伴い、民族主義の意識も強くなっている中国では、グローバル企業の中国広告戦略は新しい試練に直面している。グローバル企業は広告というマーケティング・コミュニケーションのツールだけに依存することはもはや限界に来ている。中国市場は、「コミュニケーションは第一、広告は第二」の時代に入っている。

終　章　北京2008五輪大会とスポーツ・マーケティング
　　　　——消費者民族中心主義の限界を越えて

　マーケティング・コミュニケーション専門家クリス・ヒールは、スポンサーシップについて、次のように指摘している。「スポンサーシップは市場シェアを守り、企業イメージアップとブランド価値強化をはかるための有力な手段である。……現地社会でスポーツ事業への協賛活動を通じて目標消費者における企業の影響力とブランド認知度を向上させることができる。……また、協賛活動の頻度は友情の緊密度を象徴することがある」。

1　グローバル企業の中国スポーツ・マーケティング

　2004年は中国の「スポーツ・マーケティング元年」である。2004年夏、北京市の王岐山市長がアテネ五輪大会で、アテネ市長から五輪大会の旗を受け取ったことは、五輪大会が「北京五輪の季節」に入ったことを宣言した。これに伴い、GE、コカコーラ、サムスン、松下電器などのグローバル企業は五輪大会のトップ・パートナーとして北京五輪マーケティングを本格的に開拓し、中国市場におけるスポーツ・マーケティングを始動させた。

　経済の持続的発展、生活水準の向上に伴って、中国人のスポーツへの関心度は非常に高くなっている。2007年、「女子ワールドカップ」の中国開催、2008年の「北京五輪大会」開催、および2010年「アジア大会」の広州開催など、今後5年間、中国で開催される世界規模の大型スポーツイベントはグローバル企業にプロモーションの魅力的な場を提供する。多くのグローバル企業はスポーツ事業への協賛がスポーツ運動、ブランド、消費者の3者をたくみに結びつけ、

新しい企業イメージと新しいブランド価値が確立できることを認識しており、スポーツ・マーケティングの展開を通じて中国という巨大市場を開拓しようとしている。

　本書の第6章で分析しているように、「人性（人間性）化」のコミュニケーションは中国マーケティング・コミュニケーションの一つの重要な特徴であり、公益マーケティングとスポーツ・マーケティングは「人性（人間性）化」のコミュニケーションを実現するための有効な手段である。言い換えれば、中国市場では、公益マーケティングとスポーツ・マーケティングは「人性（人間性）化」のコミュニケーションの最も重要な二つの形式である。企業イメージアップとブランド価値強化の視点から考える場合、公益マーケティングは企業イメージの改善とブランド価値の強化といった効果があるだけでなく、リスクから企業イメージとブランドを守る効果も期待できる。一方、スポーツ・マーケティングは新しい企業イメージと新しいブランドイメージの確立において無視できない役割を果たすことができる。

　実は、グローバル企業は1990年代から、中国市場の開拓においてスポーツ・マーケティングを実践してきた。例えば、モトローラは北京市の五輪大会開催権の申請活動に協賛して五輪大会の北京における開催決定に大きく貢献した。また、モトローラは中国バスケットボール全国試合、全国運動会（広州）、中国大学生バスケットボール試合の協賛企業として中国市場における企業イメージアップとブランド価値強化に成功している。これに対し、シーメンスは人気の高い「中国サッカー・スパー・リング（China football Super League: CSL）」に協賛し、サッカーファンの中にシーメンスのブランド認知度を浸透させている。ペプシは世界的規模でサッカーと音楽を2大協賛事業とする方針をとっている。中国市場で、ペプシは大学生をはじめとする若者を目標消費者としてターゲットにし、また大学キャンパスでバスケットボールの人気が非常に高いことから、「中国大学バスケットボール・スパーリング」に協賛している。これと同時に、現在、NBAのヒューストンロケッツに属している中国人選手、姚明（ヤオ・ミン）を「企業イメージの代理人」として起用して中国市

場におけるペプシのブランドの認知度を向上させ、コカコーラと対抗しようとしている。

　ディストリビュータを通じてパーソナルケア用品と栄養補給食品などを販売する米アムウェイは中国の青少年市場をターゲットとして、青少年を中心とするバスケットボール、水泳、卓球などのスポーツ運動の振興を支援する「青少年スポーツ協賛計画」を実施している。同社はまた中国の水泳・飛び込みの選手で、シドニーオリンピックで金メダルを獲得した田亮（ティエン・リヤン）を「企業イメージの代理人」としてアムウェイの「栄養・運動・健康」のブランドイメージを宣伝している。

　数年前まで、中国市場でブランド認知度が低かった韓国企業LGはスポーツ・マーケティングによるブランド価値強化をはかり、中国消費者へのブランドイメージの浸透に成功している。LGは当初、サッカー分野からスポーツ・マーケティングを展開し、「韓国・中国サッカー対抗戦」、「LGカップ中国サッカースーパー試合」に協賛し、中国で「LGサッカーファン総動員」活動、「LGアジアカップ中国応援団」を組織してLGのユーザーから応援団のメンバーを選んでアジアカップ予選戦に出る中国チームを応援した。2003年から、LGは中国の「国技」ともいえる卓球をスポーツ・マーケティングの重点的な協賛分野として中国卓球国家チームのメイン・スポンサーとなっている。2004年アテネ五輪で、中国卓球チームは3つの金メダル、1つの銀メダルを獲得したが、LGのブランドイメージもこれによって中国消費者に認知されるようになった。さらに、LGはアクションスポーツの中国社会における認知促進とスポーツ項目としての発展を推進するため、2004年8月、中国北京で、「LG極限運動連合グラブ（LGアクションスポーツ連合グラブ）」を設立し、これを本拠地として北京、上海、広州、成都など大都市の若者を対象に普及活動を行い、「極限に挑戦する」LGのブランドイメージを宣伝している。

　一方、競争力の向上を背景に中国企業もスポーツ・マーケティングを企業イメージアップ、ブランド価値強化の手段として活用し始めた。2004年3月、中国IT大手の聯想集団（Lenovo Group）は国際五輪委員会（IOC）と8千万

ドルの契約金で五輪大会2005～2008年のスポンサー契約を結び、五輪大会のトップ・パートナーとなっている。また大手国有企業の「中国石化（中国石油化学集団）」はF-1のスポンサー契約を結んだ。それに続いて、家電大手の海尔（ハイアール）は中国体操の国家チームに協賛し、台湾系の華碩電脳は中国剣道国家チームのスポンサーになっている。

2　北京五輪マーケティング：事業分野と市場規模

　2004年12月、中国初の「スポーツ・マーケティング国際大会」が北京で開催された。国際五輪組織委員会（IOC）、国際サッカー連盟（FIFA）、国際プロバスケットボール連盟（NBA）、欧州サッカー連盟（UEFA）をはじめとする国際スポーツ機構の代表、および数十名の著名なスポーツ・マーケティングの専門家がこの大会に出席し、中国におけるスポーツ・マーケティングの展開について熱烈な議論を行い、スポーツ・マーケティングの焦点を2008年の北京五輪大会に合わせた。

　「2008年北京五輪大会ほどスポーツ・マーケティングの潜在力が大きいものはない」と、中国スポーツ・マーケティング国際大会はこう宣言した。確かに、北京五輪市場の規模もそのグローバル企業にもたらすビジネスチャンスも巨大である。

　2008年の北京五輪大会は次の三つの理念で開催される。まず一つ目は「緑の五輪大会」という理念である。環境にやさしい北京五輪大会を実現することがその主旨である。二つ目の理念は「科学技術の五輪大会」であり、世界最先端の技術を駆使して北京五輪大会を成功に導くことがその狙いである。三つ目は「人文の五輪大会」である。スポーツ事業の振興とともに、5千年の歴史をもつ中華文化の魅力とその世界文化への貢献を五輪大会の参加者に大きくアピールすることは、北京五輪大会の最大の特徴となる。この三つの理念を実現するため、6大事業が計画されている。北京五輪市場はこの6大事業分野から構成されるものである（図1）。

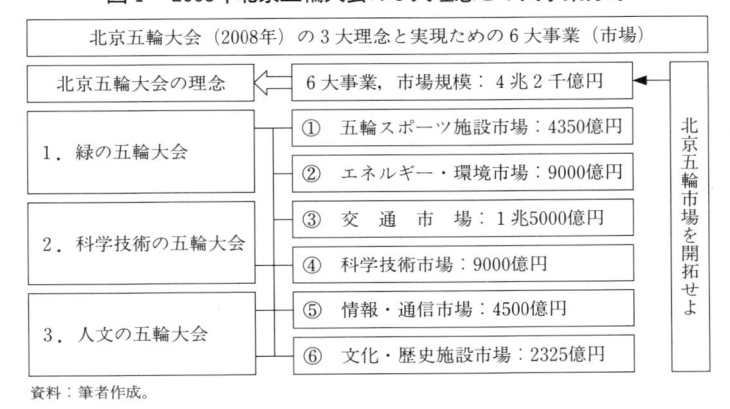

終　章　北京2008五輪大会とスポーツ・マーケティング

図1　2008年北京五輪大会の3大理念と6大事業分野

北京五輪大会（2008年）の3大理念と実現ための6大事業（市場）

北京五輪大会の理念 ← 6大事業，市場規模：4兆2千億円

1．緑の五輪大会
2．科学技術の五輪大会
3．人文の五輪大会

① 五輪スポーツ施設市場：4350億円
② エネルギー・環境市場：9000億円
③ 交　通　市　場：1兆5000億円
④ 科学技術市場：9000億円
⑤ 情報・通信市場：4500億円
⑥ 文化・歴史施設市場：2325億円

北京五輪市場を開拓せよ

資料：筆者作成。

　北京五輪市場は①エネルギー・環境、②五輪スポーツ施設、③交通インフラ、④情報・通信、⑤科学技術、⑥文化施設の6分野から構成され、その市場規模は合計4兆2000億円にのぼる。

(1)　エネルギー・環境事業

　経済が高成長しているが、環境の破壊も深刻となっていることは中国の直面している最大の社会的な問題の一つである。中国が「緑の五輪大会」を実現するため、開催都市北京の環境を全面的に改善しなければならない。例えば、悪化している北京市の大気汚染の指標を改善し、2008年までに、世界保健機構（WHO）に示されている指導値を達成しなければならない。また、大気汚染の原因となっている低効率の石炭燃焼による大量の二酸化炭素の排出を減少するため、北京市のエネルギー利用の構造を調整し、2000年時点の石炭使用量を半減し、石炭の代わりに、クリーンエネルギーを導入しなければならない。そのため、北京市は天然ガス発電事業、太陽光発電事業、風力発電事業、燃料電池開発・利用事業などを計画的に推進している。北京は国際大都市として汚水処理と廃棄物処理の分野でも遅れている。この局面を打開するため、北京市は2008年に都市汚水処理率を2000年の60％弱から90％以上に向上させ、固定廃棄

物の無害化処理率を2000年の30%から80%へのアップを目指している。そのため、12の都市汚水処理場、5つの危険物・医療廃棄物処理場を建設するプロジェクトが行われている。これらの事業計画は国内外の企業に9千億円のビジネスチャンスをもたらしている。

(2) スポーツ施設の建設・運営事業

さまざまな試合を行うための五輪スポーツ施設の建設事業もグローバル企業にビッグビジネスチャンスをもたらす。北京五輪スポーツ施設の建設事業は市場規模で言えば、4350億円で、昇降機、空調機、保安システムなど、スポーツ施設の関連設備の市場規模も1800億円に達している。当初、計画された北京五輪スポーツ施設は35で、そのうち新規建設18、改造施設13、臨時施設4であった。2004年アテネ五輪大会の運営経験を参考にした結果、中国五輪委員会と北京市政府は従来の計画を見直して新規建設が12、改造施設が11、臨時施設が8の、五輪スポーツ施設の「痩身計画（ダイエット計画）」を発表し、すべての建設計画は2007年末に完成するように、新しい建設計画を推進している。

(3) 交通インフラ事業

北京五輪大会期間には、約2万人のスポーツ選手と五輪大会組織委員会の関係者のスムーズな移動、及び数千万人にのぼる観戦者の参加を確保するため、北京市は1兆5000億円を投資して最先端の技術を導入し、北京市の史上最大規模の交通インフラ整備事業を行っている。

その交通インフラ事業は、五輪スポーツ施設間の交通、市内交通、都市間交通の三つの部分から構成される。五輪スポーツ施設間の交通はスポーツ選手と五輪大会の関係者の移動を確保するもので、スポーツ選手を輸送する電気自動車、五輪交通指揮システム、交通監視管理情報システムがその根幹となっている。市内交通部分は地下鉄8ラインの新規建設プロジェクト、市中心部から空港までのミニ高速鉄道プロジェクトを含む300キロの都市軌道交通プロジェクト、および北京ITSシステム（交通情報化システム）、GPS無線通信システ

ムが建設されている。また、都市間交通には、首都空港の拡張プロジェクト、北京―天津間高速鉄道プロジェクト、長距離バス客運センターの建設が着々と進んでいる。

(4) 情報通信事業

　五輪大会の成功には最先端の情報通信技術の応用が必要な条件となっている。北京五輪大会の情報通信事業の市場規模は4500億円にのぼる。計画されているプロジェクトには五輪大会の通信システム、デジタルテレビ放送システム、五輪大会の試合情報システム、総合情報センター、電子商取引プラットフォーム、情報セキュリティーと安全保障システム、スポーツ選手と観戦者（約1千万人）用のスマートカード・IDカードプロジェクトなどが含まれている。

(5) 科学技術事業

　「科学技術の五輪大会」は北京五輪大会の重要な理念の一つである。この理念に基づいて北京市は9000億円を投資して新しい科学技術の研究開発とその五輪大会への応用を推し進めている。2005年5月現在、新しい科学技術の研究開発は次の6つの分野で行われている。即ち①通信分野で、2008年の五輪大会期間中、次世代インターネット（IPv 6技術）と第3世代移動通信や移動データ通信の実用化を実現するため、関連の研究開発と実験が計画どおり行われている。②放送分野で、デジタルテレビ方式による五輪大会を中継、放送する目標が立てられ、そのため、デジタルテレビ放送の研究開発が大きく前進している。③情報技術分野で、世界各国から来る選手と観光客を対象とするマルチ言語情報システム、スポーツ試合情報と道路交通状況などを提供する公衆情報サービスシステム、情報ネットワークの安全を守るセキュリティーシステムなどが開発されている。④安全保障分野で、五輪大会全体の安全保障、スポーツ選手と外国観光客の安全を守るための「五輪安全保障指揮情報システム」、危険物探知検査技術と最新の設備システムが開発されている。⑤五輪スポーツ施設分野で、五輪スポーツ施設全体を対象とする中央監視制御システム、ITマンショ

ンなどの開発と応用が計画されている。⑥環境技術分野で、「緑の五輪大会」という理念を実現するため、クリーンエネルギーの研究開発と応用、最先端の水処理技術と固体廃棄物処理技術の導入が計画されている。2008年北京五輪大会における物流事業の市場規模は6000億円にのぼり、中国内外の物流業者にビジネスチャンスをもたらす。北京五輪大会準備委員会の物流分科会によると、北京五輪大会関連の物流が約120万件にものぼり、具体的には、航空貨物が約9000トン、海運コンテナが約6000個となる。試合機械・道具、報道機関の設備などの国際移送、在庫管理、空港からスポーツ施設や記者クラブまでの配送には最先端の情報技術の活用が必要となり、そのため、荷物のサーチ・追跡機能をもつ北京五輪大会の物流情報システムが開発され、計画どおり導入される。

(6) 歴史・文化施設建設事業

「人文の五輪大会」という理念を取り上げることは北京五輪大会の最大の特徴であるといえる。

2008年北京五輪大会期間中、100数カ国・地域のスポーツ選手と観戦者を含む大会参加者に中国の数千年の歴史・伝統文化を紹介するため、最先端のIT技術を駆使するマルチメディア歴史文化情報センターと歴史文化遺産展示センター、デジタル博物館の建設が計画され、また国家博物館、国家大劇場、北京天文館新館などの建設事業が推進されている。北京市政府は「人文の五輪大会」を実現するため、9000億円を投資して歴史・文化施設の整備を行っている。

3　北京五輪大会とグローバル企業のビジネスチャンス

北京五輪の市場規模は4兆円以上にのぼり、グローバル企業と中国企業にもたらすビジネスチャンスは巨大であり、市場参入の手法も多くなる。

五輪大会開催のために建設される社会インフラと五輪スポーツ施設は本来なら、すべて中国政府と北京市政府による投資で完成されるが、経済改革と投資体制の改革を実施している中国は一部の社会インフラプロジェクトとスポーツ

施設の案件で、政府と民間がパートナーを組んでインフラ事業を行うPPP方式（Public Private Partnership: パブリック・プライベート・パートナーシップ）やBOT方式など新しい投資方式を導入している。これにより、民間資金の導入による社会インフラ事業で経験とノウハウをもつグローバル企業にとって北京五輪市場に参入するための新しい道が開かれた。

　例えば、一部のスポーツ施設の建設では、「プロジェクト法人」制度が導入され、公開入札の形で国内外の法人企業を対象にスポーツ施設の投資、建設、設備調達、施設の運営を行うプロジェクト法人を募集して選ぶことになった。また、北京五輪の交通インフラの重要な部分となる地下鉄プロジェクトの建設で、PPP方式が導入され、地下鉄プロジェクトの投資は政府が7割、欧州、香港、シンガポールなどの外資を含む民間資本が3割の構成となっている。政府は地下鉄駅や軌道などの地下鉄の土建工事に投資し、民間資本は地下鉄の車両、信号通信システム、空調設備、消防と排水システム、給電システム、切符自動販売システムの建設と運営に投資する。また、フランス会社がBOT方式で北京の水処理施設の建設事業に参入している。

　グローバル企業にとってスポーツ施設、エネルギー・環境、交通、情報通信、歴史文化施設などの6大分野から構成される北京五輪市場はB to B市場である。一方、北京五輪の6大市場の始動は個人消費市場の拡大を加速する効果をもたらす。北京五輪事業は100万人の就業チャンスをもたらし、北京市民の一人当たりの可処分所得も増加してくる。北京市政府の予測によると、北京市の一人当たり可処分所得は2003年の年間1万3千元から2008年の年間2万5千元に増える。消費能力の向上に伴い、北京市とその周辺都市の個人消費市場も規模が大きく拡大する。また北京の観光事業も五輪大会の開催により、これから数年間に海外からの観光客が年間10％のペースで増えてくるので、これも消費市場の拡大を加速することになる。

　五輪経済を研究している専門家によると、2004～2008年には、北京とその周辺地域の消費市場の規模は1兆5千億人民元に達する。そのうち、五輪大会の開催によって形成される消費市場の規模は1000億人民元である。北京市商務局

の予測によると、2004〜2008年の5年間に、消費市場における乗用車の需要が250万台、住宅が1億平方メートル、デジタル製品が500億元、衣・食が600億元、娯楽・文化教育が1500億元、医療と健康が1500億元、通信と交通が1100億元に達する。乗用車、住宅、第3世代移動通信とデジタルテレビ放送のスタートに伴う通信・放送は消費を牽引する三つのエンジンとなっている。要するに社会インフラ整備市場と個人消費投資からなる「北京五輪特需」はグローバル企業に巨大な商機をもたらすことは間違いない。

4 北京五輪マーケティング：GE vs. サムスン

　グローバル企業にとって、北京五輪市場に参入する手法は三つある。まず一つはさまざまなプロジェクトの入札に参加することである。もう一つはエネルギー・環境保護、スポーツ施設、交通、情報通信、歴史・文化施設などの北京五輪の6大事業に最先端の技術とソリューションを提供してビジネスチャンスを手に入れることである。そして最も有効な参入手法はスポーツ・マーケティングの展開を通じて北京五輪大会に協賛し、北京五輪大会のパートナーとして得意の事業分野におけるビジネスチャンスを独占することである。

　北京五輪大会の最高レベルの協賛企業は国際五輪委員会と契約を結んだ米コカコーラ、イーストマン・コダック、GE、ビザ・インターナショナル、カナダのマニュライフ・ファイナンシャル、スイスのスウォッチグループ、フランスのアトス・オリジン、日本の松下電器、韓国のサムスン、中国の聯想集団（Lenovo Group）の10社である（表1）。これらのグローバル企業は「五輪グローバル協賛パートナー（the Olympic Plan: トップ・パートナー）」となるため、国際五輪組織委員会に支払う協賛金額は1億ドル前後となる。

　北京五輪大会のパートナーはまた「合作パートナー」、「協賛企業」、「サプライヤー企業」の3種類に分けられる。これらのパートナーは北京五輪大会に資金あるいは製品・技術・サービスなどの実物を提供し、その見返りとして、北京五輪委員会から五輪マークと北京五輪エンブレムを使用して広告・宣伝を行

表1　北京五輪大会のトップ・パートナー（2005～2008年）

No.	企業名	協賛の事業領域
1	米コカコーラ（Coca-Cola）	ノンアルコール飲料
2	米イーストマン・コダック（Eastman Kodak）	フィルム・写真画像
3	カナダ・マニュライフ・ファイナンシャル（Manulife Financial）	生命保険サービス
4	米ゼネラル・エレクトリック（General Electric）	発電システム、エネルギー配電、照明システム、セキュリティー設備、水処理設備、医療画像設備など
5	米ビザ・インターナショナル（Visa International）	クレジットカード・支払いサービス
6	米マクドナルド	レストランサービス、リテール食品販売
7	スイス・スウォッチ　グループ（Swatch Group）	時計・計測機器
8	フランス・アトス・オリジン（Atos Origin Corp.）	ITコンサルティング、システム統合と運営管理、ITセキュリティ
9	日本・松下電器産業株式会社	AV／放送機器・記録メディア
10	韓国・サムスン電子	無線通信機器
11	中国・聯想集団（Lenovo Group）	ITハットウェア、デスクトップ・ノートコンピューター、サーバー、プリンター設備

資料：北京五輪組織委員会ホームページ資料より作成。

う権利と北京五輪大会に商品、サービスを優先的に提供する権利を獲得することができる。

「北京五輪合作パートナー」は北京五輪組織委員会による募集する協賛企業である。2005年10月現在、ドイツのスポーツ用品企業アディダス、フォルクスワーゲン自動車集団（ドイツと中国の自動車合弁企業）、中国銀行、中国モバイルコム、中国ネットコム、中国国際航空、中国石油化学工業集団、中国石油天然ガス集団、米ジョンソン・エンド・ジョンソン、中国人財保険の10社は「北京五輪合作パートナー」となっている（表2）。

北京五輪マーケティング戦略の展開において、最も注目されているのは米GEと韓国のサムスンの二つのグローバル企業である。GEは北京五輪大会の

表2 2005〜2008年北京五輪合作パートナー（10社）

No.	北京五輪合作パートナー	協賛の事業分野
1	フォルクスワーゲン（大衆）自動車集団（中国）	自動車
2	中国銀行	銀行業・金融サービス
3	中国移動通信集団公司	携帯電話サービスプロバイダー
4	中国网絡通信集団公司	固定電話・インターネット接続サービスの提供
5	中国国際航空股份有限公司	航空サービス
6	中国石油化工集団公司	石油・天然ガス・化学工業
7	アディダス	スポーツ用品
8	中国石油天然気集団公司	石油・天然ガス・石化製品
9	ジョンソン・エンド・ジョンソン	救急薬品、医療器械
10	中国人財保険	生命保険

資料：北京五輪組織委員会ホームページより作成。

協賛を通じて中国政府、メディア、消費者に新しいGEの企業イメージとブランドイメージをアピールし、2005年に中国市場の売上高50億ドルを目指している。これに対し、サムスンは中国市場における売上高250億ドルの目標を掲げ、中国政府、メディア、消費者の中でサムスンのハイエンド・ブランドイメージを確立しようとしている。

(1) GEの新しいブランドイメージ宣伝キャンペン

　GEは2004年に北京五輪マーケティング活動の序幕を開いた。2004年5月、GEのCEOジェフ・イメルトは北京・人民大会堂で祝賀行事を主催し、中国主要メディア約150人のジャーナリストからなる取材陣の前で、国際五輪組織委員会、北京五輪組織委員会との間に、GEが国際五輪トップ・パートナーとして、北京五輪を全面的に支援することに関する契約を結んだ。GEは1964年から五輪大会に製品とサービスの提供を開始し、五輪大会とは長い縁があるが、五輪大会のトップ・パートナーとなることは今回、初めてのことである。北京五輪市場の魅力、GEの中国事業戦略の実現はGEがトップ・パートナーとな

る原動力である。GEは北京五輪市場の6大事業の需要に対応して、クリーンエネルギー、照明設備、セキュリティーシステム、水処理、ハイテク医療などの15の分野から北京五輪市場に参入するマーケティング戦略を一気に展開している。2005年に、中国市場における売上高が50億ドルに達すればそのマーケティング戦略の第一歩となる。

2004年8月、アテネ五輪大会期間中、GEの北京五輪マーケティング担当の執行役マーク・レーヴィス（Mark Lewis）は100名を超えた北京五輪組織委員会の幹部の「視察ガイド」となり、GEの技術と設備のアテネ五輪大会における有用性を懸命に紹介、説明した。同年10月、GEは中国で五輪をテーマとする「GEは北京五輪を全方位的にサポートする」企業イメージ宣伝キャンペーンを展開し始めた。この宣伝キャンペーンの第一ラウンドは北京など主要都市の空港を狙って行われた。GEが広告宣伝で政府幹部と企業経営者をターゲットにし、ビジネス旅行が政府幹部と企業経営者の仕事の重要な部分であるので、空港とその周辺地域が企業イメージ宣伝の最適な場所であると判断した。

実は、GEには北京五輪マーケティングの展開においてもう一つの重要な狙いがある。それは中国市場で新しいブランドイメージを確立することである。GEが1980年から「GEは美しい生活をもたらす（We bring good things to life）」宣伝広告を展開してから20数年間経った。2005年1月から、GEは中国市場で新しい宣伝広告「夢は未来を拓く（Imagination at work）」を導入し、「信頼・先端、グローバル・イノベーション・活力と優しさ」の精神を体現するため、新しい表現を通じて新しいブランドイメージを確立しようとしている。「ブランド価値強化はわれわれにとって偉大なチャレンジである。われわれは北京五輪大会に協賛することを契機として中国市場でGEの『夢は未来を拓く』というブランドの理念を伝えていく」と、GEアジア太平洋地域総裁兼GE（中国）有限公司のCEOは述べた。

(2) サムスン：売上高250億ドルの野望

GEの北京五輪マーケティングと比べると、サムスンの戦略はより「野心的

な」ものである。サムスンは2005年に中国市場における売上高が250億ドルに達する目標の実現を目指す。この売上高目標はGEの中国市場における売上高目標の5倍に相当する。GEが北京五輪マーケティングの展開を通じて新しいブランドイメージを中国政府、メディア、消費者に伝えて認知してもらうことを図っていることに対し、サムスンは国際五輪組織委員会のトップ・パートナーとして2008年の北京五輪大会に移動通信設備と携帯端末を提供して、北京五輪の移動通信分野の市場を独占すると同時に、北京五輪とサムスンブランドの結びつきを通じて、中国市場で「サムスンはハイエンドのブランドである」というイメージを確立しようとしている。サムスンはまた、北京五輪大会の成功に貢献することを通じて、「サムスンは信頼される中国の企業である」こと、「サムスンのブランドは中国市場における一流のブランドである」ことを中国の消費者、中国政府に認知させようとしている。

5 民族の相互理解：消費者民族中心主義の限界を越えて

「サムスンがスポーツ運動を協賛する原動力は次のことを固く信じているからである。それはスポーツ運動を通じて個人、民族の相互理解と協力を促進することができる。スポーツ運動は社会の調和、協力、責任と犠牲の精神を体現している。サムスンはこれらの精神がビジネスの中でも非常に重要であると確信している」と、サムスン大中華区総裁李相弦は述べた。

マーケティング・コミュニケーションは消費者、政府、メディアに企業の理念、経営目標、事業計画などの情報とメッセージを送信し、消費者、政府、メディアとのコミュニケーションを通じて企業イメージアップとブランド価値強化を実現することである。中国では、マーケティング・コミュニケーションにはもう一つの重要な役割がある。それは消費者民族中心主義の台頭という市場環境に対応することである。マーケティング・コミュニケーションの専門家クリス・ヒールは「協賛活動の頻度は友情の緊密度を象徴することがある」と指摘している。「友情の緊密度」はまたグローバル企業と中国消費者との間に

「親和度」が高いことを意味する。しかも、グローバル企業と中国消費者との間における高い「親和度」は消費者民族中心主義の傾向を克服することに有利になる。

　中国マーケティング・コミュニケーションにおいて、公益マーケティングとスポーツ・マーケティングを通じて実現される「人性化（人間性）」のコミュニケーションはグローバル企業が中国市場における消費者民族中心主義の傾向を越える真の力となるであろう。

参考文献

1．英語部分

Edward Friedman『National Identity and Democratic Prospects in Socialist China』Armonk, N. Y.; M. E. sharpe, 1995
Jonathan Unger『Chinese Nationalism』Armonk, N. Y.; M. E. sharpe, 1996
Lian Greenfield『The Spirit Capitalism: Nationalism and Economic Growth』
　Harvard University Press, 2001
Nayan Chanda, Kari『The New Nationalism』
　『Far Eastern Economic Review』1995, 11. 9
Yongnian Zheng『Discovering Chinese Nationalism in China: Modernization, Identity, and International Relations』
　Cambridge University Press, 1999
Wong Xiaodong『Chinese nationalism under the shadow of globalization』
　London School of Economics and Political Science, 2002, 2, 7

2．日本語部分

NHK放送文化研究所『現代日本人の意識構造』日本放送出版協会、2004年12月
博報堂生活総合研究所『巨大市場「エルダー」の誕生』プレジデント社、2003年7月
栗田房穂『成熟消費社会の構想』流通経済大学出版会、2002年7月
山崎伸治『都市型シニア・マーケットを狙え』日本経済新聞社、2005年2月
香月秀文『化粧品マーケティング』日本能率協会マネジメントセンター、2005年4月
田中双葉『ライブマーケティング』東洋経済新報社、2003年7月
中野明『広告業界の動向と力がよくわかる本』秀和システム、2005年2月
平久保仲人『アメリカの広告業界がわかればマーケティングが見えてくる』日本実業
　出版社、2002年11月
寺田信之介『よくわかる広告業界』日本実業出版社、2004年7月

3．中国語部分

乐　山　　潜流：对狭隘民族主义的批判和反思
　　　　　　华东师范大学出版社　　2004年8月
王海忠　　消费者民族中心主义

	经济管理出版社	2002年12月
郑杭生	当代中国都市社会结构	
	中国人民大学出版社	2004年4月
孙立平	转型与断裂：改革以来中国社会结的变迁	
	清华大学出版社	2004年7月
曹建海	中国市场前景报告	
	中国时代经济出版社	2005年1月
卢泰宏	中国消费者行为报告	
	中国社会科学出版社	2004年8月
罗 钢	消费文化读本	
	中国社会科学出版社	2003年6月
戴慧思	中国城市的消费革命	
	上海社会科学出版社	2003年10月
何佳讯	中国营销25年（1979-2003年）	
	华夏出版社	2004年9月
张晓明	2005年：中国文化产业发展报告	
	社会科学文献出版社	2005年3月
汝 信	2005年：中国社会形势分析与预测	
	社会科学文献出版社	2004年12月
冯春水	奥运营销	
	海天出版社	2003年1月
李海龙	考验：跨国公司"败阵"中国实例	
	华夏出版社	2003年7月
世界品牌研究室	世界品牌100强：品牌制造	
	中国电影出版社	2004年6月
罗汉等译（Al Ries 著）	公关第一、广告第二	
	上海人民出版社	2004年4月
王广伟	公关策划：经典模式	
	经济科学出版社	2004年5月
马伊里	公司与社会公益	
	华夏出版社	2002年8月
杨 团	公司与社会公益（II）	
	社会科学文献出版社	2003年12月

黄　坤　　二三线市场实战手册
　　　　　　企业管理出版社　2004年10月
吴应快　　扫雷：企业不得不面对的危机公关
　　　　　　东方出版社　2004年7月
杨明刚　　国际知名品牌中国市场全攻略
　　　　　　华东理工大学出版社　2003年12月
俞利军译（菲利普　科特勒著）　市场营钢导论
　　　　　　华夏出版社　2001年2月
王　菲　　日本企业在华广告20年
　　　　　　中国轻工出版社　2004年5月
周晓虹　　中国中産阶层调查
　　　　　　中国社会科学文献出版社　2005年8月
鄭杭州　　中国社会发展报告2005「和諧的社会」
　　　　　　中国人民大学出版社、2005年4月
黄升民　　2005年中国广告主营销报告
　　　　　　中国社会科学文献出版社　2005年8月
中外企業管理案例研究中心　「2004－2005年度中国企業最佳案例」
　　　　　　中国長安出版社　2005年1月
中国日报社　財富・中国「北京財富全球論壇」
　　　　　　中国新世界出版社　2005年7月

【著者紹介】

蔡　林海（Cai Linhai）

1957年生まれ，79年中国上海放送・テレビ技術研究所入所（助理工程師）。89年筑波大学大学院・社会科学研究科留学。95年同大学院博士課程修了。社会学博士号取得。同年，（株）日立総合計画研究所入社（主任研究員）。2002年から日立（中国）有限公司（北京）勤務。中国青島大学客員教授。

著書①『金融危機とアジア危機の新局面』（香港，明報出版社），②『アジア危機に挑む華人ネットワーク』，③『市場と文明のパワーゲーム』（共に東洋経済新報社），④『中国の知識型経済』（日本経済評論社），⑤『鷲と龍：グローバル企業と華人ネットワーク』（中国，青島出版社），⑥『中国企業の海外進出』（共著，中国商業出版社）など。
（メールアドレス：cailinhai@hotmail.com）

巨大市場と民族主義──中国中産階層のマーケティング戦略──
ENORMOUS MARKET & NATIONALISM
THE MARKETING STRATEGY FOR
CHINESE MIDDLE CLASS

| 2006年2月6日　第1刷発行　　定価（本体3000円＋税） |

著者　蔡　　林　海
発行者　栗　原　哲　也
発行所　株式会社　日本経済評論社
〒101-0051　東京都千代田区神田神保町3-2
電話　03-3230-1661　FAX　03-3265-2993
E-mail: nikkeihy@js7.so-net.ne.jp
URL: http://www.nikkeihyo.co.jp/
印刷＊藤原印刷・製本＊美行製本
装幀＊渡辺美知子

乱丁落丁本はお取替えいたします。　　　Printed in Japan
© CAI Linhai, 2006　　　　　　　　　　ISBN4-8188-1819-4

・本書の複製権・譲渡権・公衆送信権（送信可能化権を含む）は㈱日本経済評論社が保有します。
・JCLS 〈㈱日本著作出版権管理システム委託出版物〉
本書の無断複写は著作権法上での例外を除き禁じられています。複写される場合は、そのつど事前に、㈱日本著作出版権管理システム（電話03-3817-5670、FAX03-3815-8199、e-mail: info@jcls.co.jp）の許諾を得てください。

塩見治人編著 **移行期の中国自動車産業** A5判　3300円	改革・開放政策に伴い中国自動車産業は市場経済化にいかに対応しているのか。日本型企業システムの影響、経済機能（労務管理，会計他），政策課題を各企業の事例を通して分析する。
王　保林著 **中国における市場分断** A5判　4200円	中国が改革・開放路線によって市場化を進めてきた時期に，中国独特の経済現象として現れた「市場分断」を，自動車産業の実証的分析を通じて体系的に解明，その是正方策を示す。
宋　立水著 **アジアNIEsの工業化過程** －資本と技術の形成－ A5判　3800円	これまでアジアNIEsの検証から抜け落ちていた資本・技術形成の実態を，台湾を事例に詳細に検討する。歴史的要素，国の強力な介入も加わり台湾経済はどう展開したのか。
山岡茂樹著 **開放中国のクルマたち** －その技術と技術体制－ A5判　3600円	急激な需要の増大により今や世界の注目の的になった中国の自動車。中国における自動車技術のあり様を，トラック，オードバイ，乗用車等について具体的に物語る。
林　燕平著 **中国の地域間所得格差** －産業構造・人口・教育からの分析－ A5判　4000円	1978年の経済改革，92年の市場経済の導入は急速な経済発展をとげたが，一方で深刻な地域間格差をもたらした。産業・人口・教育の膨大なデータと実証研究から，その要因を解く。
小林弘明・岡本喜裕編著 **東アジアの経済発展と環境** A5判　3800円	経済発展とともに深刻さをます環境問題。中国，タイ，インドネシアにおける自動車，エネルギー，食料関連に焦点を絞り，エネルギー転換，環境保全などの現状と方向性を報告。
首藤明和著 **中国の人治社会** －もうひとつの文明として－ A5判　3000円	社会主義国家中国では共産党を根幹とした厳格な組織が働く一方で，農山村部では"顔役"が地域社会の推進役として存在する。民衆生活から捉えるもう一つの中国現代文明史。
安部一知・浦田秀次郎編著 **日中韓直接投資の進展** －3国シンクタンクの協同研究－ 四六判　2300円	世界が地域間貿易を強化する中で，日中韓3国も経済活動の更なる円滑化が求められている。競争と相互依存！　各国の経済貿易政策に進言する研究報告。

表示価格に消費税は含まれておりません